《符号与传媒》2022 秋季号，总第 25 辑

中国知网（CNKI）来源集刊　中文科技期刊数据库来源集刊
超星数字图书馆来源集刊　万方数据库来源集刊

符号与传媒

Signs & Media

主编　赵毅衡

四川大学符号学-传媒学研究所 主办

总第25辑

25

四川大學出版社
SICHUAN UNIVERSITY PRESS

图书在版编目（CIP）数据

符号与传媒．25 / 赵毅衡主编．— 成都：四川大学出版社，2022.8

ISBN 978-7-5690-5628-0

Ⅰ．①符… Ⅱ．①赵… Ⅲ．①符号学—文集 Ⅳ．①H0-53

中国版本图书馆 CIP 数据核字（2022）第 151154 号

书　　名：符号与传媒（25）
　　　　　Fuhao yu Chuanmei (25)
主　　编：赵毅衡

选题策划：黄蕴婷
责任编辑：黄蕴婷
责任校对：陈　蓉
装帧设计：墨创文化
责任印制：王　炜

出版发行：四川大学出版社有限责任公司
　　　　　地址：成都市一环路南一段 24 号（610065）
　　　　　电话：(028) 85408311（发行部）、85400276（总编室）
　　　　　电子邮箱：scupress@vip.163.com
　　　　　网址：https://press.scu.edu.cn
印前制作：四川胜翔数码印务设计有限公司
印刷装订：成都新恒川印务有限公司

成品尺寸：170mm×240mm
印　　张：17.75
插　　页：2
字　　数：333 千字

版　　次：2022 年 10 月 第 1 版
印　　次：2022 年 10 月 第 1 次印刷
定　　价：82.00 元

本社图书如有印装质量问题，请联系发行部调换

四川大学出版社
微信公众号

编者的话

符号学的发展总是在与不同领域的理论进行碰撞，这种学科的交融时常突破传统意义上人文学科的边界，在更加宏观的人类知识谱系中进行探索。“东欧马克思主义符号学”中，傅其林、魏小津介绍了所罗门·马库斯以数学思维进行的诗学建构，将“文科中的数学”变为“数学中的文科”；朱鸿旭梳理了亨利·瓦尔德幽默美学的结构、功能与伦理；邵帅介绍了东欧马克思主义语言哲学的发展脉络。传统命题的创新阐释从各个方面体现了东欧学者对符号学的批判吸收，成为世界符号学理论史的重要组成部分。

人类学与符号学对人类文化的共同关注使得二者的交叉源远流长，其中的皮尔斯转向更拓展出了一条不同于结构人类学的意义研究新途径。“符号人类学”收录了对当今符号人类学领域的专家、哈佛大学人类学系尼古拉斯·哈克尼斯教授的专访，他对符号人类学的学科历史、核心要义与发展趋势进行了细致梳理和深刻剖析；李菲考察了藏彝走廊多民族“野人”故事的生成与变迁，讨论其中生境与身份认同；赵星植探讨了符号人类学中符号指示性的研究历史、影响及启示；薛晨围绕感觉质理论，结合皮尔斯符号学理论进一步推进符号人类学理论范式创新。

除此之外，本辑还收录了诸多学者在传播符号学、情感符号学、文学与叙述学领域中的精彩讨论：魏伟讨论了后深度体育媒介化时代的新问题，祝东考察了《诗》作为符号载体的意义转变。这些文章或深挖经典，或体察新现象，不断推进符号学诸领域的意义探索。

Editor's Note

The development of semiotics continues to collide with theories from different fields, and this intersection of disciplines often breaks through the traditional boundaries of the humanities and explores the spectrum of human knowledge in a more macroscopic way. In the section "Eastern European Marxist Semiotics", Fu Qilin and Wei Xiaojin introduce the poetic construction of Solomon Marcus's mathematical thinking in an attempt to turn "mathematics in liberal arts" into "liberal arts in mathematics". Zhu Hongxu examines the structure, function and ethical exploration of Henry Wald's aesthetics of humour whilst Shao Shuai introduces the development of the Marxist philosophy of language in Eastern Europe. These innovative interpretations of traditional propositions reflect the critical absorption of semiotics by Eastern European scholars in all its aspects, and represent an important part of the history of world semiotics theory.

The common focus of anthropology and semiotics on human culture has long led to intersections between the two. The Peircean approach has expanded into a new way of studying meaning that is different from that of structural anthropology. In the section "Semiotic Anthropology", Professor Nicholas Harkness of the Department of Anthropology at Harvard University provides a detailed overview and profound analysis of the history, core elements and developmental trends of semiotic anthropology. Li Fei examines the generation and transformation of the multi-ethnic "savage" stories in the Tibetan-Yi Corridor and the habitat and identity of these stories. Zhao Xingzhi discusses the history, influence and revelation of indexicality in semiotic anthropology, and Xue Chen introduces a paradigm innovation in semiotic anthropology by combining the theory of qualia with Peircean semiotic theory.

In addition, this collection includes fascinating discussions by scholars on the semiotics of communication, emotion, literature and narratology. By digging deeper into the classics and examining new phenomena, the exploration of meaning in all fields of semiotics continues apace.

目　录

东欧马克思主义符号学

符号人类学

传播符号学

情感符号学

理论与应用

书　评

Contents

Eastern European Marxist Semiotics

Semiotic Anthropology

Semiotics of Communication

Semiotics of Emotion

Theory and Application

Book Review

东欧马克思主义符号学

论所罗门·马库斯的数学诗学*

傅其林　魏小津

摘　要：本文探索罗马尼亚著名的数学家、符号美学家所罗门·马库斯所提出的数学诗学，从理论基础、文学的数学模型构建、诗歌语言的数理分析等维度论述其关键问题，挖掘其从数学角度推进符号美学的独特贡献。本文认为，马库斯以数学思维方式对诗学的阐释与建构，为当代美学的跨学科研究提供了崭新的视域，也同时带来数学诗学本身的困境。

关键词：所罗门·马库斯，数学诗学，模型，诗歌语言

On Solomon Marcus' Mathematical Poetics

Fu Qilin　Wei Xiaojin

Abstract: This article explores the mathematical poetics proposed by Solomon Marcus, a famous Romanian mathematician and semiotic aesthete. It discusses the theoretical basis of critical issues such as the construction of mathematical modes of literature and the mathematical analysis of poetical language to uncover its unique contribution to advancing semiotic aesthetics from a mathematical perspective. The authors

---

* 本文为国家社科基金重大项目“东欧马克思主义美学文献整理与研究”（15ZDB022）阶段性成果。

contend that Marcus' mathematical approach to the interpretation and construction of poetics offers a new angle on the interdisciplinary study of contemporary aesthetics but raises the dilemma of mathematical poetics itself.

Keywords: Solomon Marcus, mathematical poetics, model, poetic language

DOI: 10. 13760/b. cnki. sam. 202202001

所罗门·马库斯（Solomon Marcus）是罗马尼亚著名的数学家和语言符号美学家。他曾任教于罗马尼亚科学院和布加勒斯特大学数学系，并于2001年当选为罗马尼亚科学院院士。他以数学的方式深入阐释美学命题，涵盖诗学、语言学、符号学等领域，被公认为数学语言学和数学诗学的奠基者之一。他1967年发表《关于代数诗学的问题》一文，1968年发表论文《非概率性的数学诗学》；1970年出版的罗马尼亚语版《数学诗学》是一部具有里程碑意义的奠基性著作。① 马库斯提出的数学诗学可以看作其关于代数语言学结构的一些观点的总结和扩展研究，是真正意义上的数学与美学融合创新的理论建构，成为罗马尼亚数学诗学流派的重要代表，推动了东欧马克思主义符号美学的创造性发展。

一、数学诗学的理论基础：数学和诗歌的差异性与近似性

数学和诗学是对立的两极，二者之间充满着矛盾：诗学是研究情感表达的学问，是对个体心灵和审美经验的理论表达，而数学则是对自然世界数的关系之规律性的客观揭示；诗学是人文学科，而数学属于理科的基础学科，两者似乎水火不容。诗歌与数学之间的对立更为显著。在绝大多数人看来，如果说诗的语言是变幻莫测的魔法，那么数学语言就是受制于条条框框、按程序有条不紊运行的机械齿轮。诗歌是用高度凝练的语言生动形象地表达作者丰富的情感，集中反映社会生活并具有一定节奏和韵律的文学体裁，数学

① Solomon Marcus, *Poetica matematică*. Bucureşti: Editura Academiei Republicii Socialiste România, 1970. 该书详细地阐述了他对数学和诗学的理解，并且在1973年被译成德文出版发行。德文版对原罗马尼亚语版中存在的一些错误进行了修正，并对部分章节内容作了调整（例如在第二章中，删去了“理性－情绪化的对比”这一小节，在第三、第七和第八章中省略一些冗余的例子，只保留了用于理解方法所必需的例子）。可以说，德文版的《数学诗学》是在原版基础上的一次全新修订。本文基于德文版《数学诗学》（Solomon Marcus, *Mathematische Poetik*. Editura Academiei, 1973）展开研究。

则注重逻辑和严谨性，是研究数量、结构、规律、空间以及信息等概念的学科，它不仅仅是公式与运算符号的集合，更主要是一种思维方式。诗歌强调的是独一无二的特殊性，追求“李杜诗篇万口传，至今已觉不新鲜。江山代有才人出，各领风骚数百年”的别具一格，但是数学却试图找寻事物之间存在的普遍规律，从事实中归纳出秩序。诗歌所蕴含的意义和其表达方式之间有着强联系，不论是托物言志还是寓理于事，都是通过表现手法来呈现意义。相比之下，数学的意义和表达方式则彼此更加独立，正如马库斯所说的那样，“数学语言将表达式的含义从其上下文中解放出来，使其独立于上下文”（Marcus，1973，p. 79）。马库斯的数学诗学充分考虑到数学和诗学、诗歌之间的差异，他认同洛维内斯库和维亚努的观点，前者认为诗的语言具有暗示的功能，数学则是概念性的，后者认为诗的行为是反身的，数学的行为是传递的。

马库斯（Marcus，1973，p. 21）认为，“正是因为诗歌和数学之间存在着本质上的不同，研究诗歌时才可以采用这种不直接应用于诗歌的方法。这些方法比乍看上去显得更加全面，因为现代数学不仅解决了‘多少’（Wieviel）的问题，还解决了‘如何’（Wie）的问题；现代数学不仅是度量科学（这点甚至不是最主要的），它还是研究结构问题的一般方法，即显示出内容相对独立的问题”。数学在诗中所展示的任何方面都不能代替其特征，但是各个方面共同组成的这个整体则构建了一个不会与其他任何事物混淆的结构。阿尔贝·蒂博代在他的《批判生理学》中描绘了美的一种稀有情况——“用精确的手段完成的美确定的是一些含糊的和复杂的状态”（蒂博代，2015，p. 133），并由此指出“人们因此应该承认，批评即使冒着伤害趣味的危险也应该尽量追求精确”（p. 135）。在马库斯看来，通过数学的方法研究诗学可以满足蒂博代所提出的这一愿望。这种方法诉诸语言的结构，而这些结构则可以在最大限度上实现诗歌表达方式的精确性，虽然诗性的具体状况是不精确的，但是诗性表达媒介是精确的。随后蒂博代在《批判生理学》中进一步指出，“批评可以掩盖趣味，犹如在碎石下掩盖泉水，这不仅表现在对既定的判断表示欢迎的读者身上，也表现在批评家的身上，他舍弃欣赏的快乐而去追求判断和分类的快乐，也就是说，舍弃爱的快乐而去追求有意图的快乐”（p. 136），但他之后也承认，“如果我们是进行批评，我们在动笔的时候力图增加我们的快乐——感觉的快乐、理解的快乐——并让我们的读者也体验到这快乐”（p. 137）。马库斯则是系统地建立数学诗学，他认为“数学诗学使我们能够通过揭开交织在诗歌语言中的结构网络来领会诗歌隐藏的结构，从而启发我们对文本的新理解，并提炼和强化原有的情感”（Marcus，1973，p. 35）。

有的学者担心数学方法的引入会摧毁诗歌的魔力，让诗歌陷入数学冰冷的逻辑中，从而失去了原本的魅力，因为艺术是依靠直觉的，拒绝讲逻辑的数学干预。实际上就本质而言，直觉对于数学也是必不可少的，诗歌也有其内在的逻辑。马斯顿·莫尔斯曾指出：“数学和艺术之间的第一个重要联系在于，数学中的发现不是逻辑问题，而是无人理解的奇迹般力量的结果，在这种力量中，对美的无意识认知必然发挥了重要作用。数学家从无数模型中选择一个模型，因为它美丽，但没有人知道如何将美融入其中，然后用符号和公式，以容易理解的方式列出模型。只有这样，它才能更广泛地传播开来。但是第一个模型仍然存在于大脑深处。”（Morse，1951，pp. 604 -612）数学有足够的逻辑去发现诗歌的内在逻辑，也足够“疯狂”，不会落后于不可言说的诗意太远。因此在马库斯看来，数学所特有的这种逻辑建模不仅不会破坏诗歌的魔力，而且相反，它意味着一种“纯净化”，“一种对诗歌维持、发展和深化的最佳可能性”（Marcus，1973，p. 22）。这就正如一般的科学不仅不会破坏、减少人们对未知事物的好奇心和惊奇感，反而还会激发人们的好奇心一样，因为科学将人们的好奇心从宗教的领域转移到了理性认知的领域。可以看出，马库斯的数学诗学与形式主义和结构主义一样，试图祛除文学文本的神秘性。

虽然数学和诗歌有着本质的差异，但是两者之间仍具有相似性。马库斯的数学诗学则是在差异性中寻找相似性。他在 1988 年发表了名为《数学和诗歌：差异中的相似》的主题演讲，列举数学和诗歌的诸多相似之处，例如：数学和艺术都属于创造的领域，人们未发现数学创造性和艺术创造性之间有什么心理差异；二者都需要发明和发现的平衡；二者都既是赌博，又是游戏；二者都包含着无穷性和悖论；等等。整体来看，马库斯关于数学和诗歌之间的共性的理解主要包括不可言喻性、非精确性和形式纯粹性。

首先是不可言喻性。马库斯根据罗马尼亚文学评论家欧根·洛维内斯库在《罗马尼亚当代文学史》的研究，指出诗歌的语言无法被准确翻译成任何外语，因为诗的语言中存在深意（Andeutungswerte），这种深意“是由声音、语义缺陷和某些非常个性化且难以传达的特性给出的”（Marcus，1973，p. 140），不能通过一个简单的概念性的翻译来进行阐释，换言之，将诗的语言翻译成科学的（或者日常的）语言是不可能的。马库斯认同乔治·布拉克（Georges Braque）的观点，即对艺术而言最重要的就是不可言喻。而诗歌的这种不可言喻性不能被翻译成通用语，这一特点在某种意义上而言和数学是一样的。马库斯认为，在现实生活中，很多人并没有意识到二者之间还有相似之处，“就如很多人不明白数学家是做什么的，通常会将数学家与会计师、工程师、逻辑学家以及计算机科学家混淆；而诗人对大多数人而言，不是被当作疯子，就是被当作离群索居的怪人。诗歌不可言喻的本质与其通常非常具体的外在描述形成对比，如韵律、节奏等”（Marcus & Victoriei，1998，p. 175）。生活中处处都有数学的身影，但是这些运用、算法都不能定义数学语言。数学语言存在的意义在于它具有一定的凝聚和形式化的能力，如果人们试图在稀松平常的语言中找到数学语言的替代物，借助具体形象的例子来猜测其内容，那么数学语言本身所具备的高度凝练力就消失了，这可能会导致其失真变形。“数学语言除了算法的功能，即找到通过其他语言难以表述的答案（主要是数字上的）外，也具有模拟或近似现象的描述功能，其重点不是描述确切的结果，而是描述建模过程本身。”（Marcus，1973，p. 18）

其次是非精确性。马库斯指出：“数学和诗歌都存在非精确性。数字大多只能通过它们的近似值被人知道。数学史在相当程度上可以说是近似的历史，用低复杂性的事物去逼近高复杂性的事物。近似、随机性、模糊性、可推广性、粗糙度、分形、混沌的、可忽视性、不可决定性等都是数学研究的主题。反过来，诗歌所呈现出来的状态也是不精确的，并且因为这种不精确而备受青睐。正所谓黄昏比晴朗的日子更有诗意。封闭的、幻想的、晦涩的、陌生的、神秘的、模糊的，在诗歌中都是家常便饭。”（Marcus & Victoriei，1998，p. 179）诗歌所体现的这种不精确性主要是指状态上的不精确。

再者是形式纯粹性。马库斯虽然认识到诗歌语言和数学语言具有众多显著的差异，但也从形式上认识到两者的相似性。他指出，诗歌是饱含深意的语言凝聚和本质化的最高形式，就像数学是科学所能表现出的最密集、最集中、最不冗余的形式一样：“诗歌是含蓄语言的最高形式，而数学是逻辑语言理想化的形式。”（Marcus，1968）因此诗歌与数学具有内在的形式纯粹性，这样，数学诗学的构建就形成双重性的表演或者记录，“诗的数学研究形成了双重性的最高纪录，因为在这里，所研究的语言和用于研究的语言都是最高本质的表达”（Marcus，1973，pp. 19－20）。

马库斯对诗歌与数学的类似性的思考为其数学诗学奠定了重要基础，扭转了两者截然对立的习惯性认知。两者虽然都有不可言喻、非精确性等特征，但是作为抽象化的纯粹形式，又具有精确分析与逻辑结构探索的可能性。这从事实层面确立了以数学观照文学艺术的可能性与合理性，从而在一定程度上转变了传统诗学的基本观念、概念范畴与分析路径。进一步，马库斯在差异性和相似性中审视数学诗学的可能性，这就是模型观念，因为模型就是通过对象之间的相似和差异的内在结构来建构的："诗歌与数学的本质差异意味着，诗歌研究能够利用不能直接运用于诗歌的方法即数学方法。恰恰是模型观念在此发挥着重要作用——对象 A 是对象 B 的模型，条件是：一方面 A 极为类似于 B，对 A 的研究结论对于 B 也是有意义的；且另一方面，A 极为不同于 B，至少存在着一种方法能够运用于 A，但是不能运用于 B。现在，咱们把数学作为 A，把诗歌语言和数学语言之间的差异作为 B。上述两个条件都得到满足，因而我们能够说，A 是 B 可以接受的模型。"（Marcus，1968）

二、文学的数学建模

马库斯颇为重视数学与符号模型的研究，其数学诗学的核心是对文学的数学建模的探索，在一定意义上超越了雅各布森的语言诗学和列维 - 斯特劳斯的结构主义人类学范式。根据雷蒙·格诺（Queneau）的说法，每门学科与数学的关系史大都经历了四个阶段：把事实串联起来的经验阶段、进行检测的实验阶段、实行计算的分析阶段以及进行推导的公理阶段。马库斯认为诗歌与数学的关系已经进入第四阶段即模型推导的公理阶段，尤其是 20 世纪三四十年代，美国数学家、信息论美学先驱乔治·戴维·伯克霍夫（Birkhoff）、罗马尼亚数学家马蒂拉·基卡（Ghyka）等人在这方面都做出了杰出的贡献，是马库斯对文学进行数学建模的重要基础。

美国数学家伯克霍夫 1928—1932 年的数学美学的研究成果得到马库斯的深入关注。在伯克霍夫看来，文艺美学如果想像科学美学一样尽可能长久地存在，就得考虑到常量，且在原则上不超出语言范围（Birkhoff，1956，pp. 2185 - 2195）。他区分了对艺术作品的审美感知的三个主要因素，即对象复杂性数量（C）、对象构成元素规则性数量（O）以及审美欣赏数量（M）。所谓对象复杂性，就是指作品的复杂程度，例如在一首歌曲中所感知到的音级数量，音乐的多维要素如音程的度数、音节，或者所在诗歌的音位；对象构成元素规则性是指不同作品中存在的规则性因素，例如诗歌中的韵脚、头韵和半谐音，音乐作品中的和弦或者视觉艺术作品中的对称；审美欣赏是对审美对象的掌握。根据伯克霍夫的论述，审美欣赏的量值 M 可以表示为公式：

$$M = \frac{O}{C}$$

此公式表明了审美欣赏与对象复杂性和对象规则性的数学关系模式，即对一部作品的审美欣赏的数量值与对象复杂性呈反比，而与对象的元素规则性呈正比。因此，越复杂的作品越难以引起审美快乐；越了解作品的规则系统，则越能够对作品予以欣赏。伯克霍夫受到荷兰美学家赫姆斯特休斯的观点“美就是在最短的时间里产生最多的想法”的启发，认为审美价值在于用尽可能低的复杂性创造出尽可能大的美学享受。这与伏尔泰的“诗歌用短短几句话表达了比散文更多的内容”有着异曲同工之妙。但是，伯克霍夫以数学公式的形式表达了审美价值的数学结构关系，这是赫姆斯特休斯和伏尔泰所不能达到的。

马库斯还充分阐发了马蒂拉·基卡对文艺的数学规律的研究。如果说伯克霍夫是为诗歌表达作了数学推导的模型，那么马蒂拉·基卡则是发现了诗歌结构上的数学规律。他在伯克霍夫发表自己观点之后不久揭示出艺术作品中普遍存在的数学规律。马蒂拉·基卡在他的第一本书中阐述了形式化的数学理论，从最基础的几何图形开始分析，比较了自然界中存在的对称形式，尤其是晶体和生物体，同时还展示了和谐理念的发展以及建筑中各种各样经典的几何规则。基卡研究了各种节奏，涉及审美表达。卢卡奇在《审美特性》的第四章“对现实审美反映的抽象形式”中也讨论了对节奏、对称与比例的审美分析，但是仍然没有进入数学本身的专业思考之中。基卡提出的“黄金数”是$(1+\sqrt{5})/2$：“这个数的自然特征以及它的许多显著性特征也许归功于它描述的非中断连分数的值（Wert des nichtabbrechenden Kettenbruchs），其中所有近似分数都等于1，此外还有其他出乎意料的简单表达式（它是方程式$x^2-x-1=0$解出来的正根）。”（Marcus，1973，p. 25）基卡强调了一个显著的事实，即在自然界以及在各式各样的艺术中所显现的众多比例正是以这个所谓的黄金数作为衡量标准的。法国数学家保罗·蒙泰尔受此影响，在30年后的一篇关于黄金数的文章中揭示出黄金数在不同的艺术分支中所展现的比例关系。

基于此，马库斯看到，波德莱尔的《应和》透现出诗歌结构的机制即通感结构，《恶之花》虽然难以把握，但是从中可以寻觅其科学的结构。诗歌中每一个成功的隐喻都完美地与其结构相呼应，可以在结构中找到它的相应词，正如乔治·卡莱恩斯库所说的“如果说逗号在唱歌，那么句号就在等待回声”（Marcus，1973，p. 26）。因此通过结构分析来确认逗号是如何歌唱的以及句号是如何等待回声的，这种做法绝不夸张。马库斯指出，越来越多不同体系的研究方法被用于语义学，例如以树生长形式对语义范畴的描述允许借助乔姆斯基的形式语法创建语义范畴系统。但是，必须记住，诗意的集合是不可计数的，因此对应的语义范畴的集合必然是无限的。事实上，可以用科学语言表达的意义也是无限的，我们处理的是无限的可数，使用有限的语法类别系统对其进行描述是合理的（p. 155）。在马库斯看来，通感可以将诗歌和数学联系在一起，进行结构之间的类比，这对于诗学而言是一种有益的尝试。这为诗歌的数学建模奠定了基础，也推动了相关领域的发展。马库斯认为："结构诗学、逻辑和语言语义学同数学语言学一道作为诗歌最重要的方面，为确定性数学建模创造了非常有利的条件。事实上，这个文学研究的逻辑建模过程经历了几个不同的阶段，众所周知数学建模需要一个前期的准数学的结构建模，在这个准建模过程中，元素尚未按照数学理论的严格要求排列，但已经提前勾勒出了数学模型最基本的轮廓；诗学领域的大部分工作都处于这种半数学化状态，尚未进入完全的数学化阶段。"（p. 33）马库斯的数学诗学则是以结构建模来推进诗学的完全数学化。譬如他根据数学家理查德·卫斯里·汉明所建立的距离公式来设想语言与语义之间的距离公式，从而为文学语义距离的研究提供了数学模型化的路径，这种距离的计算公式（p. 254）为：

$$d(T', T'') = \sum_{i=1}^{n} d(S_i', S_i'')$$ [①]

马库斯以此公式来辨析诗歌文本的语义距离："这一参数使得对诗歌的变形或者翻译进行归类成为可能。例如诗歌 P 的译文有 P_1，P_2，…，P_n，那么在 $d(P, P_1) < d(P, P_2) < d(P, P_3) < \cdots < d(P, P_n)$ 的情况下，译文对原文还原的程度和译文 P_1，P_2，P_3，…，P_n 的原始程度有关。也就是说 P_1 对原文的翻译最为精准，P_n 的最为模糊。这意味着，译文 P_1 语义结构最接近于诗歌原文 P。"（Marcus，1973，p. 255）马库斯用汉明距离的数学原理公式对 Lucia

---

① 马库斯指出，假设文本 T′ 拆分为 S_1'，S_2'，S_3'，…S_n' 片段，文本 T″ 拆分为 S_1''，S_2''，S_3''，…S_n'' 片段。假设 S 是已知元素 I_1，I_2，I_3，…I_m 的特征（Merkmale）有限序列。每一个 S_i' 以及 S_i''（$1 \leq i \leq n$）能在符码 0 和 1 中得到一个结果，符码 1 处于 p 行（$1 \leq p \leq m$），因此从相关数可得出特征 I_p。通过这种方法，每一个数可以在二进制中得到一个 n，m 则是诗歌词汇中的全部对象（Dinge）。第一个符码序列 i 与第二个符码序列 i 之间的汉明距离 $d(S_i', S_i'')$（$1 \leq i \leq n$）可表示为 $d(S_i', S_i'')$，就是 p 行数列的一部分，其中 S_i' 得到的词与 S_i'' 是不同的。参见 Solomon Marcus，*Mathematische Poetik*. Editura Academiei，1973，SS. 254 - 255.

Vaina 版的波德莱尔十四行诗《给一位过路的女子》以及菲力皮德（Phillippide）、巴斯科维奇（Bascovici）、卡拉伊翁（Caraion）、道斯（Daus）四位译者的罗马尼亚语译文进行计算，衡量语义距离。程序如下：

首先，Lucia Vaina 根据波德莱尔的原诗选择了 16 个语义特征：（1）人类的，（2）动态的，（3）感动的，（4）痛苦的，（5）时间距离，（6）空间距离，（7）品质，（8）温柔的，（9）转变，（10）替代，（11）物质，（12）时长，（13）空间维度，（14）颜色，（15）直接的，（16）孤独的。

然后，把该诗歌文本区分为 20 个句段，分别为：（1）喧闹的街巷在我周围叫喊。（2）颀长苗条，一身丧服，庄重忧愁，/一个女人走过，她那奢华的手/提起又摆动衣衫的彩色花边。/轻盈而高贵，一双腿宛若雕刻。/（3）我紧张如迷途的人，（4）在她眼中，/（5）那暗淡的，孕育着风暴的天空/（6）啜饮迷人的温情，（7）销魂的快乐。/（8）电光一闪……（9）复归黑暗！（10）——美人已去，/（11）你的目光一瞥突然使我复活，/（12）难道我从此只能会你于来世？/（13）远远地走了！（14）晚了！也许是永诀！/（15）我不知，（16）你何往，（17）你不知，（18）我何去，/（19）我可能爱上你，（20）啊你该知悉！（波德莱尔，1992，p. 130）这 20 个句段有长有短，有的由几个分句构成，有的从一个分句中划分。

接下来分别按照每一个句段是否具有 16 个特征进行判断，如果具有该特征就计为 1，否则计 0。马库斯用布尔矩阵图分别绘制了波德莱尔的诗歌以及 4 个罗马尼亚语译本的图表。

最后分别计算出翻译文本（分别称为 P，B，C，D）和波德莱尔的文本（B）的语义距离：d（B，P）=90，d（B，B）=42，d（B，C）=42，d（B，D）=100。根据汉明距离原则，数值越大，语义距离就越大。这意味着，道斯的翻译文本离原文语义最远，而“巴斯科维奇和卡拉伊翁的翻译最接近原文”（Marcus，1973，p. 261）。

马库斯不仅具体分析了诗歌的数学模型，还对戏剧形式的规律及其内在结构进行数学逻辑的建模，提出了戏剧诗学研究的符号学新方法，建立了戏剧的几何学模型。他根据索绪尔的组合关系和聚合关系设计出比格雷马斯矩阵更为复杂的矩形模式（Marcus，1973，p. 354），涉及戏剧的人物、话语、场景、文本等维度及其相互的数学关系。这拓宽了数学诗学的视域，在文学艺术研究领域为更丰富的数学模型探索奠定了重要的基础。

三、诗歌语言的数理分析

马库斯的数学诗学把诗歌语言作为重要的分析对象，从数理方面探讨了诗歌语言的基本特征，这与他关注具有分析语言学特征的代数语言学是联系在一起的。在他看来，代数语言学具有两种基本模式：生成模式和分析模式，生成模式的起点是语法，而分析模式的起点是某种语言即句子构成的集合，属于“描述语言学领域”（Marcus，1967，p. 7）。

马库斯把诗歌语言置于人类语言四大系统中加以考察。如果将音乐语言、诗歌语言、科学语言按多义程度排序，那么上层是多义程度最高的音乐语言，中间是诗歌语言，下层是科学语言。在西方学术界，音乐语言和科学语言的数学研究已经较为成熟，有了基本的研究范式，但是关于诗歌语言的数学研究还在酝酿之中，并没有形成一套体系。普通语言（通用语）则融合了以上这三种语言，因此如果要在上述的层次结构中为普通语言找到一个位置，那么它将位于第三层，在诗歌语言之后、科学语言之前。普通语言本身就像一个结构性网络——其中一些近似于音乐语言，另一些则近似于科学语言。普通语言的多样性赋予了它一定的复杂性，因此只有在研究了科学语言和诗歌语言之后，才能明确普通语言中的那些元素（Marcus，1973，p. 162）。根据当时已有的研究，马库斯发现音乐语言的数学研究长期只用了定量数学的概念和方法（即数值、概率论或信息理论的方法）；在诗歌语言中，定量的研究方法也占据着主导地位。但是对科学语言几乎都是采用数理逻辑的定性方法来研究，概率或者信息论的定量研究方法基本不存在。换言之，层级越往下，定性研究就越占据主导位置。

马库斯指出，对诗歌定性的数学结构研究是可行的，并且在很早之前就有先例。他认为皮尤斯·塞尔维安是最早对诗歌语言和科学语言进行全面比较的人之一：“对塞尔维安而言，诗歌语言（他称之为‘抒情诗语言’）的特点是完全没有同义词，但是每个短语有无穷多的同音词；与之相反的则是科学语言没有同音词，但每个短语都有无穷的同义词。”（Marcus，1973，p. 27）马库斯认为，人类四种语言的层级顺序直接对应于表达方式的水平等级：表达方式在音乐中就意味着所有，在诗歌中则近乎所有，在普通语言中表达方式和内容是相互平衡的，在科学语言中表达方式却是相对独立的。这样就形成了由自然语言表达方式向形式化的数学逻辑过渡的内在结构关系。马库斯认为：“这种表达方式重要性的顺序，在一定程度上需要根据四种语言的组合轴线的重要性来进行相对应的排列。然而从组合轴的角度来看，语言被当作一个随机的过程，即所谓的马尔可夫过程，其中一个元素出现的概率取决于前面的元素。通过这种方法，上述层级结构中的四种语言顺序也表明，它们在多大程度上可以被视为统计学上的集合，并用概率论的方法加以检查。”（p. 27）这也解释了为什么定量的信息论更多地应用于音乐和诗歌语言的研究，在普通语言的研究中应用得较少，而科学语言研究则几乎不采用信息理论。此外，诗歌语言与科学语言的不同之处还体现在语境的长度。语境会影响表达的含义。想要理解诗歌的含义往往需要结合较长的语境，而想要理解科学所表达的内容则可以通过相对较短的语境，甚至可以独立于上下文。这一分支所使用的基本概念是熵，即研究现象所表现出的不确定性的量度。对于组合过程而言，考虑到过程中 n 个连续部分之间的关系，该量度由所谓的 n 阶熵给出，其表达式包含了每 n 个部分组合出现的概率。无穷阶熵（Die Entropie unendlicher Ordnung），即 n 阶熵随着 n 的增长所趋于的极限，形成了组合过程中的令人意外的最佳量度，因为该熵甚至记录了过程中可能产生的最大影响。（pp. 28 –29）

马库斯指出，音乐语言、诗歌语言与普通语言，特别是科学语言之间的根本区别在于，音乐语言和诗歌语言在长语境中都有着无可比拟的重要性，其影响力跨越了距离的鸿沟。马库斯用信息论和概率论的方法探讨了诗歌与音乐的关系。他反对孤立地看待诗歌和音乐的关系，这种孤立的观点认为声音在诗歌中的意义完全是通过它们参与感官刺激来实现的，即通过词汇或者语素实现。如此一来，声音在诗歌中的作用与在普通语言中没有任何本质的区别。而马库斯认为：“诗歌语言和普通语言最根本的区别之一就是在于声音，在这里通常的词素边界被移除，并且出现了新的声流分段。”（Marcus，1973，p. 123）“诗歌中的声音具有双重功能，除了存在于普通语言中的功能外，声音还有一种功能，通过这种功能声音可以实现语音和非语言现象之间的特征和符号的对应，形成一种和人的经验的直接联系。”（p. 30）例如在诗歌中通过软辅音来表达柔情，用硬辅音来表达愤怒；R 是男性化的，L 是女性化的，I 是轻快纤细的，U 是阴沉的。语音隐喻在声音的物理现实中具有坚实的基础，并且正如许多国家的实验所表明的那样，这既不是声学的基础，也不是感觉的基础，而是受一种自然而然的发音的驱动，它不是基于我们感知声音的方式，而是基于我们发出声音的方式。在马库斯看来，诗歌的所有韵律特征都是按照一定的趋势发展的。短诗多用来表达乐观、活泼的内容；在情绪的推动下，节奏的加速通常会导致短元音出现频率的增加，并且停顿的位置会因此向诗歌的开头移动；长音很少用在充满青春活力的诗歌中，通常用来表达悲伤；长短格在客观上比短长格更有活力。诗歌文本中韵律参数的变化包含特定信息，有时与语素信息有很大不同。可以说除了常见的语素分割，在诗歌中还存在一个更小的二次分割的单位，它传达了更模糊、更抽象、更普遍的意义。阿兰在《关于文学》一书中认为，诗人是相信语言力量的人，他首先将语言当作“自然的声音”，然后才将其视为某种意义的传递者（Alain，2003，pp. 105 - 112）。诗人通过语言的音乐性来烘托或者强化自己想要表达的内容。以歌德的《浪游者的夜歌》为例，在这首诗中悠闲的扬扬格韵律突然被长短格打断：“林中栖鸟，缄默。”（歌德，1983，p. 33）一些研究者将其视为异教徒生活乐趣的一种表达，另一些则听到了风在树枝上沙沙作响。但是每一种被认可的阐释，都与原文的词素意义大相径庭。从这个例子中可以看出，与读者从语素结构中获得的信息相比，韵律结构提供的信息是多么的普遍和模糊。在一些特殊的情况下，正如福纳吉所指出的那样，韵律结构很容易使语素信息的准确性受到质疑。在《美好之歌》中有一首诗，魏尔伦原谅了爱人对他的所有伤害，但诗句的刺耳音色仍然表达出诗人的懊丧：“也只能松开紧握的拳头，释放掉怒气（Arriere aussi les poings crispes et la colere）。”马库斯看到，安德雷·柯尔莫哥洛夫用统计和信息论的方法对普希金和马雅可夫斯基的韵律结构和押韵的研究，同皮埃尔·吉罗对保罗·瓦莱里诗歌的研究一样，都朝着相似的方向发展，对于特定的节奏或韵律方案所固有的难度有一个客观的衡量标准，押韵的信息结构在概率上与可使用的固定词汇量的某些限制有关。他也看到，杜米特鲁·卡拉科斯蒂亚在 1944 年通过对大数定律和专业文献的归纳总结，用数理统计知识证明了重读元音在韵律中起到的重要作用。正是这些事实证明，不仅需要将诗歌语言与普通语言进行比较，而且也需要研究诗歌语言与音乐语言间的关系。如果诗歌的音乐结构偏离了音乐语言中存在的规范，那么它将以一种新的、更有意义的方式出现。马库斯认为，这样“不仅可以更好地理解音乐的逻辑结构，也能更好地理解它的语言结构，其中音乐语言形成了术语的类比，这是学习普通语言的基础，例如区别性特征、音素、语素、单词、句子、复合句、语法等”（Marcus，1973，pp. 32 - 33）。

可以说，马库斯的数学诗学与已有的研究有着本质上的不同，真正实现数学研究与文学研究的深度交叉和融合，从而在数学和诗学领域取得了新的突破。一方面，以前西方学界对诗歌的数学研究主要有三种方式：统计、信息论和模拟自动计算机的算法建模；主要集中于两个研究重点：一是统计方法的应用，二是文献研究中利用自动计算机进行辅助运算。这些研究虽然丰富，但是相当片面。逻辑和代数的建模，即提出具有明确解释功能的逻辑和代数模型，是马库斯所着力推进的理论建构。马库斯尝试将数学方法不仅仅用于某些诗歌文本的实际研究，而且还用于对诗歌语言和诗歌形象中本质的一般性问题研究。他在借助概率论和统计学的基础上涉及对诗歌语言的定性研究，深化集合论、代数和拓扑学的应用，竭力构建诗歌语言及其形象的代数和拓扑学模型，也充分认识到符号悖论的数学与结构命题，认同于克斯库尔（Jakob von Uexküll）所谓的“客观世界”的悖论符号学思想。这种悖论符号学思想“遵循既相互吸引又相互拒绝的两个实体 A 和 B 的模式。上面讨论的剧场和音乐的隐喻也遵循这种模式，这确定了客观世界的逻辑”（Marcus，2001，pp. 201 -210）。另一方面，马库斯的数学诗学为诗学研究提供了新的范式。它既深入 20 世纪的语言符号学的学术视域，从索绪尔、格雷马斯、罗兰·巴尔特、列维 - 斯特劳斯等语言结构诗学中提取形式和结构的关键元素，又与之对话，实现新的突破。尽管如此，马库斯的数学诗学仍存在某些缺陷，其建立的数学模式与文艺审美领域本身的复杂性和丰富性仍然存在诸多差距，仍然存在着确定性与不确定性之间的悖论，难免强制阐释审美现象。如果说数学诗学体现了人类对复杂性和幽微蕴藉的领域的介入，试图解决无意识和隐私性的奇异审美经验，那么其自身的限度和自身的悖论从根本上也是难以克服的，就如数学的危机和人的危机一样。马库斯本人亦清楚地看到：“不可言说性是一种特殊的形式，在诗的研究中完全形式化的科学研究是不可能的。”（Marcus，1973，p. 21）但是这种巴比塔式的挑战是值得充分肯定的，对诗学具有推进作用。数学诗学是一门还在不断发展的新兴学科，以之为基础的符号学美学在大数据和人工智能时代更具有启发性，基于偶然性和模糊性的更深入、更精准的数学计算与应用，无疑将推动数学诗学的进一步发展。

引用文献：

波德莱尔，夏尔（1992）. 恶之花（郭宏安，译）. 桂林：漓江出版社.

蒂博代，阿尔贝（2015）. 批评生理学（赵坚，郭宏安，译）. 北京：商务印书馆.

歌德（1983）. 浪游者的夜歌（钱春绮，译）. 重庆：重庆出版社.

Birkhoff, G. （1956）. *Mathematics of Aesthetics in the World of Mathematics.* J. Newman （Ed.）, 4, 2185 -2195.

Marcus, S. （1967）. Algebraic Linguistics. *Analytical Models.* New York, London: Academic

Press.

Marcus, S. (1968). Poétique mathématique non-probabiliste. *Languages*, 12, 52–55.

Marcus, S. (1973). *Mathematische Poetik*. România: Editura Academiei.

Marcus, S. (1998). Mathematics and Poetry: Discrepancies within Similarities. In Sarhangi Reza (Ed.), *Bridges: Mathematical Connections in Art, Music, and Science*, 175–180.

Marcus, S. (2001). On the Logical and Semiotic Status of Jakob von Uexküll's Concept of Umwelt. 134, 201–210.

Morse, M. (1959). Mathematics and the Arts. *Bulletin of the Atomic Scientists*, 15 (2), 55–59.

Pernot, D. (2003). Alain: la littérature des «propos». *Romantisme*, 33 (121), 105–112.

作者简介：

傅其林，博士，四川大学教授，研究方向为文艺理论、东欧马克思主义美学、文化批评。

魏小津，四川大学文学与新闻学院博士研究生，研究方向为跨文化传播研究。

Author:

Fu Qilin, Ph. D., professor at the College of Literature and Journalism, Sichuan University. His research fields are literary theory, Eastern European Marxist aesthetics, and cultural criticism.

Email: fuqilin11@163.com

Wei Xiaojin, Ph. D. candidate at the College of Literature and Journalism, Sichuan University, with research interest in cross-cultural communication.

Email: weixiaojin1994@163.com

论亨利·瓦尔德的幽默美学思想*

朱鸿旭

摘　要： 亨利·瓦尔德是罗马尼亚战后新马克思主义的代表人物，早在20世纪50年代末，他就对幽默问题进行了深入的思考，提出了比较全面的幽默美学理论。他认为，幽默是一种超然物外、与自然的物质性保持距离的人生态度。幽默给人以希望和信心，是以文明的方式对黑暗、不公、邪恶的揭露与反抗。幽默有助于发挥人的创造性思维，激发人的批判精神。他将幽默与隐喻、反讽、戏仿、双关语等符号修辞相联系，从符号美学的角度对幽默问题进行了创新探索，对幽默的语言结构、理性维度和伦理规范等问题提出了新的见解。

关键词： 幽默，亨利·瓦尔德，美学思想，符号修辞

Henri Wald's Aesthetic View of Humour

Zhu Hongxu

Abstract: Henri Ward is representative of neo-Marxists in Romania after WW Ⅱ. His comprehensive theory of humour aesthetics produced as early as the late 1950s reveals a thorough reflection on the problem of humour. It proposes that humour is a detached attitude towards life that maintains a distance from the materiality of nature. Humour gives people hope and confidence and offers a civilised way to expose and resist darkness, injustice and evil. It helps to develop creative

---

* 本文为国家社科基金重大项目“东欧马克思主义美学文献整理与研究”（15ZDB022）阶段性成果。

thinking and stimulate people's critical spirit. Ward associated humour with semiotic rhetoric such as metaphor, irony, parody and pun, offered an innovative exploration of humour from the perspective of symbolic aesthetics, and put forward new views on the language structure, rational dimension and ethical norms of humour.

Keywords: humour, Henri Wald, aesthetic thought, semiotic rhetoric

DOI: 10.13760/b.cnki.sam.202202002

一、问题的提出

"奥斯威辛之后，写诗是野蛮的"（Adorno，1981，p.33），阿多诺（Theodor W. Adorno）的这句名言不仅在西方批评界如雷贯耳，在中文学界也已广为熟知到不用注释的地步。在阿多诺看来，西方文化界在战后最重要的任务是杜绝大屠杀的再次发生，将苦难记忆封存在内心反复咀嚼，对人性保持绝对的缄默和肃穆。而诗歌则是聒噪的，纤巧精妙的辞藻承载不起沉重的现实和历史负担，只会显得轻浮，造成对受难者的冒犯。在这里，阿多诺实际上把道德伦理规范与文学形式联系在了一起，正如罗兰·巴尔特（Roland Barthes）所说，"你不可能选择作品的形式而不决定你自己的哲学"（2010，p.287），他强调"形式的责任性"（p.285），以此来标明符号的非透明性——艺术和诗的体裁形式与其道德目的直接地关联在一起。

事实上，阿多诺强调的反省和忏悔的道德责任感是战后西方知识界的普遍共识，但他对诗所做的审判却引起了许多人的不满，与之相悖的思想和创作在战后不断出现。直接对阿多诺的观点构成正面挑战的是一大批战后幸存者的诗歌、文学和电影作品，如德语诗人保罗·策兰（Paul Celan）的诗集《死亡赋格》，匈牙利小说家凯尔泰斯·伊姆雷（Kertész Imre）的小说《无命运的人生》，波兰裔导演罗曼·波兰斯基（Roman Polanski）的电影《钢琴家》等。这些作品将文学艺术的记录、见证、控诉和反思功能发挥到了极致，有力地维护了艺术和"诗"的尊严。这些例子共同构成了对阿多诺的观点以及苦难记忆的悲剧性回应。而除此之外，还有一类作品——对阿多诺的观点及苦难记忆的间接的喜剧性挑战——同样值得关注。吊诡的是，正是遭受反犹迫害最深的东欧作家，在第二次世界大战之后非常集中地对喜剧、笑、幽默进行了讨论。如捷克哲学家科西克（Karel Kosík）对笑与幽默的实践存在论思考，匈牙利思想家阿格妮丝·赫勒（Agnes Heller）对喜剧的公共空间问题及其异质性美学特征的论述，波兰思想家莱谢克·科拉科夫斯基（Leszek Kolakowski）对柏格森喜剧理论的创造性重构，斯洛文尼亚哲学家斯拉沃热·齐泽克（Slavoj Žižek）对笑话、快感、喜剧等问题的丰富解读，等等。从文学作品来看亦不乏其例：捷克小说家赫拉巴尔（Bohumil Hrabal）的《严密监视的列车》，米兰·昆德拉（Milan Kundera）的《笑忘录》《玩笑》《好笑的笑》，罗马尼亚剧作家尤金·尤内斯库（Eugene Ionesco）的《秃头歌女》《犀牛》等。如果说在奥斯威辛之后，连写作一首诗都是野蛮的、轻浮的，那么一出喜剧、一串笑声、一个笑话又何以可能？因此，这种喜剧式的回应对阿多诺及其支持者的观点发出的挑战可以说是颠覆性的。

本文要探讨的是亨利·瓦尔德（Henri Wald，1920—2002）的幽默美学思想。他是罗马尼亚著名的马克思主义美学家、逻辑学家、散文家，罗马尼亚社会政治科学院院士，布加勒斯特大学哲学系教授。作为东欧新马克思主义在罗马尼亚的突出代表，瓦尔德曾遭受过纳粹的迫害，同时还参加了反法西斯的地下抵抗运动（Hoisie，2008，p. 1992）。早在 20 世纪 50 年代末，他就对幽默问题做了深入的思考，提出了比较全面的幽默美学理论。本文试图通过梳理和分析幽默的定义、幽默的功能、幽默与符号修辞三个方面的内容，总结其幽默美学的特色与价值，从而丰富学界对东欧新马克思主义幽默与喜剧理论的认识。

二、距离与超越：瓦尔德对幽默的定义

瓦尔德首先对幽默的定义进行了探讨，通过将幽默与其他类似或相关的概念进行对比，明确幽默概念的特殊性。他认为，幽默与严肃（seriousness）并不是一对互斥的概念，幽默的反面不是严肃，不严肃的人也不一定幽默。瓦尔德以美国默片时代著名的喜剧演员巴斯特·基顿（Buster Keaton）为例，基顿曾经扮演了一个颇具喜剧感的人物——马莱克（Malek），他的特点是一生从来没笑过。马莱克可以说是一个严肃的人，但无法用幽不幽默来评价他。他因为从来不笑而显得僵硬、机械，所以，他也是一个滑稽（comical）的人物。正如柏格森所说，“滑稽乃是人和物相似的那一方面，是人的行为以特殊的僵硬性模仿简单而纯粹的机械活动、模仿自动机械动作、模仿无生命的运动的那一方面”（2004，p. 59）。但是，幽默与滑稽同样是两个不相同的概念，“幽默是一种主体的态度，使精神凌驾于物质之上，而滑稽是一种客体的情况，使物质阻碍精神的发展”（Wald，1975，p. 237）。为了区分幽默与

滑稽，瓦尔德以罗马尼亚剧作家尤金·尤内斯库（Eugene Ionesco）的名作《秃头歌女》为例，该剧充斥着无聊的、没有意义指向的对话，甚至连“秃头歌女”这个名字也是尤内斯库从演员念错的台词中临时征用的。瓦尔德认为，《秃头歌女》是一个滑稽的典型例子，其滑稽之处在于“言语的物质性不再能向精神传达任何意义，言语变成了闲谈”（p. 238）。从二者所包含的精神价值的分量来看，幽默是一种高于滑稽的品质。“幽默是发出笑声，而滑稽是可以让人发笑的事物”（p. 238）；幽默是与人及人性相关的，而滑稽则与物相关；幽默是向人性靠拢，而滑稽则是人的物化或人对物的模仿。因此，瓦尔德又说：“滑稽是上演的幽默，通过滑稽，幽默再一次战胜了物质，而物质一度阻碍幽默的飞升。”（p. 238）。所谓上演的幽默，不仅包括喜剧，其实也包括其他使人发笑和表现幽默的作品，比如笑话、双关语、玩笑、漫画等。这些作品是幽默的具体化形式，是幽默作为人的精神特质的外在表现。

那么幽默的本质是什么？瓦尔德认为，幽默是主体具有的一种超然物外、与自然的物质性保持一定距离的态度。幽默首先是一种精神状态，是主体内在地具有的态度和心理；滑稽和笑是外在的状态，它们可能是由内在的幽默感所引起的。在论述幽默时，瓦尔德特别强调一种“距离”：“幽默是一种具体而深刻的人类态度，人作为唯一的可以通过工具和语言成功地与世界保持距离的物种，不可能不最终达至幽默。”（p. 237）对于瓦尔德所谓的“距离”，我们可以从三个方面来理解。

首先，这种距离指的是人通过抗拒自然的重复、僵化而与世界所保持的距离。瓦尔德的这一观点明显受到亨利·柏格森（Henri Bergson）生命哲学的影响，后者在《创造进化论》中认为，生命冲动是一种向上的努力，“但这种努力有时会后继不足，有时还会遭遇阻力”（柏格森，2015，p. 116），瓦尔德把这种阻力具体化为自然的物质化趋势，它为不断向上的社会和文化带来了循环往复、走向混乱和熵化的力，而幽默则可以与之保持距离，揭露和嘲笑这种僵化趋势。

其次，这种距离存在于理想和现实的对照之中。瓦尔德说：“幽默是人类特有的一种态度，它源于思想的批判张力。只有人能笑，因为只有他的反映事物的独特视角才能嘲弄过去，与未来理想作对比。”（Wald，1975，p. 237）人的记忆能力和抽象能力使他能够发出“今昔之叹”，能够以“遥远的目光”觉察出现实中的裂缝与可疑之处，而这种必要的距离也正是幽默得以产生的关键。

最后，此距离也是心理层面的超越。英国思想家埃德蒙·伯克（Edmund

Burke）区分了“崇高”与“美”两种情感体验。崇高之物因其高于人而使人产生恐惧与痛苦，人与这类危险之物保持安全距离时则会产生崇高感。而美则是“物体中能够引起爱或类似爱的感情的某一品质或某些品质”（伯克，2006，p. 16）。伯克只论述了崇高感和美感，而如果我们发现那些看似无法战胜的东西只是自然的无限重复，那些我们沉迷其中的幻象不过是机械的模仿，我们又会产生怎样的情感体验呢？瓦尔德的回答是“幽默”——“通过幽默，人对那些隐藏于应然状态的物之本然给予嘲笑”（Wald，1970，p. 15）。从这个意义上说，幽默是对伯克美学理论的一个补充，对于外界事物的情感体验除了崇高与美之外，我们可以有另一种超越的态度，一种通过看穿貌似崇高之物的“虚张声势”而获得的胜利感。幽默不是发现自然界的美，而是以批判的眼光揭露社会中的“物质化”现象，指出那些假借自然之名复制自身、封闭自身的庸常之物的可笑之处，以一种超然的态度战胜物质化对人的自由与创造性的侵蚀。反过来，正是基于对自然、物质之美的否定，幽默使人发现另一种美——人的自由与创造之美。

三、反抗绝望：瓦尔德论幽默的功能

瓦尔德之所以将幽默抬高到影响人类社会发展甚至作为人的本质的高度，就是因为在他看来，幽默对于人类来说具有无法替代的积极作用。总结起来说，瓦尔德认为，幽默有四个方面的重要功能。

幽默代表了一种清醒的态度，一种冷静、机敏的人生智慧，一种洞若观火的明见。瓦尔德认为，我们之所以难以看清纷繁复杂的社会关系，是因为我们总是沉迷其中，“阻碍我们前进的不是事物本身，而是我们对它们的过度沉溺，使精神为了让事物为人类服务而需要的距离被抵消。如果一个人自己和世界之间的这种距离被取消，他将失去人最本质的能力：有意识地对事物和事件的过程采取行动的能力”（Wald，1975，p. 237）。幽默作为一种人生态度，可以通过与事物保持适当的距离，发现和嘲笑在表象的虚饰下事物的真实本质。幽默就像一剂清醒药，它时刻提醒我们不要被物质的外表迷惑，随时准备着用机锋的针尖刺破虚伪的气泡。

幽默给人以希望和信心，在面对看似不可战胜的绝望时，幽默的态度能够帮助人们找到突破口，找到事物的破绽和可笑之处，进而让人们看到希望，增强人们战胜困难的信心。瓦尔德认为，幽默是人在面对看似强大之物时，通过看穿其本质而获得的胜利感。通过幽默，人本身的能动性、主体性彰显出来，“哪里有喜剧，就意味着那里有可以修复的东西”（Wald，1970，p. 16）。幽默、喜剧和笑总是代表着绝望之事仍有转机。

幽默还是一种斗争手段，是以文明的方式对社会中存在的黑暗、不公、邪恶进行批判与揭露。瓦尔德强调，“幽默是一种对一切阻碍社会和人类个性发展的事物的抗争态度”（Wald，1973，p. 24），幽默不仅能逗人发笑，实际上很多时候它还能以一种看似轻松的方式出其不意地进行针砭和批评，提醒人们注意现实的不合理方面。英国社会学家米歇尔·比利格（Michael Billig）明确区分了两种类型的幽默：“幽默可以从‘肯定性’（Positives）与‘否定性’（Negatives）两方面来看待，心理学作家强调的是‘肯定性幽默’。而幽默中的不太愉快的面孔——所谓的否定性幽默——则被抛到一边，在某种情况下，这种忽视已经发展到了令人惊讶的‘文本压制’的程度了。”（Billig，2005，p. 10）这里的否定性幽默实际上就是指幽默的批判和揭露功能，它的目标不是释放被压抑的快感和欲望，而是以理性的精神批判社会，用归谬的方法扯下那些道貌岸然的伪装，暴露严肃外表下的荒诞，揭示现实的不合理之处。瓦尔德认为：“幽默以批判现实为出发点，揭露了现实与理想的反差。”（Wald，1975，p. 237）反讽、夸张等修辞手法之所以能产生幽默，就是因为人们从这些话语里面听到了“言实不一”的东西，这种反差既增加了幽默的能量，同时也使真实的情况在反衬的效果中暴露得更加明显。

亨利·瓦尔德还认为，幽默有助于发挥人的创造性思维，增强人的思辨意识。“正是通过幽默，主体对客体的优越性，精神对物质的优越性，思考对思想的优越性，创造者对他所有的创造物的优越性，甚至对他自己的优越性才变得明显。”（1975，p. 237）在瓦尔德那里，幽默主要是一种理性精神的体现，而不是身体表现出的笑或滑稽的动作，因此，他眼中的幽默是一种清醒的、理性的思维状态，这种思维状态也正是孕育创造性思想的状态，有利于防止人陷入各种思维定式。幽默常常以荒谬、悖论和矛盾作为批判的武器，在瓦尔德看来，这正是激发创造性思维的重要途径。“陈腐和平庸是任何悖论性的真理的自然结局。平庸是自然熵的胜利，悖论是人类负熵（Negentropy）的成功。”（Wald，1980，pp. 29 – 38）要获得真理，就必须在思维能力上突破极限，而悖论与矛盾正是思维突破形式逻辑的阻碍，走向更高层次的辩证逻辑的入口。同时，瓦尔德也看到，幽默作为一种轻松甚至轻蔑的对待物的态度，可以唤起人的自信、愉悦的情感和丰富的想象力，不论是在文学艺术创作还是科学思维中，这种情感的正向刺激都有利于创造性思维的发挥。

四、幽默与符号修辞

瓦尔德认为，幽默主要反映在语言符号的各种表现中，没有语言就不会有思想，同样也不会有幽默。语言是幽默态度与外界发生关系的中介，通过语言的运用，喜剧作品体现出幽默，交往活动给人以滑稽感或逗人发笑。对幽默的语言结构进行研究是瓦尔德幽默美学理论的一大特色，反映出他对形式、符号和语言的重视以及对文化符号学理论的创造性阐发。在《辩证逻辑导论》中，他列举了几种常见的能够产生幽默的符号修辞：隐喻、反讽、戏仿、双关语。

隐喻（metaphor）是最常见的符号修辞，同时也是制造幽默效果所不可或缺的。这是因为，在瓦尔德看来，隐喻首要的功能是建构概念，然后才是文学性的表达。他将隐喻分为两种类型：从具体到抽象的隐喻被称为认知隐喻，从抽象到具体的隐喻被称为表现隐喻；前者多出现在认知语言和科学语言中，后者多出现在文学语言中。从建构概念的认知隐喻来看，每一个概念都是可感知与可理解的矛盾统一体，而正是隐喻使得语言可以用可感知的声音或图形符号来比拟可理解的意义，从而为概念和语言的形成提供前提。从具有文学性的表现隐喻来看，幽默与隐喻的关系就更加密切而明显了。具有幽默效果的文学语言往往能够出其不意地在两个陌生的概念或事物之间建立联系，给人以惊喜和刺激。乔治·莱考夫（George Lakoff）和马克·约翰逊（Mark Johnson）也认为，对那些我们使用较少的陌生隐喻进行扩展，往往能产生幽默效果，因为“它们能扩展到其未被使用的部分，来创建新奇的隐喻表达，制造笑话等”（莱考夫，约翰逊，2015，p. 56）。隐喻的幽默效果实际上正来自本体与喻体的那种新颖奇特的组合所带来的想象的快感，比如小说《围城》用“风水”类比人的面相——“四十开外的人，头发当然半秃，全靠这几根胡子表示老树着花，生机未尽”（钱钟书，2002，p. 243），不仅出人意料，而且让读者在心领神会之后对其贴切和巧妙深以为然。

反讽（irony）是一种故意将表面含义和实际含义对立起来，用表面含义的反面来凸显实际含义的修辞手法。反讽经常意味着故意夸大或缩小，无疑是制造幽默效果的重要工具。瓦尔德认为：“通过反讽，幽默断言：现实是被理想化了的，或者说理想化的才是真实的。这是为了更加明显地强调相对于理想，现实的可笑之处。‘你真是个聪明人’只是用来指出对话者的愚蠢。”（Wald，1975，p. 238）反讽带来的幽默效果，正是对语言平铺直叙、直言其事的克服。当话语的发送者以反讽方式发出意义时，他实际上发出了两个截然对立的意义——表面意义与本意之间存在着巨大的张力；接受者在接收表面意义的同时，也参与了搜寻和破解本意的思维过程，最终实现与发送者心照不宣的契合，这一过程无疑会增加言语交流的快感，产生幽默效果。同时，瓦尔德强调现实与理想之间的对立，把反讽的幽默效果与其批判功能联系在了一起。比起声色俱厉的直接批评，或穷形尽相的丑态描摹，反讽往往更能引起读者深刻的质疑和反思，因为反讽故意在表面意义与本意的矛盾中留出不合理的、夸张的缝隙，为接受者拆穿谎言留下破绽。比如鲁迅在小说《采薇》中就用反讽手法痛斥了封建礼教的虚伪性，强盗小穷奇在伯夷、叔齐面前竟变得谦逊有礼，把抢劫称作“留下一点纪念品”，把搜身说成“瞻仰贵体”（鲁迅，2005，p. 426）。这里的描写既幽默，又通过强盗的“遵守礼法”反映出鲁迅的嘲讽和批判。

戏仿（parody）是借用其他作品或他人说过的话而进行的二次创作，通过对原作或原话进行改写或挪移，达到调侃、幽默和消解崇高的目的。塞万提斯的《唐·吉诃德》对中世纪骑士文学的戏仿，鲁迅小说《孔乙己》中“多乎哉？不多矣”对孔子的戏仿，都是制造幽默的显例。瓦尔德认为，戏仿之所以能够产生幽默，是因为“通过戏仿，在庄严的场合使用熟悉的语调，只是为了取笑一些空洞肤浅的形式，剥夺了所有的内容”（Wald，1975，p. 238）。戏仿将神拉下神坛，将崇高降格为日常，改变了主体与对象之间的力量对比关系，展现出那些故作深沉、道貌岸然的言行本身的虚伪和矫饰。瓦尔德在这里强调戏仿发生的场合是庄严的，因为正是在庄严的场合下，观众的期待或思维定式被强行破坏，正统的规范被打破，最终由僭越和颠覆而产生的快感便成了幽默效果的来源。

双关语（pun）和反讽类似，也是用表面意义代表言外之意，不过，双关语的表面意义与言外之意是通过同音或谐音联系在一起的。双关语也有表层含义和深层含义，由同音或谐音引申出的深层含义极大地拓宽了词语本身的意义容量，同时，表层含义与深层含义之间的距离需要接受者用自身的机智以及与说话者的默契来填平，这其中包含着猜谜与解谜的快感。正如瑞士文学理论家沃尔夫冈·凯塞尔（Wolfgang Kayser）所说，大部分的笑话“建筑在词的游戏的‘解谜的’效果的基础上”（凯塞尔，1984，p. 137）。双关语以及隐喻等修辞之所以产生幽默效果，与其本身所包含的游戏性密切相关，瓦尔德说：“双关语是两个相隔遥远的意义通过声音渲染叠加在一起的，其中那个代表理想的意义在嘲笑着那个代表现实的意义。”（Wald，1975，

p. 238）词语中包含的多重含义增强了言语行为的游戏属性，要求对话双方有着高度配合的游戏精神和玩游戏的智性能力，只有接收方能够和说话者通过语言“暗通款曲”，词语的幽默能量才能释放出来。而如果两种意义分别代表现实与理想，则不仅有幽默效果，还能产生讽刺和批评的效果。比如“民国万税、天下太贫”这句民国时期流行的双关语，就因“万税”与“万岁”、“太贫”与“太平”的谐音关系而产生既幽默又讽刺的效果。

五、瓦尔德幽默美学理论的特点与价值

尽管在东欧新马克思主义喜剧美学的整体框架下有众多关于幽默、喜剧、滑稽和笑的研究，但是瓦尔德关于幽默的思考依然具有值得注意的特色，也正是这些差异之处显示出瓦尔德幽默美学的创新价值。

瓦尔德讨论了幽默作为一种语言表达形式的结构特征，这与其他大多数东欧新马克思主义美学家对幽默与笑所进行的形而上学阐释有很大不同。诸如科西克对笑与革命的关系进行的思考或赫勒对玩笑的公共空间建构功能的讨论，更加关注的是笑所引发的交往、沟通、理解以及批判、嘲弄的社会价值，将笑作为人的存在的一种形而上的确证，实际上也容易把笑抽象化、概念化，可以说是得于宽泛，也失于宽泛。与他们不同，亨利·瓦尔德首先通过把幽默与滑稽、喜剧、笑等概念进行比较和区分，为幽默概念下了一个明确的定义。在此基础上，瓦尔德主要聚焦语言的运用所产生的幽默效果，对幽默态度的形式表现进行了探究。通过对隐喻、反讽、戏仿、双关语等修辞手法的幽默效果进行分析，瓦尔德明确了幽默主要是一种语言行为，是主体精神、态度的外化。他一方面深入语言结构的内部，思考了语言本身所具备的幽默潜能；另一方面又把幽默问题拉回到现实中，将幽默作为一种抗争、疗愈的工具。他将形式分析与现实关怀辩证地结合在了一起，深入浅出，却并没有陷于偏颇和极端。

同时，瓦尔德强调了幽默行为的理性特征，这与许多理论家更加关注幽默与笑的感官性、身体性有所不同。康德认为，诙谐幽默是“快适的艺术”，而不是“美的艺术”（康德，2002，p. 182），他断言幽默和笑从根本上说源于感官的快感。弗洛伊德也曾对幽默和诙谐做过深入研究，他强调“幽默中的快乐产生于情感消耗的节省”（弗洛伊德，2000，p. 243），幽默在他眼里始终受到潜意识和其他心理因素的驱使，是非理性的。与他们不同的是，瓦尔德的幽默美学理论是建立在理性基础上的。幽默是主体对僵化的教条和不

合理的现实的嘲笑态度，这种批判精神是主体的积极选择，是人凭借理性向自然的物质性的宣战。同时，瓦尔德的幽默美学理论主要聚焦语言现象和言语行为，而语言在瓦尔德看来正是人的理性的集中呈现，语言结构与人的逻辑思维结构密切关联在一起，是人的理性发展的必然结果。而且，在瓦尔德看来，幽默是一种智慧，是人的智性所发展出的能力，虽然每个人都会笑，但并不是每个人都有幽默感。从这三个方面看，瓦尔德始终在强调幽默的理性维度。

另外，瓦尔德思考了幽默的伦理维度和价值规范问题。瓦尔德眼中的幽默很难说是“一笑了之”的现代犬儒主义，而是眼冷心热的批判，苦中作乐的同情与理解。正是对批判与同情的追求，为瓦尔德的幽默美学理论确立了价值尺度和伦理规范，也使其成为对“奥斯威辛之后，写诗是野蛮的”这一观点的反讽式的回应。大屠杀之后，幽默、笑和喜剧都陷入了复杂的伦理困境中，一边是尊重历史、铭记苦难所要求的肃穆的悲剧氛围，一边是人性中最基本、最普遍的幽默和笑的本能需求。如果说对于旁观者来说，奥斯威辛之后的诗与笑是一种轻浮和不道德的话，那么对于亲历者、幸存者来说，诗与笑则是困难的，“走出黑暗，人们因重新获得已被泯灭的意识而痛苦”（莱维，2013，p. 72）。他们被迫一次次揭开伤疤，一次次暴露自己的懦弱和卑微。但是，难道对抗暴行和野蛮的就只有永恒的沉默和悲悼吗？齐泽克认为，悲剧无法承担对奥斯威辛的叙述，因为处于“牲人”状态的赤裸生命失去了成为悲剧人物的资格，悲剧的控诉突破自身的极限后，就成为一种对崇高人物的机械模仿，从而展现出喜剧的滑稽性（齐泽克，2014，p. 188）。而在瓦尔德那里，幽默具有一种调节功能，它使悲剧不至于走向绝望，使控诉和批评不是声嘶力竭、歇斯底里，而是条分缕析、游刃有余。这样的幽默作品不仅具有道德上的正义性和崇高性，同时又在形式上具有完整性和美感，可以称为真正的艺术作品。如果说单纯表现幽默的戏剧只能成为喜剧的话，那么在瓦尔德那里，具有崇高的道德追求同时兼具幽默与美感的就是悲喜剧（tragicomedy），“悲喜剧反映的是通过幽默被超越了的绝望，反映的是灾难过后继续活下去的精神，反映的是主体的自我修复的信心……”（Wald，1975，p. 237）幽默的伦理价值也在于此，它发现了无法战胜的绝望中隐含的希望，向人们展示走出伤痛的可能性。

不论是从思考幽默的深度与广度，还是从思想的创新性来看，瓦尔德的幽默美学理论都有比较重要的学术价值。虽然相比于赫勒的哲学思辨和齐泽克的激进风格，瓦尔德的幽默美学理论还比较缺乏哲学意蕴和理论锋芒，而且他的论述多为散片式的，缺乏系统性，但值得注意的是，在亨利·瓦尔德那里，幽默从来不是一种抽象的哲学，也不仅是具体的逗人发笑的作品，它更多的是一种生命态度，一种人生美学。从这个角度看，他的这些缺陷和不足又几乎是不可避免的，甚至可以说，这正是其思想的迷人之处。

引用文献：

巴尔特，罗兰（2010）. 小说的准备（李幼蒸，译）. 北京：中国人民大学出版社.
柏格森，亨利（2004）. 笑（徐继曾，译）. 北京：北京十月文艺出版社.
柏格森，亨利（2015）. 创造进化论（汤硕伟，译）. 北京：北京理工大学出版社.
伯克，埃德蒙（2006）. 埃德蒙·伯克读本（陈志瑞，等译）. 北京：中央编译出版社.
弗洛伊德，西格蒙德（2000）. 诙谐及其与无意识的关系（常宏，徐伟，译）. 北京：国际文化出版公司.
凯塞尔，沃尔夫冈（1984）. 语言的艺术作品：文艺学引论（陈铨，译）. 上海：上海译文出版社.
康德（2002）. 判断力批判（邓晓芒，译）. 北京：人民出版社.
莱考夫，乔治；约翰逊，马克（2015）. 我们赖以生存的隐喻（何文忠，译）. 杭州：浙江大学出版社.
莱维，普里莫（2013）. 被淹没和被拯救的（杨晨光，译）. 上海：上海三联书店.
鲁迅（2005）. 鲁迅全集（第二卷）. 北京：人民文学出版社.
齐泽克，斯拉沃热（2014）. 视差之见（季广茂，译）. 杭州：浙江大学出版社.
钱钟书（2002）. 围城. 北京：生活·读书·新知三联书店.
Adorno, T. W. (1981). Cultural Criticism and Society. In Samuel & Shierry (Eds.), *Prisms: Studies in Contemporary German Social Thought*, 17 - 34. Cambridge: MIT Press.
Billig, M. (2005). *Laughter and Ridicule: Towards a Social Critique Of Laughter*. London: Sage.
Hoisie, C. A. (2008). Wald Henri. In Gershon David & Hundert (Eds.), *The YIVO Encyclopedia of Jews in Eastern Europe*. New Haven: Yale University Press.
Wald, H. (1970). *Homo Significans*. Bucureşti: Editura Enciclopedică Română.
Wald, H. (1973). *Limbaj Şi Valoare*. Bucureşti: Editura Enciclopedică Romåna.
Wald, H. (1975). *Introduction to Dialectical Logic*. Bucureşti: Editura Academiei.
Wald, H. (1980). Mass Media and Creative Thinking. *Contemporary East European Marxism*, 1, 29 - 38.

作者简介：

朱鸿旭，四川大学文学与新闻学院博士研究生，研究方向为东欧马克思主义美学，文艺理论。

Author:

Zhu Hongxu, Ph. D. candidate of College of Literature and Journalism, Sichuan University. His research fields are Eastern European Marxism aesthetics, and theory of literature and art.

Email: 675218328@ qq. com

论东欧马克思主义的语言哲学*

邵　帅

摘　要：随着20世纪的语言转向，东欧马克思主义者日益重视语言问题，产生了东欧马克思主义的语言哲学。东欧马克思主义的语言哲学继承经典马克思主义，关注人的现实性、历史性、社会性，回答了日常生活中的语言问题。而以日常言语行为理论为视野，可以发现东欧马克思主义语言哲学的系统性与整体性。其分别从语言的目的、内容、效用三个方面发展出交往语言理论、实践语言理论、社会语言理论，丰富并发展了“现实的人”“实践的唯物主义者”“改变世界”三个经典命题的内涵。

关键词：东欧马克思主义，语言哲学，实践存在

On the Marxist Philosophy of Language in Eastern Europe

Shao Shuai

Abstract: At the turn of the twentieth century, Marxism in Eastern Europe increasingly valued language issues, resulting in the Marxist philosophy of language in Eastern Europe. Inherited from classical Marxism, the Marxist philosophy of language in Eastern Europe focuses on the reality, historicity, and sociality of human beings and answers everyday language questions. Moreover, from the perspective of everyday speech act theory, we find that the Marxist philosophy of language in Eastern Europe is systematic and integral in

---

* 本文为国家社科基金重大项目“东欧马克思主义美学文献整理与研究”（15ZDB022）阶段性成果。

nature. In terms of language purpose, content and utility, it has developed communicative language theory, practical language theory and social language theory, respectively, enriching and expanding the connotations of the three classic propositions of "person in reality", "practical materialist" and "changing the world".

Keywords: Eastern European Marxism, philosophy of language, practical existence

DOI: 10.13760/b.cnki.sam.202202003

20 世纪的语言转向开启了哲学史的新阶段，语言问题成为哲学研究的焦点。语言转向，不仅带来了以弗雷格、罗素、（前期）维特根斯坦等为代表的分析哲学，还产生了以（后期）维特根斯坦、乔姆斯基、奥斯汀、塞尔等为代表的语言哲学。[①] 不仅如此，语言转向也引起欧陆哲学的关注，如胡塞尔、海德格尔、伽达默尔等也将现象学、存在论、解释学聚焦到语言问题上，以不同的视角考察语言问题，提出"语言是存在之家"（海德格尔，2014，p. 369）等命题。但在此过程中，经典马克思主义由于仅零星论述语言问题，而非对语言的专门研究，所以通常被认为是"失语"即语言问题缺席的（蓝江，2013，p. 38）。但通过西方学者的阐释与发展，马克思主义的一支——西方马克思主义融入了语言转向，在语言哲学的维度发展了经典马克思主义。将语言分为"上帝的语言""人类的语言""事物的语言"的本雅明，从共时性与历时性辩证统一的角度出发批判结构主义的詹姆逊，把语言看作交往的媒介来建构交往理论的哈贝马斯，以及建立起分析的马克思主义的柯亨等西方马克思主义者，共同推动并实现了马克思主义发展的语言转向（俞吾金，2003，pp. 41 -45）。

然而，西方马克思主义者处于资本主义国家中，与经典马克思主义联系不够紧密，带有一定的唯心主义与乌托邦色彩，有其局限性。与之不同，受社会主义与苏联理论的影响，马克思主义的另一支——东欧马克思主义对语言问题的思考，带有东欧鲜明的社会主义特色与人道主义关切，以独特的东欧马克思主义语言哲学发展了经典马克思主义。在波兰，沙夫、科拉科夫斯基、克拉耶乌斯基以及查科夫斯基（Z. Cackowski）等哲学家提出并阐发了

---

① 关于分析哲学与语言哲学的关系，详见蔡曙山 2006 年论文《再论哲学的语言转向及其意义——兼论从分析哲学到语言哲学的发展》。

马克思主义分析语言符号学思想（Skolimowski，1965，pp. 235 - 258）；在捷克斯洛伐克，穆卡若夫斯基综合后结构主义与马克思主义方法论，提出功能结构主义思想，而施陶尔则提出“人化”的马克思主义语言符号学思想；在南斯拉夫，以马尔科维奇为代表的实践派从存在论的实践（praxis）范畴出发，构建起辩证意义理论；在匈牙利，布达佩斯学派的赫勒关注日常生活，探寻话语交往与话语文化中的语言问题。

东欧马克思主义者们在坚持马克思主义的基础上，吸收西方哲学和语言学等理论，分别围绕语义、语言功能、语言结构、语言实践、语言交往等主题，构建起丰富、独特的马克思主义语言哲学，为应对英美经验派与欧陆先验派之争提供了马克思主义新路径（袁文彬，2007，p. 11）。东欧马克思主义语言哲学亟待系统的理论考察。具体而言，东欧马克思主义语言哲学凸显并深化对日常生活的关注，“丰富了马克思主义的日常生活理论”（关巍，2019，p. 37），聚焦时刻发生的日常言语行为，分别从语言目的、语言内容、语言效用三个角度发展了经典马克思主义的三个重要理论命题：历史唯物主义是“关于现实的人及其历史发展的科学”（马克思，恩格斯，1965，p. 334）；共产主义者是“实践的唯物主义者”（马克思，恩格斯，1960，p. 48）；“哲学家们只是用不同的方式解释世界，而问题在于改变世界”（马克思，恩格斯，1960，p. 6）。东欧马克思主义语言哲学的这一特点既在总体上契合日常生活理论，又在具体上符合这三个语言角度，因而呼唤以奥斯汀日常言语行为理论为视野，以从语言的目的即“以言行事行为”（illocutionary acts）、内容即“以言表意行为”（locutionary acts）、效用即“以言取效行为”（perlocutionary acts）（陈嘉映，2003，p. 240）出发，厘清其特征并阐明新路径何以可能的问题。

一、交往语言理论：语言目的与现实交往

经典马克思主义所阐述的唯物史观以“现实的人”为基本立场和出发点，不仅从哲学上批判了德国古典哲学与机械唯物主义对人的唯心化、抽象化、固化的理解，而且深入当时的政治经济现实，论证人的现实性。在此基础上，东欧马克思主义从语言哲学的角度深化“现实的 - 政治经济生活中的”人，考察“现实的”人的语言内涵，即考察“现实的 - 语言交往中的”人。人的现实性不仅体现在其作为主体参与的政治经济活动中，更体现在主体间的语言交往活动中，由此，“现实”概念被赋予了语言的以言行事

（illocutionary）意蕴。

以言行事行为，在奥斯汀看来，表现为如“通知、命令、警告、保证等具有一定（传统约定）力量的话语”（Austin，1962，p. 108）。这种“约定力量”（conventional force）显露出语言交往的维度。“许多以言行事行为，按照约定传统，会引起要么单向要么双向的回应或后续结果”（p. 116），即话语不仅有受众，而且要求受众做出反应，形成互动关系。互动意味着主体间性，以言行事行为“依赖说话者的交际意图，这种意图必须在语境中推断”（Stiles，1981，227），因此交往目的与语言环境至关重要。围绕目的和语境，东欧马克思主义者从交往维度开启了马克思主义语言哲学，研究现实的语言交往活动，建立东欧马克思主义的交往语言理论。

波兰马克思主义者沙夫深入探讨“两个关于语言理论的重大问题”，即“语言的思维和实在之间的关系”以及“语言的思维和交际过程之间的关系”（沙夫，1979，p. 318）。在语义学的基础上，通过回答这两个问题，沙夫勾连起实在 - 思维 - 语言 - 交际四维整体，以交际为目的，提出了以交往符号学为标志的马克思主义交往理论。

沙夫所做的第一步，便是以马克思主义的方式回答实在与语言的关系问题。在他看来，因为语言与思维是一个整体，而语言又是“在人类经验的过程中形成的，它本身是一个经验的事实，而不是一种任意约定的产物”，所以“思想 - 语言”就是对“实在的一种特殊的反映”，“实在本身的发展”以及人对“实在的理解的发展”推动了“思想 - 语言的发展”。（沙夫，1979，p. 328）人类在经验活动中，首先面对的是各种各样的实在，实在受到人的意识的打量。“意识［das Bewußtsein］在任何时候都只能是被意识到了的存在［das bewußte Sein］”（马克思，恩格斯，1960，p. 29），它是加了定语、受到限定的存在；意识就是对存在的反映，意识的思维活动也就反映了存在着的实在。如此，便以唯物主义的方式，将实在与思维联系起来。

同样，思维和语言也是反映与被反映的关系。“语词指号用来在主观认识反映客观实在的过程中表述思想”（沙夫，1979，p. 312），语言作为人在实践中演化出的工具，可以将人内在的主观感受外化。只要是生活着的人，就无法脱离语言，即使无法以有声语言来表达自己对实在的认识，也能以文字、符号等其他语言形式来表达。人总是在语言中存在，语言是人在认识活动中用于表达思想的工具与媒介，思维与语言便由于认识活动的需要而勾连在一起。

“实在 - 思维 - 语言”的这种勾连最终导向了交际，交际是最终的目的。

表达与接收是一对范畴，表达离不开接收，需要一个他者，若没有作为接收者的他者，表达便始终是内在的主观活动，与不表达无异。如果缺乏他者，那么主体自身的思想只在表达形式上有差别——心理活动与生理活动、有声与无声①的差别。人用语言表达思想，就是为了服务于主体间交往。无论是进行直接的交往活动，还是通过表达对实在的认识、交流思想而间接地实现交往活动，语言始终内在地具有以言行事力量，或者说以言行事行为是“在说话之中”② 的（Austin，1962，p. 99），人将思想付诸话语有着交往的目的。语言与交际环节便如此衔接起来。

“对于语言的了解，是交际的基础”（沙夫，1979，p. 348），而了解语言便是了解思维（意识），也就是了解实在。通过构建实在－思维－语言－交际的整体性，沙夫回答了两大重要语言哲学问题，并以历史唯物主义为基础，打通物质、单数的意识、复数的意识之间的通道，由实在、思想过渡到交际，构建了他的马克思主义交往符号学理论③，从语义理论上阐发了“现实的人”当中的语言交往维度。

与沙夫的语义学切入点不同，匈牙利马克思主义哲学家赫勒从语用角度入手，不仅将“文化理论融入符号学机制”，提出话语文化概念④，更从现实出发，在现代性的语境下，直面话语文化背后的语言哲学问题，回到在话语文化中更为基础性的语言交往问题。赫勒的语言交往理论，以 1984 年出版的《日常生活》为主体，以 20 世纪八九十年代陆续出版的道德哲学三部曲与现代性三部曲为后继而建构。

在《日常生活》中，赫勒并非形而上学式地探讨语言问题，而是将之归入“自在的”类本质活动中，在主导“物质操作活动”的工具、“控制着我们的态度和社会姿态”的习惯、作为“思维的媒介”的语言（赫勒，2010，p. 119）三者构成的语境整体中展开其语言交往理论。交往并非也不可能是一个人的交往，因为所有人只要参与通过交流达到以言行事目的的语言互动，

---

① 虽然还有文字语言、手势语言等，但此处仅以有声语言为代表而不一一列举，并且这种代表也符合沙夫“非有声语言仅仅是有声语言的一种翻译”之意。参见沙夫《语义学引论》（1979，p. 335）。

② “‘Illocutionary’ act，i. e. performance of an act *in* saying something”，奥斯汀在这里用“in”指以言行事行为，突出了其“在……之中”的结构。

③ 关于沙夫的交往符号学理论，参见傅其林《论沙夫的马克思主义交往符号学思想》（2015）。

④ 有关话语文化参见傅其林《论东欧马克思主义文化理论的核心命题》（2020）。

就统统置身于交往行动之中。[①] 这就要求以整体性的视角，在现实的世界当中，看到交往的语言环境，因此赫勒以如此整体性的眼光考察语言本身，将其置于联系之中。

首先，语言与工作即使用工具的活动是密不可分的。“语言的功能之一是指导工具（对象）的使用，并且协助把这一运用转变为实践。”（赫勒，2010，p. 120）对于工作、使用工具而言，语言让工具的使用方式成为可知的。通过语言的描述，工具的使用方式不再局限于单个人的心灵之内，而是得以表达，进而可以在传递、交谈中为他人所吸收，不仅有着教育、指导他人使用工具、进行实践的作用，而且能够起到“命令”“请求”“禁止”的作用，辅助“指导工具的使用”，让工作顺利进行。

与语言和工作的关系不同，“语言总是语言习惯”（赫勒，2010，p. 120），如果说语言和工作的关系是一种共时性的关系，那么语言与习惯就是历时性的关系。之所以将语言习惯等同于“语言”，而非“语言本身”，是基于赫勒独特的视野。在她看来，不存在语言本身（itself）。赫勒的语言观立足于马克思主义“现实的人”并吸取了（后期）维特根斯坦“家族相似”（维特根斯坦，2003，p. 47）的思想，认为现实的语言并不是以一个元语言概念为本质、主线构成的，而是在交往中由各种语言交互组 - 成的，并且，这种组 - 成具有现实丰富性、交往生成性。语言是历史地发展与演变的，所以曾经的语言习惯就构成了当下我们所使用的语言。

工作要求语言交往，而习惯则是语言交往的产物，工具 - 语言 - 习惯的整体性就如此建构起来，语言所处的整体环境就得到厘清。而且，赫勒认为，在这三者的整体关系中，语言占据了优先地位，没有语言就没有另外二者，“语言指导着以其他形式对象化所进行的思维”（赫勒，2010，p. 123）。基于语言的这种现实整体性，赫勒进一步阐发语言交往的机制，点明了“习惯和社会方式在交谈中”的作用，即语言交往会受到礼貌或避免歧义等目的的影响（p. 140），这种影响在道德与现代性论述中得到进一步展开。

在赫勒看来，语言交往不单是通常所理解的信息传输，这一目的背后，还有道德的目的，即交往的礼貌。例如，比起说“不准”的命令式话语，说“你不应该再这样做了”则在传达“不”的信息以外，还有“道德建议”

---

① “Thus I count as communicative action those linguistically mediated interactions in which all participants pursue illocutionary aims, and only illocutionary aims, with their mediating acts of communication.”（Habermas，1984，p. 295）

（赫勒，2015a，p. 145），这就从含有等级差异的命令转变成平等的对话。正如赫勒所说，“存在的选择的模式本质上是对话式的，而且它是建立在不只是一个人而是很多人已经选择他们自己作为正当的人以及他们都以自己的方式是好的这一假设基础上”（赫勒，2015b，p. 36），在含有道德意味的话语交往之后，更为根本的是人与人之间的平等关系，即人都是“好的”与“正当的”，因为只有在平等的基础上才能开展真正的对话——否则就只是一种“命令”，后者没有对话所具有的交互式言语过程，话语是单向的——基于伦理的平等才能蕴涵（entail）道德目的，从而赋予交往以道德意味，所以说“这种道德对话本身就是伦理的展现”（p. 36）。

在现代性理论三部曲中，赫勒从现代性话语背景出发，在道德对话的基础上进一步对语言进行了规定。她说“语言是家”，“逻各斯（语言）加强防御全部的非理性的恐惧”[①]（赫勒，2015c，p. 133）。在现代社会，人际交往的地域范围扩大，跨地域的人际交往首先面对的就是语言问题，因为语言是媒介，无法理解语言就无法进行语言交往。[②] 当人身处异国他乡之时，虽然身体离开了家，但心灵却仍在语言之家，依然以母语的方式道说（logos）着，母语以家的方式庇护着离家的人，消除恐惧等非理性情感，从而能够在理性（logos）的状态中思考，遵循“语言游戏”[③] 的规则，进行正常的语言（logos）交往活动。

通过构建“工具－语言－习惯”的整体，赫勒不仅表明语言是在工具使用中的语言，是作为习惯的语言，而且以此为地基进入实践理性层面，发现语言在交往中除了作为传播媒介，还作为道德表达与理性之家。“我的思想、观点、情感愈多地进入交流，我对它必须承担的责任就愈大。”（赫勒，2012，p. 155）人越在现实的交流而非抽象的思想中，就越肩负起这种“责任”，即要求更高的实践理性能力，不仅在真实性层面对交往话语负责，而且在实践－道德层面与理性－规范层面负责。

如果说历史唯物主义是“关于现实的人及其历史发展的科学”，那么东欧马克思主义的语言哲学就是关于现实的人及其现实交往的科学。以沙夫、赫勒为代表的东欧马克思主义者着眼人的现实性，发展了“现实的人”的语

① 赫勒用“逻各斯”意在强调“逻各斯－语言－理性的统一性”。

② 这里可能会有反对的声音，说不理解语言也能通过手势、肢体沟通，但这种手势、肢体也属于广义的语言符号，具有以言行事力量。

③ 关于语言游戏，有如“社会科学，这些最卓越的现代语言游戏”等论述，参见赫勒《现代性能够幸存吗?》（2012，p. 18）。

言哲学，前者将马克思唯物主义与波兰语义学传统结合，注重语言交往中语义的理解与真实性；后者则深入具体的话语交往现实，关注语言的具体使用，以整体性的眼光阐明语言使用的道德性与规范性。东欧马克思主义的语言哲学，从“以言行事”力量入手，构建交往语言理论，在“真”与“善”的层面发展了经典马克思主义关于“现实的人”的命题——在这里，“现实的人”是在现实交往中的人。

二、实践语言理论：语言内容与实践表达

实践，作为马克思主义的首要观点，同样由东欧马克思主义者阐发出语言意蕴。南斯拉夫实践派将实践（praxis）作为存在论概念，而非传统的认识论实践（practice）（马尔科维奇，2010，p. 19），构建起实践存在论，进而结合语言哲学，建立以实践存在论为基础的马克思主义语言哲学。并且，这种语言不是静置的、现成的，而是随人的实践－存在一同生成的，语言有自身的历史，是实践－生活经验的、历史性的语言。因此，语言及其历史离不开人的实践－存在及其历史，语言属于实践－存在，具有历史性、生成性。在这种意义上，东欧马克思主义的语言哲学研究，特别是南斯拉夫实践派，聚焦人的历史性，在具体的历史中，回到历史的语言本身，探寻语言的历史内容及其与实践的关系，赋予实践以语言的以言表意（locutionary）意蕴。

以言表意行为，指说出具有一定意义和指称的句子。（Austin，1962，p. 108）以言表意行为构成了其他语言行为的基础，首先需要“言”，才能进一步表达“言外”之意和“言后”效果。在奥斯汀处，“每个以言行事行为都是以言表意行为，反之则不然”，以言表意行为主要是对命题的表达，在理解命题的基础上，“以言表意行为才构成以言行事行为”。（Kissine，2008，p. 1195）以言表意通过对命题的言说与理解而成为言语行为的基础，命题是其中的核心内容，理解命题是言语行为的关键。东欧马克思主义者以实践唯物主义的视角，关注语言命题本身，将命题视为实践－存在的表现，从实践的向度构建马克思主义语言哲学，考察历史的语言实践活动，构筑东欧马克思主义的实践语言理论。

以马尔科维奇为代表的南斯拉夫实践派将人视为“实践的存在”，认为“人在本质上是一种实践的存在，即一种能从事自由的创造活动并通过这种活动改造世界、实现其特殊的潜能、满足其他人的需要的存在”（马尔科维奇，2010，p. 18）。从这个命题出发，实践派哲学家们开始了对语言哲学问

题的探讨。

马尔科维奇认为，卢卡奇看到但仅仅看到各种现象中“现实的本质”都有“主观的因素”，这部分地“是意识存在——作为活动者的人——的参与使然”（马尔科维奇，2010，p. 16）。卢卡奇对人的强调停留在“意识存在”，认为是意识让现象的本质具有主观因素。这种观点带有明显的唯心主义色彩。而马尔科维奇则坚持马克思唯物主义，超越卢卡奇，看到一切本质中的主观因素并不仅停留于“意识”，“意识”不是唯一的，因为单纯的“意识”始终是内在的，没有获得现实形态，这种内在的、属于个体的意识无法化形，无法对现实产生作用、推动现实发展，只是由于其意向性结构而与现象保持一种静态的关系。

比卢卡奇更进一步，马尔科维奇将人与现象置于历史、动态的关系中，从意识回到人的存在问题。比“意识存在”更为根本的，是人的“实践的存在”，因为人首先需要实践地存在（sein），才能产生意识问题，所以更源始地说，是实践-存在决定了主观因素与“现实的本质”。实践存在“是在人类实践的认识中永恒地、客观地被赋予和设定的”，不仅如此，它还“通过人类的语言和人类的概念结构得到了表述”（马尔科维奇，2010，p. 16）。实践既决定了“本质”的存在（sein），又让“本质”在实践中表达，即由在“解决问题”过程中“形成的习惯”所产生的“语言概念”——作为“实践经验的结晶”的语言，也即语言的内容来表达。（p. 16）这样一来，不仅实现了对卢卡奇的突破，将对“本质”的探寻深入到实践-存在中，而且通过这种“本质”勾连起了实践-语言，回答了语言是什么、语言与实践的关系问题。

在马尔科维奇看来，语言是实践历史经验的结晶。因为人总是实践的存在，一切关于人的大厦都奠基于实践，人的认识也是如此。对现象的认识，不是意识对现象的主客二分式打量，而是在历史的实践活动中生成的。[①] 在实践-存在中，人生成了认识，生成了对“现实的本质”的认识，并且由于实践是不断进行、历史发展的，所以认识也是具有历史性的，是不断变化的，这种认识已然是实践的历史-结晶，认识又进一步通过言说表达出来，语言便是对实践的加工与提炼，实践凝结在语言之中（in）。所以马尔科维奇说“语言是一代又一代人的实践经验的结晶”，是历史地积淀的，话语的内容并

① 实践作为存在论概念，并非在认识论意义上决定认识，毋宁说认识是在实践之中生成的，而不是一般地被决定的。

不仅仅是意识的内容，而更为本质地是实践的内容，是从实践中来的。而且，新的语言与语言概念也只是“当它们实现了某种实践目的时才能被创造”（马尔科维奇，2010，p. 16），这就更加阐明了语言内容不仅是实践以因果论的方式决定，而且也以目的论的方式决定——历史的实践有历史的目的，历史的语言也就为历史目的所决定。

在马尔科维奇的基础上，久罗·苏森基奇从语言对实践的作用及二者的辩证关系来回答实践与语言的问题。在苏森基奇看来，语言的以言表意内容，即“语词、概念、假设、理论”不是用来“描述和解释”现状的，而是用来提供“方向”，指明“如何才能”“应该怎样”“必须怎样”行动的。（马尔科维奇，2010，p. 190）

苏森基奇同样认为，语言不应仅驻足于意识层面，而应从意识－描述和解释深入到实践－存在层面，语言命题应回归人的实践存在，语言的内容应与实践相勾连。语言本身的内容并不停留于话语的意义，不仅仅是思想的表达，它在“实践－思想/认识－语言”的结构①中穿过了思想/认识，进入实践，对实践产生影响，指导实践的方向，为人的实践行为提供方向指引。且这种指引是历史性的，因为“应该怎样”中就蕴涵了“应然性”，具有了历史发展的向度。所以苏森基奇说，语言的内容不仅仅是标签，“而且也指明了人们应该怎样使自身适应于”现实，并且那些在语言中表达出来的“法律准则、道德律令、意识形态”和“宗教戒律”都对人起着“支撑和指导的作用”。（马尔科维奇，2010，p. 190）同时，语言的内容远不止于以这些理性的形式影响人的实践存在，它还能“唤起”人的内在非理性力量，即“惊讶、强烈的感情”（p. 194），从而作用于人的实践－存在。

具体而言，一方面，在苏森基奇看来，语言呈现出法律、道德令等内容，通过这种理性－逻辑命题的形式将理性的力量传给人，让语言以其特有的方式为实践附上理性的色彩，从第三者如立法者、统治者、主教等的角度为实践的存在提供理性－逻辑的“支撑”与“指导”；另一方面，苏森基奇看到语言中与命题一道而来的第二股力量，它超越了“含义与指称”，比如音调所呈现出的情感，以一种“唤起”的方式，将非理性的情感从人心中唤醒——这与理性的支撑和指导不同，这种情感不是由律令－逻辑论证的，而是在人自身之内，话语内容只是作为“思想的助产士”将之唤醒。因此，苏

---

① “实践－思想/认识－语言”即马尔科维奇所构建的结构，将语言看作对实践的二次提炼，语言是“实践经验的结晶”。

森基奇将前者称为“支撑和指导作用”，将后者称为“唤起”作用，并且只有在“人们理解了”“语词”的基础上，语言命题内容或者情感内容即“我所说的一切才有意义”（马尔科维奇，2010，p. 195），语言命题就基于理解以这两种方式影响着人的实践－存在。

苏森基奇不仅强调语言对实践的作用，也关注二者的辩证关系，看到实践对语言的存在论意义。话语内容要想对实践产生影响，首先要求的不仅是理解内容本身，即一个个的语言单位，而且还要求理解内容所关涉的人的实践存在，否则话语就无法产生意义或者可能产生歧义。如苏森基奇所说，对话语内容理解的失败，大致有“别人不理解我的语言”“我的语词中有一种不同的或不一般的经验”“我用一种他人不习惯的特殊模式组织我的语词”“同样的语词对他人具有不同的意义”（马尔科维奇，2010，p. 195）四种理由。这四种理由构成了一个连环，在实践存在论上导致对内容理解的失败。

最直接地，不理解说话者的实践－存在，也就无法理解“我的语言”内容本身及其中指涉的“不一般的经验”。因为语言既是经验的表达与反映，又随经验一道生成，二者息息相关，所以无法理解内容－能指（signifier），就无法达至经验－所指（signified）。更进一步，也就无法理解言语行为中组织语言的“特殊模式”，因为组织语言的模式总是受到实践存在的影响，如一个“习惯”以主－谓－宾顺序说话的人无法马上理解以主－宾－谓顺序构成的语言；又如“习惯”一个发音的人无法明白另一语种同样的发音，这造成同样的词语产生“不同的意义”。从单个的“我的语言”开始，四个环节依次呈现，最终导致从整体上对语言的不理解。

并且，对于实践－存在的意义，苏森基奇特别强调，语言的内容与意义不仅在于“语序”，也在于“社会秩序和心理秩序的功能”，即“句子的结构”与“社会的结构”，内容差异是与实践的“分工和功能的专门化”密切相关的。（马尔科维奇，2010，pp. 195－196）这进一步阐释了实践存在的“经验”如何影响语言的组织“模式”，进而让内容无法被理解，而这种内容上的无法理解就又回到实践上，即让实践无法得到理性的“支撑和指导”，并缺乏被“唤起”的非理性感情。

以实践的存在论眼光，南斯拉夫实践派在回答语言与实践的关系问题时，为“实践的唯物主义者”赋予了新的内涵。他们关注人的历史性，推动形成了实践的语言哲学。马尔科维奇从实践的存在经验入手，阐明语言是“实践经验的结晶”，语言在实践存在活动中具有历史的性质，由历史的实践－存在决定；苏森基奇从理性与非理性两方面阐明语言内容对实践存在的影响，并由此深入，厘清在实践存在的过程中历史地形成的社会结构对语言内容更为根本的决定性作用，点明了二者的辩证统一关系。以南斯拉夫实践派为代表的东欧马克思主义语言哲学深入语言的实践－存在论基础与历史性特质，关注“以言表意”行为本身，建立实践语言理论，彰显了“实践的唯物主义者”的历史－语言维度。

三、社会语言理论：语言效用与改变世界

“改变世界”的命题贯穿了整个马克思主义哲学，指导马克思主义实践，推动着马克思主义的演化发展。“改变世界”的命题，在经典马克思主义中，主要指劳动实践、阶级斗争、革命等内容，而东欧马克思主义者在20世纪则注意到语言对人的影响，及语言对世界产生的实际效用。改变世界的不仅是暴力革命、劳动实践，更是人的社会语言。东欧马克思主义者关注语言“改变世界”的作用，即语言达到的效果，为此命题增添了以言取效（perlocutionary）意蕴。

以言取效，在奥斯汀看来，一方面意味着我们通过（by）说话来实现、达成效果。（Austin，1962，p. 108）在该以言取效行为界定中，“通过”一词表明了语言的中介作用，语言成为人达成实际效果的途径，属于改变世界的手段之一；另一方面，奥斯汀强调语言常会对人产生某些影响（p. 101），关注言语的最终实现，即在受众身上所引起的具体反应，且这种反应不是在语言本身之内（in），而是借由它得以实现的在外的反应①。基于这两方面，东欧马克思主义者既考察作为中介的语言是如何在社会中发挥作用的，又探析语言在社会中所取得的实际效果，把握住以言取效行为的双重内核，从社会的角度阐发马克思主义语言哲学，建筑东欧马克思主义的社会语言理论。

斯洛文尼亚当代著名马克思主义哲学家齐泽克，从弗洛伊德、拉康所建立的精神分析理论出发，重审人改变世界的状况。通过对当代资本主义的批判性分析，他发现了语言在意识形态改变世界过程中的重要中介作用，即正是通过作用于人的欲望，意识形态充分发挥了语言的以言取效力量，实现了欲成的效果。

在齐泽克看来，意识形态“这个崇高躯体的假想性存在”“依赖符号秩

---

① 哈贝马斯在奥斯汀的基础上，用“以语言为中介的策略行为”表示“参与者想用他的言语行为去产生效果”，对以言取效进行了进一步的界定。（Habermas，1984，p. 295）

序”，即“总是由某个符号性权威的担保来维持的”。（齐泽克，2017，p. 13）意识形态若没有语言的“符号秩序”，便永远停留于假想之中，即永远作为观念的东西而无法得到现实化表达；只有当它被符号化，在语言中展现自身时，它才能获得现实的形态，为左右现实世界奠基。所以齐泽克说，作为符号，语言维系着意识形态，是意识形态影响现实、改变世界所依靠的核心力量。这种依靠语言而现实化的意识形态，已然脱离了纯粹的社会意识范畴，被视为“社会存在的一部分”（张一兵，2012，p. 192），而且，这种作为社会存在的意识形态，有可能“以特殊冒充普遍，即为特殊权力利益服务，却试图说服人们这是普遍真理”（p. 193）。意识形态既通过语言将自己符号化成为社会存在，获得现实表现，又通过语言的手段，即“说－服”，来影响人们对真理的认识，改变人的思想，在语言的现实符号表达基础上，正式开启“改变世界”之路。

这种通过语言“说－服”而来的“改变”，是以间接与直接两种方式做出以言取效行为的。意识形态话语改变世界之间接性，在于意识形态中的主观原则以隐蔽的方式起作用，侧重于“说－服”中的“说”。意识形态的话语内容在进行“社会控制”，或与“权力”“剥削”发生关系时，就会以“固有的、非透明的方式起作用”，即“控制关系合法化”的关键就在于意识形态的“隐藏状态”。（齐泽克，2002，p. 10）意识形态话语所服务的主观原则，通过语言将自己包裹起来，以客观、公正、理性的方式出现在话语中，将自身普遍化。

基于此，通过对现代资本主义国家的剖析，齐泽克进一步解释道，“可口可乐”这一意象暗含了“对美国的某种意识形态体验－愿景”，这是因为美国与“可口可乐”这个语言的能指联结起来，可口可乐这一语言所指的一切魅力同时成为美国这一能指的魅力。（齐泽克，2017，p. 135）意识形态通过语言的外壳，将自身与特定的话语能指等同，并越俎代庖，将原本话语的所指据为己有。人们还在使用原本的话语时，就已经受到意识形态的裹挟，不知不觉欲求着意识形态所勾勒的美好图景。意识形态以语言为中介，通过（by）语言实现意识形态所欲求的效果，即通过改变人的欲望来改变人的行为，从“欲”到“行”以“改变世界”。

相比间接方式的隐蔽性，“律令”这种语言形式更为直接、明显，强调“说－服”中的“服”。齐泽克认为，语言律令之所以有效，人之所以“必须服从律令”，是因为律令本身的“构成性”，这显示出“律令权威的恶性循环”。（齐泽克，2017，p. 38）在语言的命令形式中，意识形态直接向人发号施令，不再以能指的把戏骗过理性的反思，而是直接将效果强加于人。如果说在间接方式中语言的“说”在暗中导向了“服”，“说”为“服”服务，那么在这里，“说 - 服”直接变成了“服”，即使人服从，直接产生“服”的效果，规定并构成人的欲望，而“说”即能指本身已经不再重要。

就这样，齐泽克通过勾连意识形态 - 语言 - 欲望 - 世界，以意识形态的语言符号化为基础，在批判意识形态将世界意识形态化的过程中，阐明了语言如何影响人的欲望，进而达到改变世界的效果。如他所说，“历史现实当然总在被符号化；我们对历史现实的体验总是以不同的符号化模式来调停的”（齐泽克，2017，p. 137），世界总在被语言符号改变，人改变世界的体验也是以语言符号为中介的。

与齐泽克从意识形态开始不同，波兰马克思主义哲学家科拉科夫斯基直接从语言与世界的关系开始，深入阐发具有自主性的语言何以改变世界。如果说齐泽克所构建的语言哲学体系是通过批判资本主义建构起的语言 - 欲望 - 世界，那么科拉科夫斯基则是在对苏联僵化体制的批判中建立起语言 - 权力 - 世界，其中政治意味取代了精神分析意味。

科拉科夫斯基的语言哲学大厦从建构语言的自主性开始。在他看来，“个体和物种存在于物质本身，就像它们存在于词语中一样”（科拉科夫斯基，2013a，p. 52），事物不仅以物质的方式存在，还以语言的方式存在，语言与物质是处于相同地位的，而并非由物质决定、归属于物质之下的领域。对于语言的这种地位，科拉科夫斯基谈道，在现代社会，“词语变成了自主的”，“不再仅仅是交换的中介”，而是“实在的一个独立领域”，不再是“功能上”与一系列“传递”功能相关的东西。（2013b，p. 35）语言从附属的地位解放，因为语言不再作为为他者（for others）的存在，不再是单纯的中介，而是作为自为（for itself）的存在，获得了自身的自主性，这奠定了语言改变世界的存在论基础。

在科拉科夫斯基看来，具有自主性的语言成为“实在的共同生产者”，世界与语言“相互决定”，因为被追问的对象“已经被提供了意义”，“世界只能以语言的形式被占有”（科拉科夫斯基，2013b，p. 37）。自主的语言本身就决定着世界，无论人之意图为何，语言总是以有意或无意的方式产生以言取效结果。① 这意味着当人考察世界、改造世界之时，语言已经在场，世

---

① “To be sure, the speaker does not necessarily intend to produce every perlocutionary effect her utterance turns out to have.”（Kissine，2008，p. 1192）

界逃不出语言，要改变世界必然要求语言作为前提条件，要求掌握语言。因此，他说语言具有无限的“创造性”和“破坏性”，语言能够“颠倒、隐藏或损害”事实。（pp. 37－38）于是，语言被所谓的“知识分子”利用，他们“操纵词语”，从而取得“加强和改善他们的特权地位”的效果。（p. 36）因为语言不再仅仅是沟通的中介，它自获得自主性开始，就从“沟通”转向“改变”，以自身特有的方式产生效果、改变世界，所以，那些所谓的“知识分子”便利用语言巩固政治权力，“改变”即是“加强”权力和“改善”地位。这种具有无限潜力的语言，被掌握在他们手中，他们通过“占有”语言，将语言置于权力之下，实现语言垄断，从而发挥其无限能力，来掌握并改变世界。语言就这样成为权力－世界背后之根本因素。

以齐泽克和科拉科夫斯基为代表的东欧马克思主义者通过其独特的语言哲学视角，聚焦人的社会性，既从语言改变世界的中介性出发，又从语言改变世界的自主性出发，发展了马克思主义“问题在于改变世界”的观点。齐泽克以批判的方式，从语言符号化的视角出发，以意识形态－语言－社会存在为地基，建构并阐发语言－欲望－世界的语言－精神分析路径；科拉科夫斯基则从语言的自主性切入，构筑起语言－权力－世界的语言－政治学路径。二者以不同的方式共同回答了语言与改变世界的关系，厘清了语言的以言取效力量，开辟了社会语言理论，为“改变世界”从阶级斗争、暴力革命走向语言斗争、语言革命提供了范式基础。

总的来说，东欧马克思主义的语言哲学立足人的现实性、历史性与社会性，从语言与人的生存状况入手，在奥斯汀言语行为理论关于语言论述的三个层面发展了经典马克思主义的三个理论命题，为“现实的人”“实践的唯物主义者”“改变世界”赋予了语言的内涵。这以马克思主义的方式推动了语言哲学与现实存在的接轨，促进了语言哲学与语言学对实际现象的关注，既让言语行为理论具有马克思主义内涵，又让马克思主义拥有语言学与语言哲学意蕴。在人的现实性方面，东欧马克思主义者关注语言－交往问题，根据语言的以言行事力量考察现实的语言交往活动，建立交往语言理论；在人的历史性方面，则注重语言－存在问题，以语言的以言表意力量剖析历史的语言实践活动，构造实践语言理论；在人的社会性方面，聚焦语言－政治问题，以语言的以言取效力量把握社会的语言政治行动，即意识形态、政治权力等，筑建社会语言理论。东欧马克思主义的交往语言理论、实践语言理论、社会语言理论具有丰富深刻的意蕴，独具特色，不仅对当代世界马克思主义的发展有着重要意义，更为西方带有形而上学传统的语言哲学的发展提供了马克思主义道路。

引用文献：

蔡曙山（2006）．再论哲学的语言转向及其意义——兼论从分析哲学到语言哲学的发展．学术界，4，20－39.

陈嘉映（2003）．语言哲学．北京：北京大学出版社．

傅其林（2015）．论沙夫的马克思主义交往符号学思想．学术交流，8，16－23.

傅其林（2020）．论东欧马克思主义文化理论的核心命题．江西师范大学学报（哲学社会科学版），53（1），63－72.

关巍（2019）．论东欧新马克思主义日常生活批判的基本理论建树．学术交流，10，37－44.

海德格尔，马丁（2014）．路标（孙周兴，译）．北京：商务印书馆．

赫勒，阿格妮丝（2010）．日常生活（衣俊卿，译）．哈尔滨：黑龙江大学出版社．

赫勒，阿格妮丝（2012）．现代性能够幸存吗？（王秀敏，译）．哈尔滨：黑龙江大学出版社．

赫勒，阿格妮丝（2015a）．一般伦理学（孔明安，马新晶，译）．哈尔滨：黑龙江大学出版社．

赫勒，阿格妮丝（2015b）．道德哲学（王秀敏，译）．哈尔滨：黑龙江大学出版社．

赫勒，阿格妮丝（2015c）．碎片化的历史哲学（赵海峰，高来源，范为，译）．哈尔滨：黑龙江大学出版社．

科拉科夫斯基，莱泽克（2013a）．走向马克思主义的人道主义——关于当代左派的文集（姜海波，译）．哈尔滨：黑龙江大学出版社．

科拉科夫斯基，莱泽克（2013b）．经受无穷拷问的现代性（李志江，译）．哈尔滨：黑龙江大学出版社．

蓝江（2013）．语言哲学下的生命政治——当代马克思主义哲学与语言转向．哲学动态，1（2），38－47.

马尔科维奇，米哈伊洛（编）（2010）．实践——南斯拉夫哲学和社会科学方法论文集（郑一明，曲跃厚，译）．哈尔滨：黑龙江大学出版社．

马克思，恩格斯（1960）．马克思恩格斯全集（第三卷）（中共中央马克思恩格斯列宁斯大林著作编译局，译）．北京：人民出版社．

马克思，恩格斯（1965）．马克思恩格斯全集（第二十一卷）（中共中央马克思恩格斯列宁斯大林著作编译局，译）．北京：人民出版社．

齐泽克，斯拉沃热（2002）．图绘意识形态（方杰，译）．南京：南京大学出版社．

齐泽克，斯拉沃热（20017）．意识形态的崇高客体（季广茂，译）．北京：中央编译出版社．

沙夫，亚当（1979）．语义学引论（罗兰，周易，译）．北京：商务印书馆．

维特根斯坦（2003）．维特根斯坦全集（第八卷）（涂纪亮，译）．石家庄：河北教育出版社．

俞吾金（2003）. 西方马克思主义发展中的语言学转向. 河北学刊, 6, 41－45, 63.
袁文彬（2007）. 马克思主义语言哲学问题. 安徽大学学报（哲学社会科学版）, 1, 11－15.
张一兵（2012）. 当代国外马克思主义哲学思潮（下卷）. 南京：江苏人民出版社.
Austin, J. L. (1962). *How to Do Things with Words*. London: Oxford University Press.
Habermas, J. (1984). *The Theory of Communicative Action* (Vol. 1) (Thomas McCarthy, Trans.). Boston: Beacon Press.
Kissine, M. (2008). Locutionary, Illocutionary, Perlocutionary. *Language & Linguistics Compass*, 2 (6) 1189－1202.
Skolimowski, H. (1965). Analytical-Linguistic Marxism in Poland. *Journal of the History of Ideas*, 2, 235－258.
Stiles, W. B. (1981). Classification of Intersubjective Illocutionary Acts. *Language in Society*, 2, 227－249.

作者简介：

邵帅，四川大学哲学系博士研究生，研究方向为马克思主义哲学。

Author:

Shao Shuai, Ph. D. candidate of Philosophy Department, Sichuan University. His research field is Marxist philosophy.

Email: 243332464@ qq. com

符号人类学 ● ● ● ● ●

Towards Semiotic Anthropology: An Interview with Professor Nicholas Harkness

Nicholas Harkness

DOI: 10. 13760/b. cnki. sam. 202202004

Introduction: Nicholas Harkness, professor of Anthropology at Harvard University, is a leading anthropologist specializing in linguistic and semiotic approaches to sociocultural analysis and theory. His research in South Korea has resulted in publications on various topics, including voice, language, music, religion, ritual, kinship, liquor, and the city of Seoul. His first book, *Songs of Seoul: An Ethnography of Voice and Voicing in Christian South Korea* (University of California Press, 2014), was awarded the Edward Sapir Book Prize by the Society for Linguistic Anthropology (Co-Winner, 2014, American Anthropological Association). Harkness's second book is titled *Glossolalia and the Problem of Language* (University of Chicago Press, 2021). A number of his papers have been devoted to developing an anthropological approach to "qualia". These papers incorporate the innovations of contemporary semiotics into the ethnographic theorization of sensuous social life. Recently, Professor Zhao Xingzhi (Sichuan University) and Professor Xue Chen (University of Electronic Science and Technology of China), on behalf of *Signs & Media*, had the honour to interview Professor Harkness on various questions related to linguistic and semiotic anthropology.

Zhao Xingzhi (hereinafter Zhao): From your first book *Songs of Seoul: An*

Ethnography of Voice and Voicing in Christian South Korea (2014) to your second book *Glossolalia and the Problem of Language* (2021), we can find that voice, sound, language, and qualia are the keywords in your research. How do you, as an anthropologist, become interested in those topics?

Nicholas Harkness (hereinafter Harkness): First of all, thank you for taking the time to read my work and discuss it with me. It has been a great pleasure to get to know you both during your stay here at Harvard this year.

Regarding your question, I suppose I always have been interested in these topics, even though I didn't always have the lexicon to describe this interest with any precision. This is probably especially the case for the problem of qualia. I came to my specifically anthropological interest in these things quite accidentally. Having sung actively since I was a child, I was interested in the role of voice, speech, and song in culture. This interest led me to the anthropology of language and music, which led me to South Korea, where singing plays a very prominent role in social life. In South Korea, I began with schools of music and eventually found myself conducting ethnographic fieldwork in Protestant Churches. As you know, South Korea is widely known for the massive size of its Protestant congregations. In these dynamic religious contexts, highly cultivated vocal practices, both spoken and sung, were fused with highly cultivated models of feeling, and qualia became an analytical and methodological solution to theorizing this connection

Zhao: In *Glossolalia*, you define glossolalia as "cultural semiosis—sign behavior—that is said to contain, and therefore can be justified by, an ideological core of language, but in fact is produced at the ideological limits of language". For the practices of glossolalia that you study in South Korea, you point out how "denotation", or, crudely put, "words for things", serves as an important ideological core of language thus as a powerful cultural concept mediating social relations (Harkness, 2021, p. 7). Shall we say that understanding the role and effects of linguistic ideologies is also the goal of linguistic and semiotic anthropology? Could you please explain more about this point?

Harkness: I think this is a very good observation. Indeed, much of the focus of linguistic and semiotic anthropology has been to try to understand how linguistic ideologies shape and are produced by the relation between linguistic structure and linguistic practice. To consider the three together—structure, practice, ideology—is to consider, as my teacher Michael Silverstein put it, the "total linguistic fact". The total linguistic fact gives us a sense for how the ideological line between language/non-language is drawn, and from there the ability to reach farther out into cultural semiosis to see where the sign/non-sign line is drawn. These lines are extremely generative for the organization of culture more generally. Glossolalia suppresses denotation, that is, suppresses what is widely treated as an ideological core of language, precisely in order to promise to deliver a kind of sanctified denotation. It builds the promise of language out of its negation. In this sense, glossolalia might be considered an intensified and exemplary case of the problematic that motivates the linguistic and semiotic anthropological program more generally.

Zhao: Many of your works have been devoted to developing an anthropological approach to "qualia". What motivated you to work on this field? Shall we call it as, "qualia studies"?

Harkness: Just as glossolalia can often be a limit case for what people think of as linguistic, qualia are limit cases at the far reaches of what people generally think of as semiotic. They are semiotic encounters with a kind of suspended semiosis, that is, the feeling of encountering things "as they are". The work I have done on this topic has been to demonstrate ethnographically how these limits are actually set and conceptualized through communicative interaction. I was led in this direction during my Ph. D. when Michael Silverstein responded to my request for a course on the anthropology of the senses by offering a seminar that explored the problem of qualia. Interestingly, during the seminar we never read a single publication with the word "qualia" in it. There, Lily Hope Chumley, with whom I published early work on qualia, and I, along with other students, began to develop and refine the semiotics of qualia for anthropological research in relation to our own ethnographic projects. When Lily and I returned from our fieldwork projects, we resumed our conversations about qualia. I suggested that we organize a conference in honor of the anthropologist Nancy Munn, the author of brilliant ethnography, *The Fame of Gawa* (1992), and a pioneer in the serious incorporation of Peirce's concept of the *qualisign* into an anthropological theory of value. Since Munn had not really investigated the qualia problem beyond a brief mention in her book, I suggested that we connect Silverstein's qualia seminar with Munn's book. The 2010 conference was titled "Qualia: Anthropological Explorations in the Experience of Quality", and many of the papers were published in a 2013 special issue of *Anthropological Quarterly*. This series of events—the seminar, our fieldwork, the conference, and the special issue—really launched a larger program aimed at understanding the qualia problem through the specific conceptual and empirical commitments of linguistic and semiotic anthropology.

Xue Chen (hereinafter Xue): Such a remarkable experience! We understand that the term "qualia" is adopted from Charles Peirce's semiotics, and you once pointed out that "[q]ualia provide a methodological link between general anthropological understandings of practice and a technical semiotic approach to pragmatics" (Harkness, 2015). It seems that you take "qualia" as a good entry point that connect anthropology with semiotic studies.

Harkness: In linguistic anthropology, we have a foundational concept called *metapragmatics*, coined and theorized by Michael Silverstein. *Pragmatics* can be seen as pertaining to the phenomenon of indexicality. Indexicality is the concept necessary for the semiotic analysis of social action or practice. *Metapragmatics* is the concept necessary for explaining how indexical signs become constrained and directed in social life. It provides an indexically-oriented explanation for what Peirce referred to as "habit" and what Saussure tried to explain by positing *langue*. One of the problems facing the indexical theorization of social action is the tricky, shapeshifting, and methodologically difficult problem of the sensuous dimensions of practice—embodiment, feelings, and the subtle ways people orient to indeterminate quality spaces. Qualia, when conceptualized via Peirce as "facts of firstness", allow us to see how indexical processes can produce their own semiotic limit in feelings of sensuous immediacy. This way, a semiotically formulated concept of qualia opens up a methodological pathway for the elements of practice, such as bodily disposition, that seem to resist—ideologically at least—analysis by traditional semiotic methods. At the same time, even though we talk about qualia as limit cases that seem to suspend semiosis in feelings of immediacy, they are nonetheless caught up in vast complexes of indexicality. The sensuous dimension of practice and the indexical constitution of pragmatics come together in an experiential point that feels naturalized and unmediated—in a sense fundamentally "true". In this way, we can see the qualia problem more generally as an account of how culture shapes experience in such a way that it does not seem cultural.

Zhao: In Peirce's semiotic phenomenology, he discussed the terms such as "quale", "quality" or "qualia" in a purely abstract way. There were barely concrete examples in his manuscripts to support those concepts. However, you did a great job to develop those terms into the urban cultural studies, such as the "softness" in Soju and so on. In your opinion, why is it essential to reactivate the "qualia" in sociocultural studies today?

Harkness: As you suggest, Peirce's semiotic project was really focused on inventing and refining conceptual instruments rather than carrying out empirical analysis. For the past half century or so, semiotically oriented linguistic anthropologists have been hard at work developing ethnographic methodologies and analytical approaches to understanding the indexical, that is, pragmatic and metapragmatic, constitution of social life, working outward from the problem of language. Much of this work has been aimed at trying to understand and explain the vast indexical processes that constitute and contextualized human communicative behavior, and to figure out how to conceptualize and situate language within this broader semiotic framing. Clearly, this project sometimes requires updating or even reformulating some of Peirce's ideas. My work on the qualia problem continues this tradition and tries to push these insights even further. In a forthcoming paper, "Qualia, Semiotic Categories, and Sensuous Truth", I posit the semiotic rubric of "Rhematics", which extends our knowledge of pragmatics and metapragmatics into to the domain of qualities—that is, from secondness to firstness—and the semiotic processes that orient to qualia as "facts of firstness".

Xue: You also point out that in anthropology of qualia much of the problem revolves how culture shapes experience in such a way that it does not seem cultural. It is a remarkably interesting point. Could you please further explain this idea?

Harkness: Apart from Peirce, much of the modern intellectual history of treatments of qualia has largely oscillated between rather statically realist or nominalist positions—that is, as either perceptual variations in sensory experience or subjective interiors conforming to radical forms of individuated consciousness. For both sides, qualia seem as real as they can seem for an individual. Anthropologists are certainly interested in this question, but much more from the point of view of the semiotics of social groups. That is, we tend to ask first about the social constitution of experience—whether terms are "sensory" or "subjective". And when we have tried to give a name to that which constitutes a social group's semiotic presuppositions and expectations—and by extension the semiotics that seems to differentiate one group's "way" from another—it has often been the word "culture".

The qualia problem focuses on how social groups constitute themselves through feelings of what there is to experience, what feels natural and true, even what largely goes unremarked or unreflected upon. Clearly there are other approaches to this problem (Bourdieu's notion of habitus, for example, comes to mind). Peirce helpfully used the term "sensuous" rather than "sensory", which, in English at least, gets us closer to the felt experience of a kind of vivid truth without reducing it to the perceptual, bodily questions of "the senses". Qualia can pertain as much to the feeling of thought as to the feeling of the skin. This is a long-winded and meandering way of answering your question: to say that qualia pertain to a cultural process that shapes cultural experience in a way that makes it seem not cultural, is to say that, by definition, qualia erase the semiotic conditions of their production. As cultural emergents, they form a semiotic limit cases of the mediation of culture.

Zhao: Qualia seems to be relevant to ideas such as feeling, affect, materiality, and embodiment. Compared with those existent ideas in anthropology, why does the problem of "qualia" increasingly become as one of the most critical issues today?

Harkness: The concepts of embodiment, materiality, senses, and feeling are vital for navigating a whole domain of sociocultural experience. But as analytical categories, they often fall apart, because built into them is a reliance on something outside of semiosis, some pre-semiotic authority that might be located in bodies, matter, perceptual channels, and affect. If one is committed to pursuing these questions through a semiotics of cultural mediation, then you eventually run into a certain kind of analytical problem with these terms. But if one pursues these other concepts through the problematics of semiotics, and one pursues the problematics of semiotics through careful consideration of language, then one can begin to draw a powerful connections all the way from something like qualia which seems—and let me stress the word "seems" again—to stand outside of semiosis to something that is robustly and unavoidably semiotic, such as language, without forcing a wedge between the two.

Zhao: Now I suggest switching our focus to some more general questions on linguistic and semiotic anthropology. Is "language" still the essential problem in semiotic anthropology today?

Harkness: That's a good question. There are many anthropologists who will accept the label "semiotic anthropologist" but not "linguistic anthropologist". And there are plenty of linguistic anthropologists who would not accept the label of "semiotic anthropologist". So, there's still a kind of division of labor between these two throughout the field. I tend to think that language remains so important for the anthropological enterprise because of its unique semiotic properties—in particular, its systematicity as a symbolic system (and hence denotation being widespread ideological core). It also is the medium through which most ethnographic data is generated and practically all scholarship is formulated and disseminated.

The challenge is to work one's way out of language, carefully, while not losing sight of it, as one moves into relatively non-linguistic areas of semiotic analysis. The ideological boundary between language and non-language is an exciting one! And it is the anchor that we need to be able to further explore the ideological boundary between signs and non-signs. By keeping this in mind, the field has been able to address major questions and problems in linguistics and sociolinguistics, but also in sociocultural anthropology as well, and its various past attempts at theorizing "meaning". These attempts include such as in the legacies of mid-century structuralism, which, despite some really brilliant insights, was basically an extension of phonology onto everything else, even though, as Jakobson pointed out, phonology was one of language's most unique features and probably not a good candidate for a model of the analyses beyond language. These attempts also include so-called "symbolic" anthropology which, like structuralism, also produced some brilliant insights, but as method and theory was a kind of grab-bag of interpretative approaches to pointing out how conventional signs function as vehicles of culture. Much of the field over the past 50 years has been laying out a method for moving beyond these approaches by asking how the underdeterminacy of sociocultural processes, constituted through indexical signs, becomes stabilized, presupposed, and even generative in the production of a metapragmatics of meaningfulness.

Xue: Similar with semiotic anthropology, semiotics today increasingly shifts its focus from text to context. Then, how do you think of the relationships between semiotics and semiotic anthropology? Are they on the same page since they both regard sociocultural phenomenon as the semiosis?

Harkness: It does seem to be the case that they are increasingly on the same page. With the introduction of a working knowledge of indexicality into linguistic and semiotic anthropology, a methodological pathway has opened up to better understand the relation between the relatively textual and the relatively contextual, between the degrees of co-occurring intra-textual signals and the degrees of stability and variability across inter-textual events, between the processual dimensions of entextualization (and genre) and the typifying effects contextualization and enregisterment. I suspect that that the traditionally text-focused approach of semiotics and the traditionally context-focused approach of ethnographically committed anthropology have converged in part recently by jointly having to deal with the semiotics of digitally mediated social life, which requires both approaches if one is going to make any headway. The central point, I think, is that we have to work through indexicality, via the concepts of pragmatics and metapragmatics, in order to isolate and then analyze what seems to be relatively textual or contextual about any slice of social life.

Zhao: On the topic of indexicality, recently a view has emerged in Chinese semiotic circles that indexicality is the most pre-experiential semiosis, thus it is in fact the most fundamental and primary motivation (Zhao, 2017). Accordingly, the order of semiotic motivations suggested by Peirce might be questioned.

Harkness: That's a very interesting point, and I think it is attuned to the fact that indexicality is a kind of experiential first in the pragmatics of social life, even if it isn't necessarily a logical one. Peirce's semiotic doctrine, of course, was a logical first, built on a posited ontology of firstness, secondness, and thirdness, and elaborated through a conceptual, abductive combinatorics of possibility, redundancy, and elimination, with the aim of producing conceptual instruments for the analysis of all sign phenomena. Despite Peirce's very empirical work as a scientist, such as calibrating pendulums for gravimetric analysis and establishing the absolute measurement of the meter through the wavelength of a spectral line, his semiotic doctrine was really just that: a doctrine, the theoretical and potentially empirical consequences of which were not at the time totally clear. As he put it to Lady Welby, if I can paraphrase, the pursuit is not to find out what a sign "is" but rather what a sign "ought to be". These days, we are now very much in the thick of the theoretical and empirical consequences of Peirce's semiotic doctrine. Since Michael Silverstein's groundbreaking article, "Shifters, Linguistic Categories, and Cultural Description" (1976), semiotically informed linguistic anthropology has oriented increasingly toward metapragmatics as the overarching and most effective framework of theory and analysis. And this framework treats indexicality as a first principle of this social science. So, in Peircean terms, the ontological categories of firstness and thirdness can remain intact as categories defined both by their independent attributes and, crucially, by their degrees of logical dependency on one another.

But methodologically, Peircean firstness and thirdness must be treated as derived categories, posited and projected from an analysis of secondness in the first instance, and in particular, of indexicality. Peirce's discussion of the concept of the "fact" (CP 1.427ff) anticipates this, I think. And for the past 50 years or so, much of linguistic and semiotic anthropology has been working on the secondness-thirdness relation, that is, asking how token relates to type, how parole relates to langue, how message relates to code, how the dynamic and variable pragmatics of social life relate to the metapragmatics of sociocultural continuity and change. In other words, how the under-determinacy and volatility of the index becomes determined and regimented institutionally and over time. With the emergence of the qualia project, we expand the empirical agenda to firstness, extending methodologically from the pragmatics-symbolics dialectic to the feeling-laden, sensuously saturated domain of rhematics, the world of tone, and the semiotics that link sensuously unitary representamena to object spaces of qualitative possibly. This development has been made possible only by first establishing a careful working knowledge of indexicality as a methodological—and, as you say, experiential—first step.

Xue: Harvard University has a strong tradition of linguistic and semiotic anthropology. You have done a great deal to keep this intellectual tradition alive and prominent. For instance, the Roman Jakobson Symposium since 2019 initiated by you has achieved a great success and will continuously be of inspirations. What is your motive to organize the symposium?

Harkness: Thank you for mentioning these efforts. Indeed, some of the most influential theorists of language and semiosis have been associated with this university, for instance, Charles Peirce was an alumnus, Roman Jakobson was a professor, and Michel Silverstein received his Ph. D. from this university. When started my position here in the Department of Anthropology a little over a decade ago, my senior colleague, Professor Steve Caton, had been carrying the torch of a semiotically informed linguistic anthropology. And before him, Professor Stanley Tambiah, who wrote some very influential papers on the semiotics of ritual and performative action, had been teaching in the department since the 1970s. But there wasn't a strong emphasis on linguistic or semiotic anthropology as fields of research or training. I initiated the Roman Jakobson Symposium—and thank you both for participating this year! —to develop more interest and activity in this field, and to memorialize its distinguished tradition at Harvard. As a former Harvard faculty member, a groundbreaking linguist, a crucial bridge between Saussurean semiology and Peircean semiotics, and a vastly influential teacher and scholar, Jakobson seemed like good banner to help set the intellectual agenda for this new phase of Harvard's relationship to language and semiotics. And I am so glad that you two are now a part of this history.

Works Cited:

Chumley, L. & Nicholas, H. (Eds.) (2013). *Qualia: A Special Double Issue of Anthropological Theory*, 13, 1/2, 3 - 183.

Harkness, N. (2021). *Glossolalia and the Problem of Language*. Chicago: University of Chicago Press.

Harkness, N. (2015). The Pragmatics of Qualia in Practice. *Annual Review of Anthropology*, 44, 573 - 89.

Harkness, N. (2014). *Songs of Seoul: An Ethnography of Voice and Voicing in Christian South Korea*. Berkeley: University of California Press.

Harkness, N. (2013). Softer Soju in South Korea. *Anthropological Theory*, 13, 1/2, 12 - 30.

Munn, N. (1992). *The Fame of Gawa: A Symbolic Study of Value Transformation in a Massim (Papua New Guinea) Society*. Durham: Duke University Press.

Peirce, C. S. (1931 - 1958). *Collected Papers of Charles Sanders Peirce* (P. Weiss & A. W. Burks, Eds.). Cambridge: Harvard University Press.

Silverstein, M. (1976). Shifters, Linguistic Categories, and Cultural Description. In H. A. Selby & K. H. Basso (Eds.), *Meaning in Anthropology*, 11 - 55. Albuquerque: University of New Mexico Press.

Zhao, Y. (2017). Indexicality is the Firstness in Semiotics. *Journal of Shanghai University (Social Sciences Edition)*, 34, 6, 104-113.

Interviewee:

Nicholas Harkness, professor of Anthropology at Harvard University. He specializes in linguistic and semiotic approaches to sociocultural analysis and theory.

受访者简介：

尼古拉斯·哈克尼斯，哈佛大学人类学教授，专注于用语言学和符号学方法进行社会文化分析和理论研究。

Email：harkness@ fas. harvard. edu

从边缘想象“边缘”：藏彝走廊多民族野人故事的符号人类学探析*

李 菲

摘 要：不同于传统民间文学研究多关注野人故事“神异、精怪”的想象特质或民间故事的角色、母题、原型、程式功能，本文从符号人类学的跨学科视域出发，结合田野和文献/文本分析方法，从文化符号的编码赋义、象征隐喻与文化机制等多维度，关注“野人”故事如何在藏彝走廊多民族的讲与听之间、在中原志怪博物传统与边地口头传统之间持续生成与变迁，由此讨论走廊人群如何在西南边地迁徙流动的历史过程中理解当地的复杂生境，并在生境开拓与资源转化过程中形塑身份认同，探索人境交染、族群互动、多物种共生的多元路径。

关键词：藏彝走廊，符号人类学，野人，民间故事，《中国民间故事集成（四川卷）》

Imagining "Margin" from the Marginal: A Semiotic Anthropological Study of Multi-ethnic "Savage" Folktales in the Tibetan-Yi Corridor

Li Fei

Abstract: Based on an interdisciplinary perspective of semiotic anthropology, this paper differentiates itself from the traditional folk literature research that pays much attention to either the imaginative

* 本文为四川省社科规划基地重大项目“川西坝子非遗传承与乡村振兴的跨学科研究”（SC21EZD022）中期成果。

characteristics of the "mysterious and the supernatural" or the roles, motifs, archetypes and formulaic functions of savage folktales. Combining fieldwork and literature analysis, the study explores the meaning-coding patterns, symbolic metaphor and cultural mechanics. It focuses on how these stories are generated in a multi-ethnic space and constantly change in the Tibetan-Yi Corridor, where they are told and heard in the tradition of *Zhiguai* (志怪, supernatural tales), *Bowu* (博物, natural history) on the Central Plains and the oral narrative tradition of the southwestern border areas. Accordingly, it discusses local people's understanding of their complex ecological environment throughout the migratory history that shapes their identity through the process of habitat development and resource transformation. The multiple paths of human-culture interaction, ethnic exchange and multi-species symbiosis are explored.

Keywords: Tibetan-Yi Corridor, semiotic anthropology, savage, folktale, *The Collection of Chinese Folktales (Sichuan Volume)*

DOI: 10. 13760/b. cnki. sam. 202202005

引言：野人寻踪，旧题新辩

2005 年 8 月，一支国际合作科考队赴藏彝走廊中部川西高原东缘一带进行生物多样性快速评估考察（RAP），还对传闻活动于丹巴至雅江峡谷地带的“玉柯野人”进行了追踪。此行再度勾连起了 20 世纪 70 年代末期兴起的以“神农架野人”为代表的中国野人探秘热潮（刘民壮，1981，p. 9）。经《华西都市报》、“搜狐网”等媒体的短暂报道之后，“玉柯野人”很快被各种令人目不暇给的信息淹没，这见证了“野人”作为文化符号的传播效应在当下媒介时代的式微。而与此同时需要看到的是，在藏彝走廊的藏、羌、彝、傈僳等众多民族之中，长期留存着一个关于野人的口头传统体系，其中不仅涉及藏族早期雅砻部落的族源神话、傈僳族的宇宙与人观，更世代传承了大量走廊人群在迁徙栖居、劳作生计、交往互动等情境中与“野人”相遭遇的历史/想象集体记忆。在我国的民间文学搜集整理（如《中国民间故事集成》）与研究传统中，上述“野人”口头传统几乎都被归入“民间故事”中“幻想故事”之下的“精灵故事”类别，被宽泛地理解为“不同于一般的动物及异类”的“精灵或精怪”，是“超自然力的化身”①。

从符号学视野来看，若将“野人”视为一种文化符号，那么上述两种路径都陷入了难以走出的符号困境：前者在表述和论证中大量使用如“考察”“证据”（胡鸿兴，1982，p. 121）或“发现”“目击”“鉴定”（刘民壮，1984，p. 42）等术语，试图依托科学范式在该符号的能指和所指之间建立起客观、唯一而确凿无疑的指示关系，其结果是在20世纪90年代学术界的共识之下“不明灵长类动物”这一新的符号彻底取代了“野人”符号（何学民，严品华，刘民壮，1990，p. 96）；后者则将“野人”符号笼统地等同于“精灵”“精怪”，将其能指与其他能指混淆，虚化其所指，并将其能指与所指间指示关系的建构性与任意性放大到极致，以对“民间文学”未假反思的浪漫主义与还原主义的想象、幻想为托词，消解了“野人”作为藏彝走廊区域多民族传统文化符号的历史性、情境性以及所指涉的复杂地方关联、感知经验。

本文基于中国民间文艺家协会“三套集成”数据库资源中四川省阿坝、甘孜、凉山三州少数民族民间故事资料，以及笔者在藏彝走廊中部藏、羌、彝、傈僳等民族地区的长期田野考察，从符号人类学的跨学科视域出发，结合田野和文献/文本分析方法，从文化符号的编码赋义、象征隐喻与文化机制等多维度，关注野人故事如何在藏彝走廊多民族的讲与听之间、在中原志怪博物传统与边地口头传统之间持续生成与变迁，由此讨论走廊人群在西南边地迁徙流动时对当地复杂生境的理解，以及在生境开拓与资源转化过程中形塑身份认同，探索人境交染、族群互动、多物种共生的多元路径。

一、故事讲述：“野人”的符号化与边缘之“边”的再想象

法国社会学家让·勒纳尔指出，不同于人类自身的“他物”总是以那些由臆想产生的体形奇特、位于遥远之地的人物形象出现（1985，p. 18），在中西方自古皆是如此。藏彝走廊地处西南一隅，长期以来承载着中原文明对遥远边地与边缘他者的想象，而走廊区域广为流传的“野人”故事，则使身

---

① 广义的民间故事泛指一切具有情节和人物的散文叙事作品，包括神话和传说；狭义的民间故事是指与神话、传说并列的主要以日常生活为题材，以现实中的人物为主角的散文类民间口头文学。民间故事一般可分为幻想故事、生活故事、笑话和寓言，其中幻想故事又分为魔法故事、精灵故事、宝物故事、童话和动植物故事。“野人”故事按照原“三套集成”和新编《中国民间文学大系》的编撰原则均属“精灵故事”。（中国民间文学大系出版工程编纂出版工作委员会办公室，2021，pp. 73 - 75）

处此边缘的人们对边缘之“边”的理解与想象得到符号化表征。

（一）讲不完的故事：藏彝走廊的多民族交融与“野人”文化符号生成

一则傈僳族民间故事说，“古时候世上的人”分为三种：“第一种是真正的人，他们靠种庄稼、喂养牲口、打野兽、找野果子吃过日子。第二种只是脸貌、说话像人，见了真正的人就要逮去杀来吃掉，据说是猩猩的先代。第三种脸貌也像人，但是专吃人肉，叫作人熊。”（凉山州傈僳族故事《对付吃人的怪物》）① 这则故事将“真正的人”与后两者都笼统地归于“古时候世上的人”，折射出对野人的想象与表述有着很早的时间起源。

在藏彝走廊各民族中，野人故事是一个范围和指称都颇为驳杂的体系，其名称除了最为常见的汉语“野人”（如阿坝州藏族故事《机智的猎人》、凉山州藏族故事《收野人》）之外，还有汉语“野人婆”（如凉山州彝族故事《惹地索夫智斗野人婆》）、“毛野人”（如阿坝州羌族故事《毛野人吃娃娃》）、“猩猩”（阿坝州藏族故事《猩猩的故事》）、“人熊”（如阿坝州藏族故事《聪明的猎人阿桑》）“食人婆”（凉山州藏族故事《智斗食人婆》）、“变婆”（凉山州彝族故事《牧人与变婆》）等，以及各民族语言的特定称谓，如藏族民间故事中的野人“容波”（凉山州藏族故事《昂波家族和容波》）、羌族民间故事中的野人“戈玛卜”（阿坝州羌族故事《野人》）或“戈”（阿坝州羌族故事《羌族碉楼为什么修三层》）、凉山州傈僳族故事中的野人“背背斯”（猩猩，见《对付吃人的怪物》）和“胼木车白”（人熊、老变婆，见《枪杀老变婆》）、凉山彝族及尔苏藏人民间故事中的野人和食人婆“么玛措兹”（凉山州尔苏藏人故事《尼埃嘎和妮埃曼的故事》）、丹巴嘉绒藏人民间流传的野人“猔猪”，等等。

野人故事已经形成了高度类型化的口头表述传统，却很难在民间文学研究的传统视域中得到关注和深入讨论。长期以来，国内外主流的民间文学研究均将情节、结构、功能分析，包括组成同一题材故事的基本单元“功能项”和“母题”视为研究的核心问题，这在很大程度上是受到故事形态学理论的影响。正如普罗普认为“重要的问题是故事中的人物做了什么，至于是谁做的，以及怎么做的，则不过是要附带研究一下的问题而已”（普罗普，

① 由于“三套集成”数据库资料采录时间较早，且数据转化过程中多有文字标点错误，笔者对本文所引民间故事均略作了必要修订。

2006, p. 17)。许多国内研究者也认为故事类型的确立依据是“形态”，是“定型化的主干情节”（刘守华，2002，p. 2），而不是角色。施爱东对此加以反思，指出在中国本土语境中许多民间故事恰恰是以主人公（如孟姜女）的姓名和属性来命名的。这些具有浓郁中国特点的“物”（人物、事物）的故事在故事形态学中不具备合法性，却可从“同题故事”的视角建立特定文化体系内部的故事分析方法，以此区别于类型、母题、功能项等跨文化的故事分析方法（施爱东，2021，pp. 102 - 103）。但问题是，“同题故事”以“物”为类的研究仍然主要指具体、具象之“人物”，是将民间文学分类中狭义的历史人物“传说”纳入广义“故事”研究的一种策略。就本文所关注的藏彝走廊多民族野人故事而言，笔者赞同不能忽视故事之角色、人物，但更强调野人并非仅是故事中某个具体、具象的角色、人物——在沿走廊迁徙流动、共生互动的社会历史进程中，不同人群的野人故事反复得到讲述、倾听，进而异文流布；在汉语作为民族间交往交流重要中介语的传播机制之下，一个个具体而不同的野人角色汇聚成为一个反复出现在区域多民族口头传统中的关键文化符号，负载着重要的认知功能和文化机制。

皮尔斯指出，向某人表达——在本案例中即故事的讲与听，也就是在听者心中创造出一个同样的符号。“野人”符号及其解释项（interpretant）的复杂构成在众多民间故事中可见一斑。除了指称多样，“野人”符号还有男/女、大/小、残暴/愚笨、凶恶/胆小等差异，往往体形高壮、多毛发，甚至吃人。而几乎所有野人都具有两个共同特点。其一，与人相似，“像人，有脚有手，一身长满毛，还有尾巴”（阿坝州羌族故事《野人》）。其二，喜好或善于模仿人，如下述各例：“（野人）爱在树林头躲到，阴到学人的样子，你做啥，它就做啥”（阿坝州羌族故事《野人》）；“野人常要吃人，但又害怕人，又要学人”（凉山州尔苏藏人故事《错罗麻摩［斗野人的故事］》）；“容波（玛措兹）会说一些简单的人话，可以和人对话，它极力模仿人的行为”（凉山州尔苏藏人故事《昂波家族和容波》）；“老年人曾说过，这儿的野人要跟人学样子”（阿坝州藏族故事《机智的猎人》）；等等。

正如前述傈僳族故事将“真正的人”与“像人”的猩猩和人熊都笼统地归于“古时候世上的人”，体现出少数民族先民信仰万物有灵的“野性思维”，这使得后二者与“真正的人”相关联的关键正在于“像”而非“是”。作为走廊区域的跨民族文化符号，野人的符号化过程揭示了在人类与非人类的边界划分上存在着某种无法消除的特殊阈限以及人们对此存有的普遍关注和焦虑。这种“似是而非”的阈限，正是“野人”不同于民间故事中“精灵”“精怪”“异类”的根本差异之所在，且在符号象征的深层次结构上与走廊人群特定的历史经验、文化记忆与身份认同议题密切相关。

（二）中原传统与边地传统：“野人”符号的地方化编码

需要看到的是，野人故事并非西南边地人群的专属，野人中最负盛名的还要数中国中部的鄂北神农架野人，其背后牵引着早期神话传说、中原志怪、方志学与地理博物知识等复杂源流。从地域传统来看，屈原的《九歌·山鬼》中“被薜荔”“饮石泉”的“山中人”以及清代《房县志》所载房山“多毛人”，常被引为荆楚之地自古多野人的证据。而从上古神话来看，《山海经》所记载的“枭阳国”——“人面长唇，黑身有毛，反踵，见人则笑，左手操管”（《山海经·海内南经》），为后世野人故事提供了重要的想象原型。在其后的中原志怪传统中“野人”记叙进一步丰富，如六朝刘逵注萧统《文选·吴都赋》时引《异物志》谓枭阳“初得人喜笑……移时而后食之。人因为筒贯于臂上，待执人，人即抽手从筒中出，凿其唇于额而得擒之”。自此，面目似人、多毛、获人则笑、手握竹筒（人因此反借手臂贯筒得以逃脱）的形象和行为模式成为后世民间故事讲述野人的基础性范本。古代野人记述之集大成者当属明代医药学家、祖籍湖北的医圣李时珍，其所编《本草纲目》不仅是借鉴朱熹《通鉴纲目》的名实/道统观以匡正本草分类体系的传世医典（胡良文，1991，pp. 30 – 31），也被喻为中国古代博物学的典范之作（潘吉星，1993，pp. 220 – 221）。该书共收录水、火、土、金石、草、木、服器、禽、兽、人等 16 部 52 卷 1892 种。第 51 卷“兽部”收“寓类、怪类”共 8 种，其中“猩猩”“狒狒”两类下列集解与附录，广引《尔雅》《山海经》《逸周书》《齐东野语》《方舆志》等记载，均谓二者有“人面人足”“其面似人”“形如人”等特点，且有“野人”“野女”“野婆”（《尔雅翼》《齐东野语》）、“人熊”“山大人”（《方舆志》）、“昆仑人”（《南康记》）等多种称谓。神农架一带药农上山都要随身备一副竹筒，为的是被“毛人”捉住后好顺利脱身。此习俗正是以上中原神话、志怪、方志及博物学等多元文化记忆在民间口头传统中的文化编码及传承践行。

在中华民族自古多元一体的历史和现实语境下，藏彝走廊的野人故事与以神农架为代表的中原野人文献/口头传统有着诸多重叠和相似之处，由此可见中原与西南边地人群文化交互交融的长远脉络。但本文更关注的是比较之下的差异，即“野人”文化符号在藏彝走廊的在地化赋义和再编码过程，承载了本区域独特的地方性知识与主体感知经验。比如，甘孜州丹巴县顶果山一带相传从前有唤作“猞猪”的野人经常掠走年轻男女，于是人们给手腕套上铁环，被野人抓住后就悄悄将手从铁环中取出逃走。此后铁环就演化成了当地男女老少都佩戴的牛骨手镯。这个故事与中原野人故事如出一辙，只是以“铁环”取代了“竹筒”，将当地嘉绒藏人的日常服饰和习俗在地化了。除了特定民族器物符号的置换，故事讲述过程中还会写入负载民族文化习俗编码的地方性知识。如凉山州越西县尔苏藏人的故事《姐弟俩与食人婆》，不仅将汉族地区食人婆故事中的灶房转换为了藏人家的三锅庄，还在姐姐尼埃曼与食人婆么玛措兹的问答中展演了围绕藏人家屋核心三锅庄展开的日常生活空间与等级秩序：

（么）“要起夜就尿在上把位上算了。”（尼）“那里是长辈和爸爸的位置，那是不行的。”

（么）“那就拉在右客位上。”（尼）“那里是亲戚和朋友入座的地方，不行的。”

（么）“那就到左客位上去。”（尼）“那是你做家务的地方，怎么能在那里呢？”

故事中另有阿妈阿雅大年初二去九个舅舅家拜年送猪头事宜，体现出走廊民族普遍极为尊重舅舅的习俗。这也是人类学亲属制度“西南舅权论”所揭示的古羌系、夷系民族的母系社会遗风（彭兆荣，1997）。

二、禁忌与阈限：“野人”符号的文化运作机制

正如竹筒/手镯之物表征与“野人”文化符号之似人/非人阈限属性所隐含的文化焦虑相对应，讲好一个野人故事的关键就在于在禁忌与危险边缘建立起野人与人的联系，并最终对种种不该建立的联系进行有效切割，从而使讲者与听者反复确认自我作为人之身份。此问题之所以重要，是因为在以迁徙和流动为历史常态的走廊多民族区域，人们总是不断地抵达新的地方，努力适应雪山、森林、河谷、坝子等新环境，打猎、开荒、捡菌子……开拓新的生存资源和领地，从而不断将环境转化为生境，在荒野（未知而危险的外部世界）—生地（偶尔进入或利用的外围区域）—熟地（已经驯化的劳作领地）—社区（村寨与家屋的内部世界）的多层级结构中建立起栖居的合法性，获得在走廊流动空间中来之不易的“家园感”（彭兆荣，2016，p. 9）。

（一）遭遇野人：生境重叠与接触禁忌

遭遇野人意味着在流动/栖居的走廊地带，生境重叠与彼此接触是人与人、人与非人必须面对的基本境况。出于维系日常生计和生活的需要，在故事中有时是猎人上山打猎（如《打山匠收拾老变婆》）或者牧人放牧（如《牧人与变婆》），农人开荒（如《猩猩的故事》）或者挖草药（如《独脚野人》），在野外遭遇野人；有时是大人外出走亲戚、谋生计，结果野人闯入家中（如《毛野人吃娃娃》）。野人所代表的充满危险的外部世界与村寨/家屋内部世界往往紧密联系。藏族故事《熊的儿子额楞可儿巴》就以“桥”物象表现了这种近在咫尺的生境重叠和边界阈限，以及跨越阈限的后果：

> 门口不远的地方有个海子。海子上有一座木桥，对面有茂密的大林子。但人们都害怕，不敢过这座桥。……母女俩迫于生活决定去闯一下红海桥，过海子去砍点干柴来卖。……母女俩胆怯地手牵手相继过了桥，很快砍好柴往回走。……当阿妈过了桥时，女儿却被林中的大熊一把拖住，拖到山上去了。

生境重叠下的两相遭遇导致的一般性后果是生计侵扰，比如野人毁坏了青稞或玉米；更为严重的是野人害人、杀人乃至吃人；而最为禁忌的则是野人劫掠男人或女人，甚至与之生下后代，僭越人与非人的边界，建立不当的亲缘关联。无论野人如何试图模仿和进入人的亲缘关系纽带，这种关系都是“非正常”的，就如同额楞可儿巴向阿妈发问：“我家中阿妈听不懂爸的话，阿爸也听不懂阿妈的话；阿爸浑身长着亮毛爬着走，阿妈浑身无毛却站着走，不晓得为啥。”

（二）野人之死：关联切割与边界重塑

要消除阈限/禁忌被打破的危险，就必须对人与野人形成的不当关联进行切割，重建人与非人之他者的清晰边界。

最彻底的方法是消灭野人。比如女孩设法杀死吃掉母亲和弟弟的野人婆（如傈僳族故事《聪明的姐姐》），或者猎人设计杀死野人、人熊、猩猩（如藏族故事《机智的猎人》）。即便无法完全消灭野人，也需要明确空间和地缘边界，将野人从双方密集遭遇的地区驱赶出去，将彼此重叠的自然环境转变为人类独占的资源生境。比如前述尔苏藏人打败野人后，“……就只剩下了一个野人。这个野人躲在热尔山老林里再也不敢出来。据说，好多年前有一个人到热尔山挖药，那个野人不敢露面，只躲在暗处朝人撒泥巴沙沙”（《错罗麻摩［斗野人的故事］》）。热尔山以近处的荒野空间收留了野人及其所隐含的想象与危险，荒野—生地—熟地—社区的空间秩序层级由此建立起来，且家屋始终是位于最内层的核心所在。在笔者进行田野调查的甘孜州丹巴县梭坡乡和巴底乡邛山一带，当地嘉绒藏人说从前的房子都非常矮小，尤其房门只有半人高，必须弯腰才能进入屋内，这种房门主要是为了防御野人，因为野人不会弯腰。家屋作为基础性的社会组织支点建构了嘉绒藏人的社会形态（李锦，2017），其特殊形制是当地嘉绒藏人适应生境的文化结果，也将由家屋庇护的定居之人与游荡于外部世界的危险他者加以区分。

与空间地缘关系切割相比，更为麻烦的则是对禁忌性亲缘关系的切割。这种亲缘切割往往是以违背人伦常理的惨烈方式出现的。比如“熊的儿子额楞可儿巴”亲手砸死了熊阿爸，和阿妈跨过作为人与非人边界隐喻的红海桥，回到人的寨子（《熊的儿子额楞可儿巴》）；或者儿子为带回被野人抢走的阿妈，将阿妈放心不下的“野人小孩”全部杀死（《格桑尔的故事》）。最为尖锐的例子是《独脚野人》及其异文《么玛措兹分儿子》。故事讲述小伙子在山上打猎挖草药时与一个“不是藏族，也不是汉族或者彝族”的女野人共同生活了一年，又在其怀孕后偷偷跑回山下寨子。女野人生下孩子后撵到小伙子家附近：

> 抓着娃儿的两只脚扯成两半边，给他甩了一半过来。他就把甩给他的这半边捡来埋了。另外一半呢？听人说现在的子尔山上还有一个独脚人在跳……传说就是他的那一半娃儿。人们还说，如果在野外遇到大雪封山找不到路，仔细看，就会看到这个脚印。跟着这个脚印走，就有路了。他这是在给人们指路呢！（《独脚野人》）

“野人娃儿”违反禁忌的亲缘（两性/代际）关系不为人世所容。其被扯成两半边的身体就是两个世界的边界切割与不可切割性的双重隐喻：在人的世界那一半无法存活，另一半在野外成了独脚人，还残留着一丝对人的世界切割不断的念想和善意。由此可见，“野人”符号及故事的文化运作机制就在于通过对人与非人之间的复杂关联和边界进行隐喻式表达，对走廊区域多人群、多物种之间的共在与竞争、认同与区分实践进行不断调整。

三、“野人”与“野化”：符号表征、族群记忆与历史隐喻

从知识论的角度来看，相比神话和传说而言，民间故事长期被认为不太

具备知识性：“神话是人们对远古社会的记忆和理解，传说是人们对某一历史人物或事件的记忆和理解，对传承群体来说，它们都是知识。与神话和传说不同，民间故事是人们对自己情绪的宣泄，娱乐性是其本质属性。”（中国民间文学大系出版工程编纂出版工作委员会办公室，2021，p. 74）按照上述说法，情绪宣泄与娱乐性的本质契合了人们关于民间故事“幻想”本质的固化印象。既然无关记忆和理解，人们也就不能指望从中获得何种重要知识。然而民间故事将经验、情感、想象与理解、记忆相结合，体现出前现代知识和文本书写之外少数民族民间知识的普遍存在方式——具身铭刻的“知”，即“knowing”，而非现代以来被严重窄化的智识主义“知识”，即“knowledge”。正如汉唐《异物志》作为中国古代“地理博物学杂记”与今天的地理学同样具有认知意义，虽有怪诞和夸耀博学之弊，但反映了当时人们对世界认识的真实水平、方式及其局限，而非有意虚构夸张（王晶波，1997，pp. 63 -65）。因此，透过“野人”符号表征深入探索其背后隐含的历史记忆与认知逻辑，可导向对何为“野人”以及何为“野”的进一步探问。

野人故事长期以来被视为幻想的产物，这种观点几乎完全限制了人们从中解读真实历史经验和文化记忆的可能。笔者因而主张将幻想从“野人”符号上适度剥离，重返社会历史现场来将“讲故事”重塑为走廊人群重要的文化认知、理解和记忆方式。那么，相对于特定野人故事的讲者、听者及其所属人群而言，“野人”符号将显现出某些隐含的重要面向——包括先在者、协作者和模仿者。川西羌族的野人故事便是典型例证。

（一）先在者：迁徙与流动的时空记忆

“野人”符号的第一种面向是走廊迁徙历史中的先在者。《羌戈大战》是羌族著名的起源神话，其中许多片段散落为脍炙人口的民间故事。汶川、茂县、黑水等地流传的该故事的多个版本无一例外都指出“戈人”或“戈基人”为当地最早的原住人群，具有“野人”的特征：

> 尔玛人来到龙溪的时候，发现这地方住有一些野人。这些人身体高大，全身是毛，很像猩猩。羌人称他们为“戈”。戈人力气很大，但很憨，只会使笨气力。羌人要他们干啥就干啥。（《羌族碉楼为什么修三层》）

> 木姐珠和斗安珠……率领自己的部落，赶着羊群，由西北高原南下，翻过许多大山，终于来到波浪滔滔的岷江上游。他们一看，这里有山、有水、有平原，是个放牧的好地方，就决定在这里定居下来。……但是，

这一带却住着高颧骨、短尾巴、身体强壮的戈基人。他们个头不大，性情却很凶猛。双方互相争夺牧场，经常发生战争。(《羌戈大战》)

在羌人讲述的故事中，野人并非精灵、精怪或异类，实是同为人的不同人群。法国藏学家石泰安（R. A. Stein）在《汉藏走廊古部族》中认为戈人先于羌人来到岷江上游进行农业垦拓（2013，pp. 135 - 136）；马长寿在《氐与羌》中也认为戈人是在汉代以前就占据了岷江上游的古蜀蚕丛后裔“纵目人”（2006，pp. 23 - 27）。在早期走廊人群迁徙流动的历史时空之中，“有山、有水、有平原”而易于放牧和定居的岷江上游成为先来者与后到者、定居者与流动者常常发生生境重叠和资源竞争的目标区域。对于后来者羌人而言，先在的他者——戈人由于与羌人的差异，更由于对栖居合法权的争夺，只能成为“野人”。

“野人”作为先在者的隐秘身份在迁徙族群的故事讲述中得以留存。同样的例子还有尔苏藏人讲述自身最早迁居到大渡河中游一带时的故事：

原先我们居住的地方人很少，野人却很多。野人常要吃人，但又害怕人，又要学人。以后人们想了个办法，修了个转经庙。野人也跟着人学转经。它转呵转，转昏过去倒在地上。人们就从事先藏好的地方跑出来把野人杀了。这样，冕宁的人们就修了许多转经庙，用来对付野人。(《错罗麻摩［斗野人的故事］》)

尔苏藏人是藏彝走廊中部高原东缘众多藏族支系中的一支，在大渡河流域自西北向东南迁徙进入彝汉杂居地区，主要分布在今天雅安市石棉、汉源县和凉山州的甘洛、越西、冕宁、木里等县（王德和，2010）。走廊区域无处不在的“野人”也为尔苏藏人提供了支撑其流动合法性的便利手段，同样隐含着其身为后来者的记忆烙印和面对新环境的生存忧虑。对本区域常见的野人故事进行再编码和再赋义，可以解释该人群南迁带来的如转经、寺庙等藏族宗教信仰习俗、物象的向南传播，以及尔苏藏人在彝汉杂居的多民族交汇地带以修建转经庙为表征而确立的栖居合法性。

（二）协作者：生境与资源的共生关系

“野人”符号的第二种面向是协作者。羌人与其所谓“野人”——戈人，二者间的关系不只是竞争和对立，在交叠的生境和资源框架下，也有协作和共生的一面，且这种协作关系往往在迁徙人群初到此地时得到强调。在《羌族碉楼为什么修三层》中，双方的协作关系甚至被象征性地嵌入羌族民居建筑形态，形塑了重要的空间符号表征及民俗禁忌：

> 羌人初到这里的时候还没有房子，只有岩洞。后来羌人得到阿巴木比塔的指点修房子的时候，戈人也来帮忙。房子修好了，阿巴木比塔就住最上层，羌人住中间一层，戈人还是出了大力气，就把房子底层让给他们住。
>
> 后来，传说戈人死绝了。但羌人不敢住，让牛羊住。

这就是羌人的房屋分三层，上层住神、中间住人、下层关牲畜的来历。

像猩猩一样的戈人，不仅与尔玛（羌）人共同生活在今天的汶川、茂县一带，还帮后者修建房子，并进入后者的家屋空间——天神、羌人、戈人共居的三层碉楼。即便戈人消失后，牛羊占据的碉楼底层仍然作为携带民俗禁忌的象征性空间保留了羌人与戈人曾经共生的历史记忆。

这种协作共生关系，在各民族野人故事中还常常表现为野人也掌握人的谋生技能，并能为人所用。比如尔苏藏人“唐家”一支最早到凉山州九龙县和爱乡拉姑萨一带“落业”（定居）时缺少柴火，传说“唐家老祖打一个呼哨，来了一大群野人，你一抱，我一抱，干柴火堆了一大堆”（尔苏藏人故事《四个活佛和唐家历史》）；彝族勇士惹底索夫哄骗野人婆一起去牵牛杀来吃，野人婆便帮他“割九背荨麻来，背九背石头来，背九桶水来”，都找齐放在麻柳树下（彝族故事《惹底索夫》）。再比如傈僳族故事中两口子哄骗“背背斯”（猩猩）帮他们干活：

> 两个背背斯起劲地刮麻叶，很快就把麻割完，刮完，打伙（一起）又把麻晒在地里。两口子给背背斯说：“喔哟，你们很能干，力气又大。请你们再帮一点忙。我家房子漏雨得很，娃儿些在屋里造孽。帮忙撕几张黄板去盖房顶，要得不?”两个背背斯答应了，就一路到地边去划那一节木头。（《对付吃人的怪物》）

罗安清在《末日松茸》一书中通过对松茸、人类及其他物种的“多物种民族志”考察指出，地球上重要的生命物质转换都是在物种内部和跨物种的合作中实现的；自然可能是在选择某种关系，而不是选择个体或基因组，因此“共生”是规则而非例外（2020，p. 25，p. 169）。今天“多物种民族志”在西方人类学界异军突起，目的正是理解多元物种“交染”（contamination）（p. 31）共生的世界生成过程。在此意义上，在藏彝走廊特定自然生态框架下展开的多族群历史都是多物种“交染”之多样性实现过程的历史产物。“野人”符号及其故事不只是幻想，也是交织着早期走廊人群想象的与真实的人与人、非人以及万物共生的记忆和历史。

（三）模仿者：我者与他者的认同区分

“野人”符号的第三种面向则是模仿者。戈人的消失更是人类学跨文化遭遇中极为典型的失败案例：作为败者，戈人不仅输掉了与羌人的战争，也输掉了讲述自己故事的权力，只能在羌人讲述的故事中成为“憨”“笨”“偷神牛”“不要神”的负面形象。双方的争斗就是在天神的帮助下进行的：

> 木比塔喊羌人拿木棍作武器，戈基人拿麻杆杆作武器。戈基人用麻杆杆打羌人，一打麻杆杆开了花；羌人用木棍打戈基人，戈基人被打死了很多。
>
> 木比塔喊羌人拿三块白石头作武器，戈基人拿三个雪坨坨作武器。戈基人用雪坨坨打羌人，打得雪花到处乱飞；羌人举起白石头打戈基人，一石头砸死一个，戈基人被打死了一大坝。
>
> 木比塔叫羌人扎了九个草人，甩到石岩底下，故意向岩下问：“喂，你们在岩脚下好不好耍？”原先埋伏在岩脚下的羌人回答说：“好耍。”木比塔就叫戈基人也跳下岩去耍。结果，戈基人被摔死了千千万。（《羌戈大战》）

值得注意的是，失败的关键正是戈人（野人）之于羌人（人）“似是而非”的拙劣模仿——麻杆杆对木棍的模仿，雪坨坨对白石头的模仿以及戈人对草人跳岩的模仿。在羌人看来，与自身紧密相关的戈人不仅是不同的，更是“似是”而终“非是”的低级模仿者。戈人身上这一似是而非的模仿者特征正是前文所述走廊多民族故事中野人符号的标志性特征：如藏族故事《聪明的猎人阿桑》和《机智的猎人》中猎人以抽兰花烟诱使野人和人熊以明火枪打死自己；羌族故事《野人》、藏族故事《昂波家族和容波》《错罗麻摩［斗野人的故事］》《猩猩的故事》、彝族故事《牧人与变婆》等都用了野人分辨不清水和酒、木刀和真刀，因模仿而失败的叙事模式。反过来，“死于模仿的模仿者”这一特征也使野人区别于精怪和异类，这隐喻了野人与人的复杂关联及在此关联中人使自我与他者区分的内在紧张感。

赵毅衡指出，任何感知只要被当作意义载体，就是符号（2016，p. 47）。此“感知”不仅强调感知到了什么以及如何感知，更需将具体历史语境中的符号感知者主体纳入考量。这也是皮尔斯之“符号三元说”（符号 - 实体 - 解释项）隐含在解释项背后的符号解释者、使用者的主体位置。以羌族野人故事的文本分析为基础，至此可以窥见在羌族历史感知与族群记忆中一条隐约可见的符号编码线索：戈人从“先在者”到“共生者”再到“模仿者”与“失败者”，不断降级与矮化，从形貌和行为上消解了作为人的身份，进而符号化为野人。甚而，与野人接触之事物也会发生矮化。如天神赐给羌人和戈人天上的蜂子，羌人爱蜂子如宝贝，酿蜂蜜以为神物；戈人则不管不问，结果“蜂子到处乱飞，最后变成了野蜂和马蜂”（阿坝州羌族故事《蜂子》）。蜂子从神物到野物的降级，呼应了戈人从被天神照看的人降为低级的野人。故而“野”并非一种静态的属性，而是一种动态变迁过程——“野化”，这种变迁与“文化”逆向而行。在迁徙与流动中生成的藏彝走廊是多民族世代栖居的自然生境和生活世界。“野化”为故事讲述者群体确定自我身份及文化认同提供了符号编码/表征工具，“野人”符号承载的正是“符号使用者关于生活世界的一般知识”（丁尔苏，2012，p. 56）。

余　论

历史人类学家王明珂在一系列著作中对“华夏边缘”的形成过程的讨论，正是在中国西南的区域历史背景下以资源竞争与分配为枢纽来理解生态/文化边缘的扩张与变迁，以及边缘人群如何归属（王明珂，2006）。不同于中原人群“英雄祖先”的历史心性，羌族在汉、藏之间所生成的“兄弟故事”历史心性与维系的身份认同是在边缘人群之间及内部发生的互动关联（2008，2009）。而藏彝走廊多民族的野人故事则表明，此种边缘人群认同的生成与变迁不仅关涉人与人的关联，也关涉人与非人之间的边界、关联以及由此展开的想象、表述、记忆等诸多符号化、象征性的文化实践。边缘兼具文化与生态的双重属性，使得边缘人群对自我的认同与对他者的区分必然跨越人类的边界，开启生境重叠的多物种世界。

在当今的人类学“多物种民族志”视野下，人类与非人类在自然与文化的交互界面中不断相互赋形，塑造着彼此（利恩，2021）。人们熟知的所有种类都是在世界和知识创造之间的脆弱接合中发展出来的，它们即便看似流动不定而且引发困惑，却也同样真实（罗安清，2020，p. 283）。人类与非人类物种之间的种种充满仪式意味、象征意味的交织乃至交染提示我们，对“野人”符号的理解需要超越真实与想象的简单二分，在特定语境中探寻其符号化过程的动力、逻辑与地方历史意义。被中原人群视为边缘的走廊民族/族群围绕野人展开的符号化实践，显示出边缘人群的身份认同不仅重视人与人的区分，也因身处生态/文化的边缘而极为重视自身作为人与其他非人的区分问题。与似是而非的异类他者的复杂关联不能简单归于幻想、想象或原初心智，它反映的是人们在边缘之地长期迁徙流动过程中不断开拓和推移边缘，理解与利用自然资源，与多人群、多物种生境重叠、共生互动的多元路径。因此，关键的问题就并非去考证野人是否存在，而是要在区域生境历史中理解"野人"符号的多重面向，进而思考跨物种网络中哪些要素被纳入特定人群的历史经验范围得以感知、表述和记忆，由此在走廊区域丰饶生境与生存压力的悖论之下塑造一个极具包容性的生活世界。至此，符号人类学也表明了自身的问题意识：不仅考察"符号是什么"，更考察"人使用符号"这一特定符号事件的社会历史过程（刘慧雯，2004，p. 95）。

同样，"野"也并非某种静态的属性，而是一种动态多元的自然/文化结构及其变迁过程：首先，"野"指涉走廊区域横断山脉的山川、河谷、森林、草场等自然生态资源及人们对其不断的开拓和塑造；其次，"野"指涉走廊空间迁徙人群身处内部世界（家屋/村寨/社区）与外部世界之间的自然/文化界面交互推移过程；最后，在生境重叠的多人群、多物种互动过程中，"野"为特定人群的竞争/协作及自我/他者身份认同提供了符号编码与表征工具，从而在边缘的演进过程中塑造了那些更为边缘的社会空间和族/物种群。在走廊区域，流动性（mobility）和固定性（fixity）同时对生活在此的人们影响深远，游离于家屋/村寨/聚落并与之具有平行结构关系的野人世界，既可以是被想象的边缘之边，也可以是未被驯化的逃离空间，皆为区域历史持续注入了充满张力的活跃基因，也丰富了区域社会的立体构架和文化意义（黄杰，2021，84）。

引用文献：

丁尔苏（2012）. 符号与意义. 南京：南京大学出版社.

何学民，严品华，刘民壮（1990）. 几种"奇异动物"毛发的血型物质及角蛋白等电聚焦谱分析. 华东师范大学学报（自然科学版），4，92 -96.

胡鸿兴（1982）. 关于神农架"野人"证据的探讨. 武汉大学学报（理学版），4，121 -126.

胡良文（1991）. 李时珍分类思想研究. 辽宁大学学报（哲学社会科学版），6，30 -31.

黄杰（2021）. "江湖"：乡土中国的另一种想象. 学海，4，75 -84.

勒纳尔，J. B.（1985）. 野人与外星人——进化论者幻想中的两个形象（姜其煌，润之，译）. 第欧根尼，2，18 -33，128.

李锦（2017）. 家屋与嘉绒藏族. 北京：社会科学文献出版社.

利恩，M. E.（2021）. 成为三文鱼：水产养殖与鱼的驯化（张雯，译）. 上海：华东师范大学出版社.
刘慧雯（2004）. "符号事件"或"符号"?. 中华传播学刊，6，89－101.
刘民壮（1981）. 神农架"野人"考察新进展. 化石，3，9－10.
刘民壮（1984）. 近年来我国关于"野人"毛发的发现和鉴定. 自然杂志，12，42－44.
刘守华（2002）. 中国民间故事类型研究. 武汉：华中师范大学出版社，2002.
罗安清（Tsing，A. L.）（2020）. 末日松茸：资本主义废墟上的生活可能（张晓佳，译）. 上海：华东师范大学出版社.
马长寿（2006）. 氐与羌. 桂林：广西师范大学出版社.
潘吉星（1993）. 中外科学之交流. 香港：香港中文大学出版社.
彭兆荣（2016）. 家园遗产守则. 民族文学研究，4，9.
彭兆荣（1997）. 西南舅权论. 昆明：云南教育出版社.
普罗普，V. Y.（2006）. 故事形态学（贾放，译）. 北京：中华书局.
施爱东（2021）. 故事法则. 北京：生活・读书・新知三联书店.
石泰安，R. A.（2013）. 汉藏边境古部族（耿昇，译）. 北京：中国藏学出版社.
王德和（2010）. 尔苏藏族研究. 成都：四川大学出版社.
王晶波（1997）. 从地理博物杂记到志怪传奇——《异物志》的生成演变过程及其与古小说的关系. 西北师大学报（社会科学版），4，63－67.
王明珂（2006）. 华夏边缘：历史记忆与族群认同. 北京：社会科学文献出版社.
王明珂（2008）. 羌在汉藏之间. 北京：中华书局.
王明珂（2009）. 英雄祖先与弟兄民族. 北京：中华书局.
赵毅衡（2016）. 符号学：原理与推演（修订本）. 南京：南京大学出版社.
中国民间文学大系出版工程编纂出版工作委员会办公室（编）（2021）. 中国民间文学大系出版工程手册. 中国民间文艺家协会.

作者简介：

李菲，教育部人文社科重点基地四川大学中国俗文化研究所教授，研究方向为文学人类学、非物质文化遗产、西南少数民族文化。

Author:

Li Fei, professor, the Key Research Base of Humanities and Social Sciences of the Ministry of Education of China, Institute for Non-Orthodox Chinese Culture, Sichuan University. Her research fields are literary anthropology, intangible cultural heritage, and ethnic culture of southwest China.

Email: fz75420@126.com

指示性与符号人类学的新发展*

赵星植

摘　要： 相较于像似符和规约符，指示符最为特殊：它是唯一与语境相连接的符号，在锚定社会文化方面起着关键作用。符号人类学自20世纪70年代末起，逐渐将其研究重心从符号的规约性转向指示性，以重新审视社会生活中符号活动、语境及其历史之间的相互关系。该路径发展至今，已受到中西方学者的共同注意，并逐渐引领符号人类学的发展方向。为厘清这种独特的指示性转向，本文将梳理符号人类学中符号指示性的研究历史及其发展趋势，说明它为当今符号学与人类学的融合研究所可能带来的启示意义。

关键词： 符号人类学，指示性，语境，皮尔斯

Indexicality and Semiotic Anthropology

Zhao Xingzhi

Abstract: Index, compared with icon and symbol, is the only sign type that directly connects with context and plays an essential role in anchoring social culture. Since the late 1970s, semiotic anthropology has shifted its research focus from conventionality to indexicality to re-examine the mutual relations among semiosis, context, and historical changes in social life. This approach has attracted the attention of both Chinese and Western scholars and has gradually come to lead the

* 本文为国家社科基金项目“皮尔斯学术手稿中的关键概念整理与研究”（18CWW002）阶段性成果。

development of semiotic anthropology. This paper summarises the research history of indexicality in semiotic anthropology and its implications for the integration of semiotics and anthropology.

Keywords: semiotic anthropology, indexicality, context, C. S. Peirce

DOI: 10.13760/b.cnki.sam.202202006

一、符号人类学的新发展

人类学以人类文化为专门研究对象，而符号学则重点关注文化意义之解释，二者之间具有天然的接近性。在符号学兴起之前，早期人类学家的著述便已经体现出符号学思维的重要性。（叶舒宪，2005）例如，英国人类学家泰勒（Edward Tylor）《原始文化》对世界上形形色色的所谓“原始文化”的信仰观念以及“万物有灵论”的开创性探讨；弗雷泽（James Frazer）《金枝》和《旧约民俗》对远古巫术信念和仪式神话母题的跨文化比较与系统阐释；美国人类学之父摩尔根（Lewis Morgan）《古代社会》对印第安文化各氏族部落的图腾分析；等等。

符号人类学成为一个专门的领域，要追溯到20世纪50年代。作为一个交叉学科，它主要立足于人类学田野调查、民族志研究方法，研究人类文化的表意活动及其规律，它既对某个特定地区、民族或社群的社会文化生活进行深描，又通过符号学理论对这些田野数据进行思维上的提升和总结。

甚少有学者注意到的是，“符号人类学”这个术语在西文中有两种不同表述，即“symbolic anthropology”以及“semiotic anthropology”，它们代表着两种截然不同的学术传统（纳日碧力戈，2019）。前者主要是指20世纪50年代以来以列维-斯特劳斯（Claude Levi-Strauss）为代表的、基于索绪尔符号体系而开创的结构人类学（structural anthropology），以及后继者如格尔兹（Clifford Geertz）、特纳（Victor Turner）和道格拉斯（Mary Douglas）等所继续发展的象征人类学。相关学者集中关注文化社群中符号使用的规约性与象征性；通过对构成文化体系的象征的意义理解和阐释，探讨该文化所独有的、属于意识形态范畴的“社会情感”“社会心理”乃至“文化的深层语法结构”。后者则是20世纪70年代末在美国本土兴起的以皮尔斯符号学为基础的符号人类学研究新潮流。该学科最早由芝加哥大学人类学系教授辛格提出（Singer，1976），后主要经由雅各布森在哈佛的弟子、同在芝加哥大学任教的西尔弗斯坦（Michael Silverstein）的大力推动而发展壮大。符号人类者如帕门蒂尔（Richard Parmentier）、莫茨（Elizabeth Mertz）、芒恩（Nancy Munn）、基恩（Webb Kean）等都为此分支的发展起到了推动作用。该分支被学界视为符号人类学的“皮尔斯转向”（Parmentier，2016，pp. 10 - 15；Mertz，2007）：相关学者利用皮尔斯符号学对符号使用、解释语境以及符号媒介物质性的关注，使人类学摆脱由来已久的物质/心灵二元论。简言之，他们主张符号及其意义生成是社群和语境互动的产物，而非先在社会文化结构的体现——这也就走出了结构符号论的理论桎梏。

上述这种趋势所造成的最大影响是当今符号人类学的研究中心从符号规约性（convention）转向其指示性（indexicality）。“皮尔斯符号学提供了一种非二元的意义理论，由此超越并拓展了结构符号论仅对规约符号（特别是语言和文化象征）的狭隘关注，而后者则恰恰是解释或象征人类学的关注焦点。”（Sicoli & Wolgram，2018）他们的理论实践，主要是在皮尔斯符号学基础上，积极融合雅各布森、沃尔夫、萨丕尔、巴赫金等人的理论，着重探讨符号意义与社会语境之间的指示关系，语言与非语言符号的指示性问题成为相关研究的中心问题。（Parmentier，2016，pp. 3 - 23）

近年来，中国符号学与人类学者也逐渐开始关注符号的指示性问题。例如，纳日碧力戈的专著《民族三元观：基于皮尔士理论的比较研究》（2015）在皮尔斯符号学基础上，深入剖析和探讨了我国各民族的发展及其文化特性。他认为皮尔斯的三性原理与中国传统文化中的形、气、神三元相关联，并特别提出应当重视文化表意中的指示性因素，唯有如此才能达到三元相通和文化平等。赵毅衡（2017）则从哲学思辨的角度提出，相较于像似性，指示性是最基本的、最原初的意义关系，指示才是意义世界的基础性活动。彭佳的专著《中华民族共同体与民族符号学研究》（2021）则专章论述指示性之为中华民族共同体记忆的基础。

为了探究这种独特的指示性转向，本文将梳理符号人类学中符号指示性的研究历史及发展趋势，说明它为当今符号学与人类学的融合研究所可能带来的启示意义。

二、转向符号的指示性

符号人类学的研究对象是符号或者符号活动（semiosis），但这些符号活动的本质特性究竟为何却是值得商榷的问题。长久以来，以结构和象征人类学为代表的传统符号人类学范式主要关心符号的规约性或任意武断性。它通常对社会结构类别进行象征性陈述，从而分析仪式、神话、器物或其他社会行为的构成。这类研究与索绪尔的语言符号学分析非常类似，即忽略语言以及语言使用者的社会差异，从总体上去抽象并归纳语言的纯指称意义。

然而，象征或规约符并不能完全代表社会文化的全部特征，因为符号除了能表达规约意义，还可以具有像似性和指示性。同时，语言符号学式的系统结构分析无法说明符号使用的历史变化与社会性，而这恰恰是人类学所关心的核心议题。在这一背景下，新一代符号人类学者逐渐转而关注社会文化符号的指示性因素。当然，这并不意味着符号像似性成为唯一被忽略的领域。相反，他们认为像似和指示这两种符号理据性在以往的研究中均被忽略，对两者都应当给予关注。

相较于像似符和规约符，指示符最为特殊：它是唯一与语境相连接的符号，在锚定社会文化方面起着关键作用。根据皮尔斯的观点，指示符的作用是指出它所邻接的对象，“一旦失去了对象，指示符也就失去了使之成为符号的那种品格”（CP 2. 304）。指示符在我们日常生活中普遍存在，皮尔斯在手稿中多处举出许多指示符的例子：风向标、感叹词“哦”“喂”、几何图形上的附加字母、图例、专有名词、疾病症状、职业服装、日晷或钟、气压表、水平仪与铅锤、北极星、尺、经度、纬度、指示方向的手指，等等。（皮尔斯，2014，pp. 55 –58）最后皮尔斯总结说“所有自然符号与生理症状”都是指示符（CP 3. 361）。这意味着，指示符恐怕是最基础的符号类型，因为它不需要经过更高级的再现活动，而且直接指出在语境中与其相临近的对象。

皮尔斯根据自己创建的符号现象学原则，认为像似符、指示符、规约符分别对应第一性、第二性、第三性。所谓第一性，就是直接性和显现性，皮尔斯认为第一性就是我们对符号品质当下的、最初的、笼统的感觉，它不需要解释者将其经验化。第二性是实际性、经验性和事实性，它把第一性的感觉在实际的符号化过程中转化成感觉的经验。第三性则是普遍性、法则性和规律性，它是连接第一性和第二性的中介，即符号的解释范畴化和规约化。（皮尔斯，2014，pp. 9 –13）

按照皮尔斯的解释，像似符是第一性，这是因为符号与对象相似，是我们对任何符号品质所产生的直接感觉；他甚至认为我们的思维本身就是像似性的。指示符作为第二性，是因为指示符要表达意义，离不开对象的存在，因而指示符关涉的是实际经验以及具体的符号事件。换言之，我们只有在具体的语境中才能实际感受到指示符正在指示它的对象，而像似符和规约符则不需要对象在场便能表意。至于规约符作为第三性，是因为它的意义由社群所约定的解释规则决定，因而它不在乎解释者的直接经验，也不在乎它与对象的直接连接。

皮尔斯所谓的第一性，本质上是思维的直接性，即符号无需在思维中进行再媒介化。但是，究竟是指示性还是像似性更能说明思维的直接性，则是个值得讨论的议题。赵毅衡曾从与动物的对比、与幼儿的意义行为的对照以及指示词的作用方式三个方面，说明指示性可能是符号的原初理据性（2017）。他提出指示性不是第二性，而是第一性，因而是最基本、最原初的意义关系，可以不卷入经验就产生意指关系。应当说，从经验的角度出发，赵毅衡教授的这一论点是非常有价值的。指示符不需要解释再现对象或对其进行再媒介化，也就无需使符号使用者卷入更多的再现活动或表意行为，因而是最能直接反映符号使用状况的一类符号活动过程。

本文认为，当前以指示性为中心的符号人类学新范式虽未直接卷入指示性是否为第一性的讨论，但相关研究已清楚阐明：从语言符号到非语言符号活动，指示符对人类文化秩序的建构起到了奠基性的作用。新一代符号人类学者甚至认为，既然符号人类学的根本任务是探求影响社会文化的具体符号表意机制，那么指示性就应该是其基本出发点，因为唯有指示符与具体的文化语境实在地关联在一起。因此，笔者将在下文说明，中外学者如何通过扎实的田野调查和案例探究证明指示性对社群文化建构的重要作用。

三、移指词与语言符号的普遍指示性

符号人类学转向以指示性为中心，是从社会文化中的语言问题开始的。指示语是最常见的指示符，例如“我”“这个”“这里”“现在”等。这类词语最大的特征是其指称对象随着说话人所处语境——例如时空位置等——的变化而变化。指示语又被称为移指词（shifter），非常形象地说明了此类语言符号的具体特征。以人称代词“我”为例：在一段对话中，说话人说“我”，听话人要理解“我”这个词的含义就必须借助它约定俗成的符码意义，即“我”指代说话人自己；与此同时，他若要真正理解此段对话中的“我”的含义，就必须结合具体语境，将“我”的指称意义转换成“你”即说话人。因此，指示语的最终意义并不由其约定俗成的意义决定，而是由其指示的对象和语言决定。

语言哲学界对移指词的研究成果颇多。最早关注移指词的是叶斯帕森（Otto Jespersen），他认为语言文化中的这种偏离指称现象是广泛的。“儿童听到的‘I’，有时指父亲，有时指母亲，有时指叔叔，‘I’的指称随说话人的转变而移动。”（Jespersen，1922，p. 123）哲学家罗素认为指示语的本质是“自我中心词”（egocentric particulars），意思是说语言使用者与语境的相互关系决定着指示语的指称意义。若具体语境中出现位置关系、时间关系以及人物关系等的变化，指示语的含义也随之发生改变。

符号学对移指词的关注始于雅各布森。他将其命名为“双重符号”（duplex sign）（Jakobson，1957，pp. 119 - 121），意思是这类符号的指称意义可以同时在符码（code）和信息（message）之间来回运转。他借助皮尔斯符号学进一步指出：移指词就是“规约性指示符”（symbolic index），它一方面指称符号的规约性意义（符码义），另一方面指称其指示义（语境义），但最终对该符号表意起到决定作用的是语境，因此“如果不指涉已知信息，则移指符的一般意义无法确定”（p. 121）。

雅各布森之后，其学生西尔弗斯坦以移指词为突破口，推动人类符号学转向关注符号指示性（Silverstein，1976，pp. 11 - 15）。西尔弗斯坦指出，移指词在人类文化中并非特例，它们在不同的语言社群中大量存在，例如时态、语态和指示语等。并且，移指词只是规约性和指示性的混合，其他更多纯指示性的语言符号活动同样具有这种锚定社会文化语境的作用。西尔弗斯坦指出，20 世纪以来，人类学研究中的诸多经典案例已经说明了符号指示性的重要作用，只是当时学界并未意识到可以从符号学角度对现象进行系统梳理。

例如，人类学家萨丕尔（Sapir，1923）对雅拿语（Yana）的经典研究便发现某些语言的性别指示可成为指示性的语言系统类型，它在指示和建构社会性别关系方面具有显著意义。在雅拿语中，男性之间的对话会采用一种语言表达形式，而男性与女性对话则会采取其他形式。这两种对话体系中那些对等的词汇具有完全相同的语义指称作用，特定的听话人和说话人只会从语用上而非语义上去判断该采用哪种对话体系。显然，是性别指示和社会语境共同决定了语言的具体含义。

在美国东南部的科萨提语（Koasati）中，女性所说的每一个动词都添加一个后缀“-s”。他人转述时会保留这些后缀，由此，被转述人的性别就被指示性地保留下来。在这个例子中，后缀“-s”并不提供任何语义信息，但它的存在与否却能指出说话人社会性别范畴的信息。（Haas，1944）

这种语言符号的指示性不仅存在于性别指示之中，还同样存在于语用原则之中。人类学学者迪克逊（Robert M. Dixon）发现，昆士兰北部凯恩斯雨林中的迪尔巴尔语（Dyirbal）在语用行为中的礼貌原则方面具有强烈的指示性。这种语言非常特别，它同时具有两组不同的词汇：一组是日常词汇，另一组则是所谓的“岳母”（mother-in-law）词汇，后者只能由该语言社区的人在其岳母或类似姻亲面前使用。（Dixon，1972）岳母词汇与日常用语完全不同，它指的是说话者与某些听者之间的特定亲缘关系。因此，词汇转换在言语情境中充当了亲缘禁忌的指示符，保持并创造了社会距离。也有人类学学者在中国少数民族社区中发现了语言符号与文化的指示关系。例如李文窈在云南省宁蒗彝族自治县永宁乡进行田野调查，发现在该地普米族人使用的语言中，存在“ɻu^{35}”这一重要概念，意思是“骨头”“根根”或“骨根”，主要指示人的身体、认识与其物理世界之间的紧密联结。（李文窈，2015）

上述例子表明，指示性现象不仅存在于移指词中，还存在于其他更普遍的语言符号现象之中。指示符因其与空间、时间和社群的直接关系，让符号使用者能在指示性的表意过程中锚定其与所处世界的关系，甚至由此建构社会交往的秩序和规则。同时，移指词以及其他纯指示符的意义并不由语法或语义规则决定，而是由社会文化语境决定，那么对于这些指示符的研究就不应当局限在语义层面，而应当拓展到语用层面。反过来说，既然只有指示符能与文化社群直接相连，那么我们只有抓住指示符的语境指示意义，才能真正探究语言符号与社会文化之间的本质关联。从符号人类学的范式转向角度来看，对移指词及其语言指示性的研究带来的启发意义如下：

第一，从符号表意功能来看，符号不仅具有指称功能，还具有非指称功能。所谓指称主要是指语义指称，即一个符号所对应的外延和内涵。就语言符号而言，这种指称性因为文化规约的因素而变得相对固定。但这并不意味着该符号的意义就被固定下来，因为这样我们就无法说明符号交流的多义性和多功能性。例如，在以移指词为代表的指示性符号表意中，确定该词含义的不是语义而是语境因素，即它所实际指示的对象。

推而论之，语言符号的普遍指示性昭示的是奥斯汀（J. L. Austin）和赛尔（John Searle）等人提出的言语行为理论：语言符号不仅能够表意，还能够“行事”（performance）。因此，语言或者更广义的符号交流是一种行动（act）。究其根本，这是因为符号具有广义且普遍的指示功能，即它能指示符号使用者产生实在的社会文化效果，进而实现社会交际的目的。这正如“今天有点冷”这句话的最终目的可能并不是陈述天气状态这一事实（即语义含义），而是在指示具体语境，提示听话者是否能帮忙关下窗户（即语用功能）。

在言语行为中，这种符号指示功能普遍存在。例如，我们经常通过语言为人际互动设置社会界限，而不是用物理隔离的方式把某些说话人排除在外。我们可以选择说话的语言，从而让在场的某些人无法理解；我们可以使用一种所有人都能理解的语言，但是需要加入代词标记，以明确我们期望的参与界限；我们可以使用只有一些人能理解的短语；我们可以在不识字的人面前用某种书面语言拼/写出文字。因此，指示性符号同样实现各种各样的社会功能。符号交际可以遮掩隐私，显示参与者的社会地位，命令某人做某事。这些都是语言符号学所具有的普遍指示功能产生的具体社会交际效果。

第二，既然人类文化中的符号指示因素普遍存在，那么值得进一步反思的就是符号人类学的现有方法论是否依然有效。西尔弗斯坦（Silverstein，2014）指出，我们应当承认符号除了能表达指称性含义，还可表达非指称性的语用意义，而后者则主要是符号指示性的实现。语言符号构成话语，并在对话中承担着诸种社会建构功能。在传统语法分析中，我们分析这些符号如何指称命题。然而，当我们考虑语言符号更广泛的实际应用时，便会发现需要研究的并不只是这类语言的语义意义，而是包含语用意义在内的全部意义。

基于上述原因，有必要从话语事件中目的性话语的事实出发，把语言的几种功能分离开来。语言符号根据自己的本质特性可以有几种不同的意义。某些语言符号具有语义意义，目的在于指称；其他语言符号具有语用功能，目的在于实现其交际功能；等等。而新的符号人类学范式便是以探究符号指示性表意为基础的语用研究。西尔弗斯坦继续指出，言语行为理论在本质上依然是最传统的语义指称分析，它只不过是附带说明了这些语义－指称类别是如何用来行事的。这种方法完全忽略了一个观点，即非语义性的符号指示活动与语义性的符号规约表意同样具有目的性，并且前者比后者在文化中更为普遍。（Silverstein，2014）

四、文化的普遍指示性：重构文化与社会语境之关系

在指示性概念影响下，越来越多的民族志分析把社会文化中的意义范畴标记为指示性。同时，符号人类学者逐渐赞同，应当把符号视为一种混合物，即它在现实语境中是像似、规约和指示的三性混合，或者至少两种特性的混合（Mertz，2007）。这意味着符号意义的一部分必然与语境直接发生关系，它作为一种单独的表意模式，在分析上独立于那些基于社会规约的且去语境化的语义内涵或象征意义。社会生活主要是人与人的互动，以及对物质之意义的对象化过程，这些都离不开符号的指示性作用。于是我们可以看到，在

最近的二三十年中，人类学及其相邻学科都存在上述指示性转向，总体可以分为三个方面。

（一）符号指示性与社会语境

调查与访谈是人类学颇具特色的研究方法，而指示性转向使其更加关注“真实谈话”（Greenhouse et al，2002；Wortham & Reyes，2015）以及真实社会语境对人的自我认知、社区认知以及文化认知所带来的直接影响。在他们看来，谈话活动中的符号话语是直接指出社会语境的指示符，是揭示社会文化生活特征的关键切入口。于是，现有人类学越来越重视整合语言社会学、会话分析以及民族方法学有关语言符号之语境构造（contextual structuring）的理论成果，突出语境指示性在民族志分析中的重要地位。例如，在对政治、法律、霸权结构以及身份政治的人类学研究中，语言社会化的研究方法就融入其中。这种方法仔细检查符号与语境指示之互生关系，同时也仔细反思地方、国家和其他语境在相关活动中的重要影响（Agha，2006；Briggs & Mantini-Briggs，2000）。

具体来说，在语境指示性研究方面，符号人类学试图跟踪研究那些在社会互动中起着关键作用的、多层次的复杂语境因素。例如，学者们借助社会学者戈夫曼（Goffman）提出的“话头”（footing）这一概念（Agha，2005），来探究说话人在社会权威层面上的位置变化。讲话者只是话语的执行者，但真正的说话人很有可能是其他人，例如，某人朗读了别人写的演讲稿。甚至，这一所谓真正的说话人也可能不是权威的或最主要的话语来源，例如，某机构的董事会聘请了一名演讲稿撰写人来撰写演讲稿，并聘请了一名发言人来发表演讲。因此，“话头”作为指示符，指示话语双方在真实的对话语境中的权力关系和位置的改变等。符号人类学者认为，通过话头可以详细探究指示符在具体机构组织如学校（Wolfgram，2014）和法庭（Hirsch，2006）等以及更宏大的社会语境中（Agha，2006）所发挥的现实锚定作用。

（二）符号指示性与物质文化

物质文化分析是人类学的最主要领域之一。在皮尔斯符号学特别是指示性转向的影响下，此类研究在研究范式和研究方法方面取得许多新突破。这一路径的起源是美国人类学者南希·穆恩（Nancy Munn）在皮尔斯第一性概念影响下开创的质符分析（qualisign）。她用该概念去分析美拉尼西亚（Melanesia）群岛上物的生产、消费与交换体系中的价值（value）问题。她的核心议题是，文化意义上的品质（quality），如“轻快”（buoyancy）或“轻盈”（lightness），可以通过不同物质或感觉对象来体验，例如，潮湿和广阔的大海、鱼的游动、鸟的摇摆，或轻快的舞蹈，等等。（Munn，1992）因此，“轻盈”这一质符可以通过独木舟、小菜园、装饰物、身体等物质得以实例化。穆恩对品质的分析，正如皮尔斯所述，是“纯粹抽象的潜能”（CP 1.422），不依赖于精神，不依赖于某种物质实体，也不依赖于感觉。品质属于第一性范畴，“不指向任何事物，也不存在于任何事物背后”（CP 1.356－357）。

但品质或质符只是一种可能性，它必须要具体地体现在某种事物之中。一旦被具体化了，它们实际上还常常和其他品质偶然地关联在一起，比如苹果的“红色”常常与“球形”“重量轻”等品质联系在一起。这实际上指明了物质性的一个显著且重要的作用：除非“红色”被具体化，且在此过程中又不可避免地与其他品质“绑定”在一起，否则它不可能显现出来。而这种具体化过程就成为生活中的那些偶然且实在的因素，这便落入了指示性的范畴。“绑定”是品质可能性的一个存在条件，卡皮托夫（Kopytoff，1986）与阿帕杜莱（Appadurai，1986）将其称为物质的“传记”（biography）。这是因为那些被绑定在任何物质中的质符，都将会在语境中移入它们的相关价值、效用以及关系，这是物质文化研究转向符号指示因素的前提。

因此，“指示性”这一概念就起到了极为关键的作用。正如学者韦伯·基恩（Webb Keane）指出，许多对社会语境进行物质性分析的重要研究，都在某种程度上采用了“指示性”这一概念（Keane，2003）。然而，要使“指示性”在分析中有用，我们就必须面向可能的未来以及既有的过去来理解这一概念。因此，基恩指出符号人类学对物质的指示性研究应当拓展西尔弗斯坦的指示性讨论，后者认为符号指示性在两个维度上起着重要作用：第一是“预设”（presupposing），即解释者在指示符被实例化之前，就预先知道该类符号的语境锚定因素；第二是“创造”（creative），即生成或包含存在于现实之中的符号，或者它至少可以使解释者在认识层面凸显语境这一关键要素。不重视这两点，我们便会对指示符进行误读，认为某些物品或事物似乎天然地具有某种品质或具有某种自然立场。人类学者则是要在社会语境中，寻找出某种特殊品质和语境之间的指示性建构关系。

沿着上述路径，关于物质之符号品质的指示性研究正在成为符号人类学的一条独特研究路径。最具代表性的是哈佛大学人类学教授哈克尼斯（Nicholas Harkness）引领的“感觉质”（qualia）系列研究。他指出，穆恩的研究以皮尔斯的第一性概念品质为基础，但需要追问的是，我们如何才能从经验到的具体事物去分析这种抽象的可能性。(2015) 他认为我们对品质的经验是由皮尔斯所谓的“感觉质”构成的，因此感觉质是品质的实例化，它与我们的思想、所经验的物质以及我们的感官相连。因此，品质属于第一性范畴，但感觉质则是“第一性的事实”(Peirce, 1998, p. 272)，属于第二性范畴。感觉质可以通过两种方式体现：一是像似，即某物可以直接展示某种品质；二是指示，即某物可以展示它与某个品质相关联 (Harkness, 2013)。

基于上述框架，哈克尼斯调查了“柔和”(soft) 这一品质在韩国烧酒文化中的体现 (Harkness, 2013)。他指出，在韩国，“柔和”最能体现在“喝烧酒”这一社会仪式所蕴含的感觉质中。“柔和”作为品质是第一性，而“喝烧酒”这一仪式可以作“柔和”的感觉质；感觉质作为第二性范畴，能具体说明韩国社会文化语境如何指示“柔和”这一品质。他把田野调查和广告文本研究相结合，具体分析不同感官形式的烧酒消费，比如味觉、听觉、行为以及醉酒状态等，通过何种具体文化符号的渲染途径，去经验“柔和”这一抽象品质。他提出“品质及物性”(qualia transitivity) 这一概念，说明这种以指示性为基础的、同一符号品质之不同实例间的跨模态感知模式。在这一指示性理论框架下，哈克尼斯得出结论：烧酒的感觉质及其消费模式的剧烈变迁所体现的是韩国现代社会对酒和性别关系的重新概念化。

因此，指示性转向下的符号学人类学，在物质文化研究方面，以“感觉质”作为中心理论概念。感觉质作为一种指示符，在人类文化活动中以感官品质的形式得到体现。所以，人类学学者可以在田野中通过人们对“行为的感觉”(feeling of doing) 的描述，获得感觉质的符用效果。他们主要围绕社会文化中的语言实践、社会交际实践、物质的建构以及身体经验等，来分析文化品质在社群活动中的指示关系及其符号化过程。

(三) 符号指示、文化认同与意识形态

指示性转向给符号人类学研究带来的第三个重要影响，是它为文化认同与意识形态建构等问题提供了新的理论视角。西尔弗斯坦 (Silverstein, 2003, 2014) 指出，我们的元语言活动存在着明显的“指示秩序”(indexical order)，即一级指示性、二级指示性，直到 N 级指示性。并且，如前文所述，指示性具有预设和创造两个功能。因此，元语言活动中任何级别的符号指示性都会预设与该符号关联的语境具有某种特定的图示类型。这种特定的语境图示类型作为一种“得体”(appropriateness) 的规范，指导我们根据语境对

不同指示秩序的元语言活动进行建模（model）。这种语境图示的存在意味着意识形态的干预功能存在于不同的指示秩序之中，换言之，文化和族群意识、元语言因素等以符用得体性的方式，参与到符号与语境的指示关系建构中，进而影响符号价值的实现关系。

这种微观的指示关系分析表明，表意双方在符号交往活动中为达成理解并使自己的符号活动得体，在元语用（meta-pragmatic）层面时刻都在进行复杂的校准，它使我们对符号的理解时刻与社会环境联系在一起。同时，我们有不同程度的指示性意识，这意味着我们可以把正在进行互动的语境、社群文化和意识形态融入互动文本中，这使我们在元语言层面把符号活动变得合理化。符号人类学对意识形态的研究便是沿着这一路径推进的，即它把元语言结构和符号意识形态之关系视为符号结构与社会语境互动的关键点。对于这一关键点的分析，可以探究语言与符号交流如何在持续的社会实践中发挥作用，意识形态又是通过何种方式被编织到符号使用双方的元语言结构之中（Mertz，2007）。

在上述理论路径影响下，符号人类学者开始关注某些具体的文化观念经由何种指示性符号过程成为社会的主导话语。在民族文化认同方面，中国学者彭佳等人的研究，便很好地说明了符号指示性如何成为民族与文化认同的根本机制。研究指出，指示性作为符号认知的基本框架，能使符号与记忆、记忆与认同产生联结，因此，指示性不仅是民族记忆的基础，更是形成民族认同的作用机制。研究者在指示性理论框架下重新审视“龙”作为中华民族之共同记忆的符号再现，认为龙“不仅是各族群共有的与世界之关系的缘起锚定，也是跨民族的时间节气之命名与仪式的重要符号，可由此反思中华民族共同体视域中的符号建构应当如何达成”（彭佳，何超彦，2021）。

在元语言和意识形态建构方面，相关学者借助皮尔斯的“呈符”（rhema）概念，说明某些社会交际符号中能指示社会差异的某些标志性品质被合理化为特定社群的行为特征，如行为、情感、道德等（Irving，2004）。皮尔斯说，呈符型符号表意的目的在于把解释者的注意力全部集中到符号本身（CP 4. 38）。换言之，这就是把所有符号活动背后的语境以及意识形态等因素全部压缩到符号自身，让符号成为这些社会因素的合理化再现，这一过程被称为“呈符化”（thematization）现象。这种现象的本质，是符号指示意义在特定社会语境中的自然化过程；符号使用者按照特定的方式对该符号以及符号活动进行固定解读，进而实现意识形态建构的功能。例如，学者邦尼对文科教育的商品化现象所进行的深刻剖析指出，文科教育往往把“好学生”作为高度指示性的符号指称着高等教育的价值，这种符号通过视觉和叙事等手段呈符化为可以交流的“商品”，并由此把教育与学生家庭的未来绑定起来（Bonnie，2014）。

另一个典型例子是日本学者井上对日本女性的符号话语的人类学调查。他指出，在19世纪晚期，日本知识分子和教育工作者认为代表精英阶层的女大学生在讲话中的某些语言形式是堕落和粗俗的，例如她们说话常常缺少敬语，省略动词结尾的语音等。这些知识分子的评论从元语用层面把女大学生与所谓“堕落的西方人”联系起来，进而对女大学生的语言进行合理化解释。因此，这些评论便把指示符（即语言特征）与指示对象（即女大学生）的指示性关系呈符化为像似性关系，从而让解释者认为语言形式和话说者都是堕落和粗俗的。（Inoue，2004）这意味着，解释者可以在元语言层面对符号表意的指示关系进行再解释，将指示关系固定为无需依靠语境的像似性关系，而这便是意识形态在符号活动中的操作化体现。

综上，文化是一个社会中所有与社会生活相关的符号活动的总集合（赵毅衡，2016），但这些符号的性质常常是由像似、指示与规约混杂而成的。传统符号人类学主要关注符号规约性，忽略了符号指示性在社会文化中所具有的重要建构作用。当今符号人类学研究转向以符号指示性为中心，既是符号学理论与人类学研究进一步融合的最新趋势，更是对现有研究范式的一种纠偏。

引用文献：

李文窈（2015）．亲属、族群性与地景：从中国云南普米族人的“根骨（ɻu^{35}）”谈起．考古人类学．82，91－156．

纳日碧力戈（2015）．民族三元观：基于皮尔士理论的比较研究．北京：民族出版社．

纳日碧力戈（2019）．符号人类学的两种阐释．大连民族大学学报，7，289－297．

彭佳（2021）．中华民族共同体与民族符号学研究．成都：四川大学出版社．

彭佳，何超彦（2021）．指示性与民族记忆：中华民族共同体视域中的符号建构．民族学刊，1，26－34．

皮尔斯（2014）．皮尔斯：论符号（赵星植，译）．成都：四川大学出版社．

叶舒宪（2005）．从符号人类学到“符号经济”——文化资本博弈时代的文学增值术．江西社会科学，12，14－21．

赵毅衡（2016）．文化：社会表意活动的总集合．社会科学战线，8，147－154．

赵毅衡（2017）．指示性是符号的第一性．上海大学学报（社会科学版），34，6，104－113．

Agha，A.（2005）．Voice，Footing，Enregisterment．*Journal of Linguistic Anthropology*，15，8－59．

Agha, A. (2006). *Language and Social Relations*. Cambridge: Cambridge University Press.

Appadurai, A. (Ed.) (1986). *The Social Life of Things: Commodities in Cultural Perspective*. Cambridge: Cambridge University Press.

Bonnie, U. (2014). The Semiotic Production of the Good Student: A Peircean Look at the Commodification of Liberal Arts Education. *Signs and Society*, 2, 1, 56 - 83.

Briggs, C. & Mantini-Briggs, C. (2000). "Bad Mothers" and the Threat to Civil Society: Race, Cultural Reasoning, and the Institutionalization of Social Inequality in a Venezuelan Infanticide trial. *Law & Social Inquiry*, 25, 299 - 354.

Dixon, R. (1972). *The Dyirbal Language of North Queensland*. Cambridge: Cambridge University Press.

Greenhouse, C. et al. (Eds.) (2002). *Ethnography in Unstable Places: Everyday Lives in Contexts of Dramatic Political Change*. Durham: Duke University Press.

Harkness, N. (2013). Softer Soju in South Korea. *Anthropological Theory*, 13, 1/2, 12 - 30.

Harkness, N. (2015). The Pragmatics of Qualia in Practice. *Annual Review of Anthropology*, 44, 573 - 89.

Hass, M. (1944). Men's and women's speech in Koasati. *Language*, 20, 3, 142 - 149.

Hirsch, S. (2006). *In the Moment of Greatest Calamity: Terrorism, Grief, and a Victim's Quest for Justice*. New Jersey: Princeton University Press.

Irvine, J. Say When: Temporalities in Language Ideology. *Journal of Linguistic Anthropology*, 14, 1, 99 - 109.

Inoue, M. (2004). What does Language Remember? Indexical Inversion and the Naturalized History of Japanese Women. *Journal of Linguistic Anthropology*, 14, 1, 39 - 56.

Jakobson, R. (1957). *Shifters, Verbal Categories, and the Russian Verb*. Cambridge: Harvard University Press.

Jepersen, O. (1922). *Language, Its Nature, Development and Origin*. London: George Allen and Unwin.

Keane, W. (2003). Semiotics and the Social Analysis of Material Things. *Language & Communication*, 23, 3/4, 409 - 425.

Kopytoff, I. (1986). The Calture Biography of Things: Commditization as Process. In A. Appadurai (Ed.), *The Social Life of Things: Commodities in Cultural Perspective*, 64 - 89. Cambridge: Cambridge University Press.

Munn, N. (1992). *The Fame of Gawa: A Symbolic Study of Value Transformation in a Massim (Papua New Guinea) Society*. Durham: Duke University Press.

Parmentier, R. (2016). *Signs and Society: Further Studies in Semiotic Anthropology*. Bloomington: Indiana University Press.

Peirce, C. S. (1931 - 1958). *Collected Papers of Charles Sanders Peirce* (P. Weiss & A. W.

Burks. Eds.). Cambridge: Harvard University Press.

Peirce, C. S. (1998). *The Essential Peirce, Volume II: Selected Philosophical Writings*. Bloomington: Indiana University Press.

Sapir, E. (1923). *Text Analyses of Three Yana Dialects*. Berkeley: University of California Press.

Sicoli, M. & Wolgram, M. (2018). Charles Sanders Peirce and Anthropological Theory. *Oxford Biographies in Anthropology*. DOI: 10.1093/obo/9780199766567-0187.

Silverstein, M. (1976). Shifters, Linguistic Categories, and Cultural Description. In H. A. Selby & K. H. Basso (Eds.), *Meaning in Anthropology*, 11-55. Albuquerque: University of New Mexico Press.

Silverstein, M. (2003). Indexical Order and the Dialectics of Sociolinguistic Life. *Language & Communication*, 23, 3/4, 193-229.

Silverstein, M. (2014). Denotation and the Pragmatics of Language. In N. J. Enfield, Paul Kockelman & Jack Sidnel (Eds.), *The Cambridge Handbook of Linguistic Anthropology*, 128-157. Cambridge: Cambridge University Press.

Singer, M. (1978). For a Semiotic Anthropology. In Thomas A. Sebeok (Ed.), *Sight, Sound, and Sense*, 202-203. Bloomington: Indiana University Press.

Wolgram, M. (2014). Gesture and the Communication of Mathematical Ontologies in Classrooms. *Journal of Linguistic Anthropology*, 24, 216-237.

Wortham, S. & Reyes, A. (2015). Discourse Analysis beyond the Speech Event. *Revista Espanola de Linguistica Aplicada*, 29 (1), 338-343.

作者简介：

赵星植，博士，四川大学外国语学院副教授，四川大学符号学-传媒学研究所成员，主要研究方向为皮尔斯符号学、传播符号学和符号人类学。

Author:

Zhao Xingzhi, Ph. D., associate professor at College of Foreign Languages and Cultures, Sichuan University, member of ISMS research team. His recent research fields mainly cover Peircean semiotics, semiotics of communication and semiotic anthropology.

Email: xingzhi.zhao@scu.edu.cn

论符号人类学中的感觉质研究*

薛　晨

摘　要： 梳理对感觉质的哲学探讨，可以发现，哲学界对于感觉质尚未达成较为统一的看法。作为现代哲学中最早提出感觉质概念的哲学家皮尔斯及其创建的以现象学为核心的符号学理论，可以为感觉质探讨提供一套新思路，一套新的意义学框架。感觉质作为第一性的事实，是作为第一性的对象品质的实例化，它从指示性和像似性两个方面指代符号品质。在指示性转向中的符号人类学家通过对感觉质理论的改造，为其广泛意义上的感官和感觉的文化研究提供了理论工具，不仅梳理出皮尔斯符号学中的感觉质理论，而且从根本上拓宽了符号人类学的研究范畴，并推进了研究范式的创新。

关键词： 符号人类学，感觉质，感官，皮尔斯

On "Qualia" in Semiotic Anthropology

Xue Chen

Abstract: The philosophical community has failed to reach a unified view on qualia. As the first modern philosopher to propose the concept of sense quality in philosophy, Peirce with his creation of a semiotic theory centred on phenomenology provides a new set of ideas and a new framework of meaning. Qualia as the fact of firstness is an instantiation of object quality and refers to object quality in terms of both indexicality and iconicity. By extending the theory of qualia,

* 本文为国家社科基金青年项目“维尔比意义理论文献整理与研究”（19CWW002）阶段性成果。

semiotic anthropologists provide theoretical tools for broad cultural research on sensuous and sensory studies, by not only ordering the theory of qualia in Peirce's semiotics but also fundamentally broadening the scope of semiotic anthropological research and promoting an innovative research paradigm.

Keywords: semiotic anthropology, qualia, sensuous, C. S. Peirce

DOI: 10. 13760/b. cnki. sam. 202202007

纵观社会文化人类学发展，对感官问题和感觉问题的阐释与研究一直都是其理论探讨的题中之意。身体感官的各种感受，不仅蕴藏在日常生活中的每时每刻、每个细节，还蕴藏在人类获义的初始环节，更是人类对社会、文化现象认知的第一步。感官和感觉是人类建构物质文化、社会关系、意义世界的重要材料，因此对于人类学，特别是符号人类学来说，研究感官和感觉具有根本性意义。事实上，感官研究和感觉研究早已是社会文化人类学的重要学术传统。人类学家分别从不同的学术路径，诸如感官人类学、身体人类学等，聚焦于从人类的基础感官，如嗅觉、视觉、味觉、触觉与听觉认知开始，到如好胜感、无助、孤独感、距离感等复杂感觉，进而考察人与环境、物质文化、文化社群之间的关系，并进而思考人类制度的阶序、资源分布与权力等问题。

在此背景下，符号人类学对感官和感觉问题的研究转向以“感觉质”这个术语为核心，以皮尔斯符号学为理论指导。符号人类学界第一次正式提出“感觉质”讨论是在穆恩的开创性著作《加瓦的名声：马西姆社会价值转变的象征性研究》（*The Fame of Gawa: A Symbolic Study of Value Transformation in a Massim Society*, 1986）中，她以人种学的方式描述了柔软、轻盈、清晰、疼痛、臭味等感觉质是如何在话语、历史与政治语境下传递其社会文化价值和政治权利意义的。自此 20 年左右的时间里，感觉质的研究作为一条隐线贯穿在符号人类学家的研究脉络中。2010 年以纪念穆恩和她的著作为名，芝加哥大学人类学系举办了一场以感觉质为主题的学术会议，而后 2013 年《人类学理论》（*Anthropological Theories*）期刊推出第一个以“感觉质”为题的专辑，由此开启了以穆恩、盖尔（S. Gal）、查姆利（L. Chumley）、哈克尼斯（N. Harkness）、那卡西斯（Nakassis）为代表的符号人类学家投身感觉质研究的思潮。从对感觉质的理论梳理和延展，到对具体感官和感觉研究的广泛应用，该思潮着力探索感觉质在社会群体的感官研究、物质文化和非物质文化、具身问题、情感问题等符号人类学领域的实践可能性和可行性。

一、“感觉质”概念溯源

“感觉质”（qualia，单数 quale）[①] 一词来自拉丁语，意为“何种分类”。“感受质问题是当代西方心灵哲学中的核心问题之一，如何解释感受质关系到人类知识大厦的基础问题。”（江怡，2009，p. 86）感觉质涉及事物所具有的某种品质，当代心灵哲学认为我们在感受到音乐是愉悦的、火焰是红色的、针扎是疼痛的等状态下所经验到的事物的特殊品质，就是感觉质。据查，“qualia”最早在英文文献中出现是乔怀特（Benjamin Jowett）于 1875 年所译柏拉图《美诺篇》将美德的“本质”（quid）翻译为“quale”，意在表达“是这种的，或具有这种性质的”（刘玲，2013）。这里，感觉质（quale）就被乔怀特用来描述一个事物所具有的性质。感觉质可以被看作构成经验的现象特征的组成部分，当我们经验到某种事物或现象时，就会意识到某些特定的性质，这些特定性质一起构成体验中的事物或现象特征。以味觉中的酸、甜、苦、辣为例，它们是对食物最显著性质特征的描述，也是人们体验中这些食物最具有代表性的特征，如蜂蜜与甜、柠檬与酸、盐与咸，等等。

现代哲学普遍认为“感觉质”一词主要是由刘易斯（C. I. Lewis）引入的，他开启了后来哲学家们讨论这个问题的先河。他在《心灵与世界秩序》中谈道：“在对一个对象的经验中，其被给与的要素（given element）就是一个呈现（a presentation），这样一个呈现又是一个历史地唯一的事件。……在任何呈现中，这个内容或者是一个特别的感觉质（quale）（如直接被感知的红或声音），或者是可以被分析为这样组成物的东西。呈现作为一个事件，当然是唯一的，但是组成它的感觉质（qualia）却不是。它们可以从一个到另一个的经验中被识别出来。”（Lewis，1929，p. 60）感觉质就是组成感官经验的一个基础要素，这个基础要素是有共性的，是可重复出现的，且感觉质是不可言说的，是由一些“看上去是”这样的说法来暗示的。

感觉质引入心灵哲学后便在其内部得到了广泛的探讨，至今仍是一个持续争论的话题。与刘易斯将感觉质与感官联系起来不同，费格尔进一步将直接经验与感觉质联系起来，并提出这种直接经验在具有主观性和私人性的同时，也可以通过亲知（acquaintance），即经历过、享受过或曾遭受过直接经

① 本文将“qualia（quale）”翻译为“感觉质”，意在与符号哲学术语体系保持一致性。江怡等学者曾将其翻译为“感受质”。

验本身得到了解。（Feigl，1958［1967］，pp. 25－47）感觉质还被理解为一种心灵的随附现象，这种随附性对物理世界并不产生影响。20 世纪 70 年代起，功能主义成为心灵理论的主流后，感觉质的讨论热潮到来，各种定义也不断涌现，如内格尔描述感觉质为“拥有一种经验像是什么样子”（what is like to be），布洛克认为感觉质包含了我们看、听、嗅的方式，可以被称为“原始感觉”（raw feelings）、“主观性质”（subjective property）等。

除此之外，当代哲学家中讨论感觉质的还有查尔莫斯（D. Charlmers）、克里普克（S. Kripke），他们站在属性二元论角度，认为感觉质本质上是非物质的，需要靠主观体验把握。丹尼特（Daniel Dennett）提出了感觉质的四种特征：感觉主体的个人经验私人性和内在性，即感觉经验是主体自身的、内在于主体感受的特征；感觉质的不可言喻性和直接接受性，即感觉质无法用言语描述，除非主体自己体验到，它是可以直接地被主体感知到并理解到的一种体验。（1988）詹姆斯（William James）将感觉质与感官密切联系在一起，他注意到每一个感官上感受性的不同，甚至每个人体内的器官在感官上都有各自不相同的感觉质，例如肾炎的感觉质就不同于肝炎的感觉质。

然而心灵哲学对感觉质的探讨也未能达成一个令人满意的解释。感觉质是物理属性还是非物理属性？感觉质是幻觉就需要被取消吗？感觉质具有主观意识的特征是否能够包含在基于因果的心理描述里？感觉质能还原成意向内容吗？种种问题仍旧存在。很多辩论过度看重这个词在行为主义、功能主义和物理主义中的定义，不同哲学家或强调或否定感觉质特定特征的存在，对感质的定义仍然有争议，这些都归咎于它不是一种可以实证的物质。

实际上，在刘易斯引入感觉质以前，在现代哲学讨论中，皮尔斯是最先将感觉质与意识、意义问题联系起来的。《感觉质缘起》（The Origin of Qualia）一文指出：“虽然感觉材料很大程度上是英国人发明的，然而可以说是美国哲学发明了感觉质。第一个在现代意义上使用‘感觉质’的哲学家是皮尔斯。”（Crane，2014，p. 61）皮尔斯在 1866 年提出：“每一种感觉（sensation）的组合都有一个独特的感觉质（quale）……每一天和每一周都有一个独特的感觉质——我的整个个人意识有一个独特的感觉质。”（CP 2. 223）然而皮尔斯对于感觉质的理论推进和探讨长期被学界忽视，以致对皮尔斯的感觉质理论的探讨和梳理几乎一度是空白。直至 20 世纪 80 年代，符号人类学学者重访皮尔斯的感觉质定义，并在其理论基础上进一步发展出以感觉质为理论核心的符号人类学。

如果我们重访皮尔斯的符号现象学，就有可能找出一条分析感觉质的独特的意义理论之路。与心灵哲学对感觉质多路径、多视角的火热讨论不同，皮尔斯看似对“感觉质”这个术语并未展开过多讨论，实则其感觉质理论暗藏于其现象学思想和符号学思想脉络之中，并且对意义的认知和经验问题具有强大的解释力。心灵哲学中的感觉质要解决意识中的意义的经验问题，皮尔斯符号学体系正是思考符号意义过程，着力寻找意义形式规律的思想，皮尔斯符号学以“三元思想”为核心，以现象学为基础，能够为我们思考感觉质提供一个新框架、新方法。

二、符号人类学重访感觉质

皮尔斯的现象学为符号学思想提供了一个“普遍形式”，即他提出的“三元思想”。他不仅对符号展开了一系列三分式的分类，而且将符号的各方面都一分为三，因为他认为意义规律服从一个更本质的形式，即“现象学式的三分”。皮尔斯认为有三种存在模式，其中第一性（firstness）是“显现性”，是“首先的、短暂的”，例如汽笛的尖啸；当它成为要求接收者解释的感知时，就获得了“第二性”（secondness），成为“坚实的、外在的”，能够表达意义的符号；最后，“我们就会对于我们所看到的事物形成一个判断，那个判断断言知觉的对象具有某些一般的特征”，这就是第三性（thirdness）。（皮尔斯，2014，pp. 9 - 11）第一性范畴中包含了现象的诸种品质（qualities），比如红、苦、乏味、硬、高贵等。哪里有现象，哪里就有品质。第二个范畴是由实际事实（actual facts）组成，品质一般是模糊的或者潜在的，事实和事件则是个别的，是此时此地的。第三个范畴，我们可以把它称为法则、思想，它是一般性的。（CP 1. 418 -420）

在三元体系下，根据符号的呈现品格，可以将符号划分为质符（qualisign）、单符（sinsign）和型符（legisign）。所谓符号的呈现品格，也就是符号能再现其对象的能力基础，于是，符号的呈现品格就是符号再现的基础。首先，从为符号提供再现能力的第一种品格来看，若某物是红色的，由于这个原因，该物成为一个符号，即当符号的呈现品格与其属性特征有关，且符号因此属性而成其为符号时，它被称为“质符”，也可以叫作“风格符”（tone）。（CP 4. 537）其次，当一个红色报警器正在闪烁并发出警报声，这个报警器因为红色和警报声而成为符号。在这种情况下，符号的呈现品格指的是其存在品质，被称为“单符”（token）（CP 2. 245），也可以叫作“个别符”（token），也就是说，单符的实例化对其获得再现能力起到了决定性作用。最后，当人们看到闪烁的红色报警器并将其理解为警告的信号时，这一事实帮助红灯获得了再现其对象的能力，这种符号被称为“型符”，也叫“类型符”（type）。（CP 4. 537）那么就符号自身而言，质符是作为符号的一种品质（quality）而存在的，然而除非它被具体化，否则它不能实际地充当一个符号。质符经具体化而形成的单符是一个实际存在物或者事件，它包含一个质符或者多个质符。质符属于一个特别的种类，只能通过实际具体的方式，才能成为一个符号。

那么进一步按三元体系进行划分，作为第一性的质符与品质、感觉质的关系如何？实际上，品质是作为质符的第一性存在的，品质是指抽象的、未实例化的属性；感觉质作为质符的第二性存在，是指实例化或具体化为实物或事件的品质；质符作为符号的一种品质（quality）而存在，是第三性的。符号的品质可以被理解为“抽象的潜能”，例如看到红的颜色、听到火车鸣笛的声音等，“红色”这一符号品质不仅在被看清的事实下是红色，在黑暗中仍旧会被人视为红色，因为连贯性（consistency）迫使人如此思考。整个现象宇宙都是由可感知的品质构成的，诸如红色的、酸的、痛的等每种品质都是独特的、模糊的且难以言喻的。任何事物，无论它有多么复杂和异质，均有其独特的品质，即感觉的可能性。（CP 1. 418 -420）

品质只有在具体实例中才能被体验到，即品质体现在感觉质中，因此感觉质就是对符号品质的实例化、具体化，是“有关外部事实的感觉，有关另一种东西的感觉”。突然升高的火车鸣笛声迫使我们进入某种习惯性的震惊中，是因为我们经验到鸣笛声调突然升高所带来的实例化的“震惊”感觉质，从而做出类似被惊吓到的身体反应，震惊就是一种意志现象。抽象品质的实例化必然被惯例塑造，也就是被文化范畴塑造，即被塑造为质符。例如，“新鲜的”和“热的”这样的属性可以以绿叶和火焰这样的实例被经验到，但我们还可以从任何特定的对象上超然地感觉到这样的属性，形成新鲜感和热感这样的感觉质，携带这种感觉质的符号就成为质符。然而质符只有被实例化为单符后才能成为一个符号，如一棵树和一个火把，当树和火把被人们规约性地理解为“新鲜”和“火热”的意义时，型符由此形成。正是文化的规约使得社群成员认定特定的符号具有特定的品质。

同时皮尔斯还区分了感觉质意识（quale-consciousness）和由注意力强化的意识，他将后者称为“生动性”（vividness）（CP 6. 222）。同时他强调感觉质意识元素的单一性（simplicity），认为“在感觉质意识中，只有一种感觉质，只有一种元素。它是完全简单的”（CP 6. 231）。并且一个感觉质意识不能与另一个感觉质意识融合而不丧失其特性。例如，一个事物可以是蓝色的，也可以是坚硬的，因为“蓝色”和“坚硬”在感觉质意识中不被认为是结合在一起的；但某物不能既是蓝色又是黄色，因为这两者会融合，所以某物也就不再是蓝色或者黄色。因此矛盾原则中的积极真理是，感觉质意识只有一个元素。感觉质意识的单一性导致人们性格的多样性，每一个性格都由一堆习惯构成（CP 6. 228），单一性的感觉质意识进一步为塑造多样的习惯带来可能性。皮尔斯进一步强调，每个感觉组合的感觉质具有特殊性（CP 6. 223），且具有近似于康德意义上的统一性（unity）（CP 6. 225）。

从皮尔斯对感觉质的探讨来看，感觉质具有元素单一性和统一性，同时，作为第二性，它是关于符号对象的品质的事实，并将进一步被法则化、规约化为习惯、思想和知识等第三性。感觉质不仅是个体对符号对象的品质事实的经验，还是社群共享的品质经验，同时也可以塑造社群共享的习惯与规则。因此，从品质到感觉质再到质符的演变过程，不仅是符号意义的产生过程，也是人类对符号对象从感知到认知的过程，更是知识的社群化生产过程。

从哲学传统来看，感觉质就是存在或属于心灵的感知和感觉问题，以及由对象引起的属性问题。因此，哲学家们不免对物质和心灵中感觉质是如何关联的问题展开思考。我们如何确定感觉质是否能可靠地代表或对应于事物的物质属性？对于颜色或味道这样的感官品质的体验是个人独有的还是群体共享的？如果不同的人声称他们可以有享有相同的感觉质，那么是什么促进了这种主体间的意义共享呢？哲学家们已对塑造感知的主体间性理论进行了几个世纪的讨论，从而使感觉质的共享体验成为可能，亚里士多德对逻辑范畴的讨论、康德对超验范畴的讨论、奎因及普特南对概念方案的讨论，等等，所有这些理论都试图解释心灵对感觉的调解。

梳理皮尔斯的感觉质理论，我们可以发现他对感觉质的思考不是仅停留在主观的心理经验层面，更指向主体间性层面，指向社会文化层面。首先，感觉质是普遍的主体间的、可重复的感觉，因此可以在不同时间、不同空间、不同心灵中经验地实现。处于相同时代的不同年龄的读者理解“枯藤老树昏鸦，小桥流水人家，古道西风瘦马”时，尽管解释会有差异，但总会产生相似的凄苦感、清冷感，当读到“北国风光，千里冰封，万里雪飘。望长城内外，惟余莽莽，大河上下，顿失滔滔”时，旷达、豪迈感油然而生。同时，尽管品质是抽象的，甚至是无法言说的，但感觉质却是朝向交流开放的。当我们感觉到某个对象的品质描述起来非常困难甚至无法言说的时候，我们常希望通过交流使得这种感觉质被他人理解。

此外，感觉质与对象之间存在复杂关系。尽管对象品质同一，但所产生的感觉质截然不同；尽管感觉质相同，却不一定指向同一对象品质，甚至不是同一对象。不同语言对“坚硬”（hard）也有不同的理解，可能有干硬（dry）、困难（difficult）、顽固（stubborn）、坚固（solid）、粗鲁（rough）、强硬（strong）、粗糙（rough），等等。（Perrin，2007）据世界语言共词化在线数据库（Database of Cross-Linguistic Colexification），与“坚硬”（hard）共词化的节点有“强劲的、有力的”“困难的”“大声的”3个，其中与“强劲的、有力的”的共词化最为常见，共出现在18个语系（Families）的19种语言中，与“困难的”和“大声的”的共词化分别出现在9个语系的12种语言和9个语系的11种语言中。（贾燕子，2019）如果说词汇天然地具有语义的丰富性的话，那么人类生理上对于单一色光则具有单一感受性，但对单一色光的感受却可以产生不同的感觉质。著名的颠倒光谱思想实验说明不同的心灵针对同一对象可以产生不同的观念。实验假设一个孩子的眼部结构先天异常但并不影响对光线的捕捉，他眼中的“红色”在正常眼部结构中呈现“绿色”，即对红绿光线的感受发生了颠倒。但由于他从小被教育将看到的红色都理解为绿色，因此这种颠倒并不影响他像正常人一样生活。相同原理还有洛克的实验版本，说明不同对象也可以产生相同的感觉质：紫罗兰使某人具有的体验可能会与菊花赋予另一个人的体验相同。

符号人类学对感官研究和感觉研究的重视与转向，也内在驱动其理论朝感觉质研究发生转向。以符号品质的感知研究为切入点，符号人类学以皮尔斯理论中“感觉质”术语为核心的研究范式应运而生，并将其应用于人类社会文化现象的感官与感觉研究，为符号人类学领域中有关感觉、物质性、具身性、美学或者情感问题的研究带来了有力且相契合的理论工具，成为拓展本学科内社会文化研究的新锋面。更重要的是，事实上皮尔斯并没有对感觉质进行更多的、体系化的讨论，而正是符号人类学充分挖掘并拓展了皮尔斯提出的感觉质概念，并将其完善为完整的感官研究理论体系，这也是符号人类学对当代符号学理论的反哺。

感觉质给符号人类学带来的最大挑战，就是如何将那些由符号产生却又被视为非符号的经验要素理论化和系统化。因此，符号人类学在重访感觉质理论时，对皮尔斯感觉质理论展开了深刻的思考。符号人类学强调将质符（风格符）与语言人类学的单符（个别符）和型符（类型符）联系起来考虑，并提出从皮尔斯的理论出发做出以下定义：感觉质就是“第一性的事实”（facts of firstness）或者在其第二性形式下的第一性（firstness under its form of secondness）（Harkness，2015）。那么，品质可以被理解为第一性形式下的第一性，即纯粹的第一性；质符即第三性形式下的第一性，同时也作为皮尔斯符号类型学的第一个分类中的第一性而存在。

感觉质是一种经验性的综合，关注的是侧重经验特征的感觉统一体，这也是感觉质意识的单一性的体现。赵毅衡提出形式直观是意义活动的根本出发点，让有关观相呈现为符号。然而，并非所有的符号品质都可以进入感知。意识要获得意义，第一步是面向事物的形式本身，获义意向画出事物被感知的范围，被获义活动选出来代表事物的只有事物的特定观相，并非事物本身，这是获得意义的必要前提。这种片面的事物特定观相，也就是感觉质前的未实例化的品质。片面化的特定观相，需要经过统觉与共现，以获得一个具有“最低形式完整度”（minimal formal integrity）的意义，由此，意向性才达到最起码的实现程度。感觉质之为某种经验特征的统一体，也就是意识依靠意向性中的先验性或经验性统觉，迫使对象的特定观相共现为意义的最低形式完整度。（赵毅衡，2017，pp. 62 –98）

因此，作为对感觉统一体的统合，感觉质被定义为“对感官品质（如颜色、质地、声音和气味）和感觉（如饱腹感、焦虑感、接近感和其他感）的体验”（Chumley & Harkness，2013）。可以发现，在此定义中感觉质所要考察的感官经验与感觉经验问题实际上都可抽象地理解为认知的“指代共现”问题，即意识所感知的不一定是对象的一部分品质，而是对象的这部分品质用某种方式与意义连接，且可能是跨媒介的连接。（赵毅衡，2017，p. 92）因此，对感觉质的理解与皮尔斯提出的第二性从理论上内在地勾连起来，这也与符号人类学整体的指示性转向的旨趣内在契合。

哈佛大学符号人类学家哈克尼斯（Nicholas Harkness）提出感觉质就是作为第一性的实例，它们可以以两种方式代表品质：像似性（通过似乎表现出某种品质）和指示性（通过暗示与某种品质的邻接性）。通过这两种方式，品质的抽象性通过特定的感觉质被体验和认识（例如，抽象的红色与苹果皮的红色）。（Harkness，2013）西尔弗斯坦提出的符号人类学指示性研究中的核心术语“指示像似符”（indexical icon）（Silverstein，1993，p. 52），也正指明了指示像似性（indexical iconicity）是感觉质的符号功能的核心，这也从理论内部解释了感觉质如何促进主体间的共同经验感的实现。

如果“任何被集中注意的东西都是一个指示符”（CP 2. 285），那么感觉质则会以多样的模态将注意力集中在“行为的感觉”（feeling of doing）上。感觉质作为社会行动中的锚定点出现，并塑造了这种行动被视为一种符合物质可供性和限制的实践，实践以这种方式与社群联系起来，并成为有效生产群体内认同的关于“事物本身的样子”（the way things are）的某些知识，而非作为个人认知的“事物似乎是的样子”（the way things seem）。当人们想要通过感觉质来定位社群成员时，应当采取在主体间、交际中及更广泛的文化中的感官品质实践，而不是个人的主观经验实践。通过从感觉质出发把握人类意义活动，人类学家已经不仅能够越来越精确地解释感觉质的产生过程，还能更好地解释其后果，因为这有助于形成内在的或自然形式的意识形态。

三、感觉质的符号人类学实践

符号人类学对于感觉质的研究，并不仅限于人类对物质文化中具体物质品质的感知和经验，而是更宏观地放眼人类整体社会文化生活领域。符号人类学长期持续关注视觉、味觉、声音、嗅觉、触觉，及其他纷繁多样的人类感觉，如痛苦感、轻盈感、强烈感、新鲜感等问题。总体而言，目前符号人类学对感觉质的讨论主要集中在感觉质与语言人类学、线下和线上人际交往与社群认同、物质文化与城市文化，以及疾病、健康、性别与声音等身体问题方面。

首先，符号人类学对感觉质的研究最主要的成果体现在语言领域，这与符号人类学脱胎于语言人类学的传统密不可分。在语言研究中，符号人类学家更加关注语音。语言人类学家早期对感觉质理论的思考就主要从语音出发。弗朗茨·博厄斯（Franz Boas）在文章《论交替的声音》（“On Alternating Sounds”，1889）中分析了天真的语言学家如何根据语音的相似性和差异性——正是携带意义的感觉质类别——从他们自己的语言中误解一种语言的声音，并提出形成经验的范畴和概念是属于特定群体的。声音研究种类繁杂，感觉质的语言学研究主要集中在对声音形态（Jakobson & Waugh，1979），如语音变化、声调轮廓、语音质感、拟声词和其他模仿符号等的思考上，并进一步将感觉质的声音形态研究拉入更广泛的符用学研究领域，使得声音与社会语境、文化语境勾连起来。如布尔迪厄强调将语言置于实践的语境中，他以“la gueule”和“la bouche”为例分别将法国言语和行为的两套系统定性为男性和女性，而这两套话语系统指向的都是“人类的嘴”（Bourdieu，1977，p. 661）。通过将指示符规约化，言语形式中可辨别的感觉质的指示性极大拓展，物质符号载体与意义之关系被打开。

近年来的语言人类学的感觉质研究实践关注各种语言交流中出现的感觉

质之间的指示性。由于感觉质在社群、文化语境下被高度规约化，感觉质可以给语言带来高度的指示性影响和后果，甚至可以被视为交流体裁的替代性方案。例如盖尔在讨论德语和匈牙利语双语者对德语语言多样性的感官品质的作用时汇编了一份清单，借此说明记录语言实践中的感觉质对提升文化价值的重要性（Gal，2013）。语言中对比性的品质词汇可以显示语言整体的差异，如斐济印第安人的“甜蜜的印地语”、澳大利亚原住民的“颠倒的瓦尔比利语”、有“茉莉花香味的”泰米尔语，等等。说英语的人可能会认为意大利语是柔和的、德语是严厉的，等等。语言，特别是语音的形式与感官的抽象品质包括声音、质地、味道、气味、形状和空间方向等高度关联起来。

语言的感觉质研究体现在语用学方面包括对某一社群的语言感觉质的历时性变迁研究，如考察爪哇语从“粗俗”到“普通”再到“精致、高雅”的语调变迁（Errington，1988）；研究基于语言感觉质差异而产生的社群话语争端及其应对策略，如分析也门部落中的“好战派”和“柔和派”之间的问候方式（Caton，1986）；探讨语言实践中新词派生与感觉质之关系（Eckert，2000）。

其次，感觉质研究与传统部落和城市人际交往、人际关系和社群认同研究紧密相关。在社群关系中，感觉质的作用在于再现、建立、维持和转换人际关系和社会群体关系。日常生活中的人际交往关系往往可以通过感觉质来快速判断，人际关系类型以及与这些关系相关联的规范性都可以用感觉质来进行标注，例如人们常常给社群关系贴上“团结的”“陌生的”“松散的”“上进的”“勾心斗角”等感觉性标签来描述成员之间关系的品质。社群关系感觉质直接指向其关系的品质特征。如在巴布亚新几内亚的科罗威的社群关系中存在显著的依恋和回避、熟悉和陌生等关系，史塔施关注这种社会关系是如何通过积极地管理触觉的、视觉的、饮食的和语言的感觉质而建构的，他认为对社会关系的感觉实际上正是对社会行动品质和二者之间所产生的效果品质的感觉。（Stasch，2009）

感觉质问题在当代城市人际关系问题中凸显出来，如东京的“冷漠”、纽约的“现代”、巴黎的“浪漫”等。野泽聚焦于东京给人的孤独感和冷漠感，思考现代城市中的他者和距离感、同一性和亲近感等问题。实际上，列维-斯特劳斯提出的“冷社会”和“热社会”、麦克卢汉提出的“冷媒介”和“热媒介”，也都探讨过感觉质与社会关系、媒介与人际关系的关联问题，遗憾的是二人对“冷”与“热”没有做出更进一步的延展。

感觉质为网络人际关系、社群互动和媒介研究提供重要理论支撑。网络和移动网络中的新型人际关系和圈层式社群互动形式导致新的人际关系感觉质激增，如粉丝感情的极端化、日常交际的孤独感、短视频依赖症等，都在感觉质层面与传统人际关系体现出显著差异。网络人际关系的感觉质研究不仅是对人们在新媒介下的表意方式和存在方式的探索，也是对新型生活方式下群体身份认同和权力关系的探索。如将作为物的叉车和铲车与“可爱的”感觉质进行意义勾连，从而实现群体关怀和群体认同黏合。（Wang et al.，2021）

再次，物质文化研究和城市研究保持对感觉质理论的持续关注。物质与物质文化向来是人类学的主要关注对象，结构主义符号学或象征符号学学者都对此领域有所讨论，他们将物品置于一个结构化的系统中探查其符号意义与价值。除了尚未知、或许不可知的物质世界，与人类意义世界相交会从而产生意义的物质世界，作为人类意识的观照对象，也是提供感知的符号对象，因此，感觉质的讨论天然地与物质世界紧密连接，从物品的品质讨论出发，包括媒介化的符号文本在内的物质都是可感的对象。因此，符号人类学对物和物质文化的感觉质研究也是目前本领域的重要发展方向。曼宁（Manning）的专著《饮酒与饮品的符号学》（*Semiotics of Drink and Drinking*，2012）从水与伏特加、软饮与啤酒、咖啡与葡萄酒的对比中探讨物质的“耐用感”如何以质符形式再现潜在意义、规约品质，并且对感觉质产生的指示性实践和元指示性意识形态、话语和消费、身体和物之间的指示关系进行了多重思考。

对物质文化感觉质的另一个重要研究领域就是现代城市文化。学者们的视角从城市日常或非日常物品和商品的感官感觉，如皮草的气味、钻石可见和不可见的奢侈感、烧酒的味道、品牌的仿冒感等出发，延伸到多模态的综合感觉，如公共媒体的功能失调、城市交通的失序、移动社交的虚拟感、艺术作品的优劣感、送礼的得体感等，勾勒出城市物质文化多样的、可识别的感觉质特性与城市文化意义建构的指示性逻辑。（Harkness，2013；Nakassis，2012；Larkin，2008；Chumley，2013）

最后，身体作为人类感官的载体，也是人类的获义对象，身体的感受不仅停留在生理性层面，更是社会、文化与历史共同作用的产物，因此身体与感官研究是人类学的一个长期学术传统。身体不仅作为感知主体是表意的综合媒介，也是承载感官的表意渠道，同时身体本身也是研究的对象，身体在物、符号与艺术符号三种符号功能之间来回滑动。在符号人类学对身体与感觉质的考察中，声音（voice）和表达（voicing）是两个主要的研究焦点。人类学家通过民族志研究将人类声音作为语音和声音实践联系在一起。声音作为一种交流媒介，也是感知的对象，作为一种物质载体，它可以被倾听、操纵、占有并进入流通，也可以被具化和去身体化。声音的品质常被称为声音的质感，是声音美感和感官感觉的核心。声音的质感包括干净、沙哑、自然、清透、空灵、低沉等都与发音方式、歌曲表意、身体表达以及文化语境紧密联系在一起。（Engelhardt，2015；Harkness，2013）除声音外，手势、副语言、身体行为，如仪式中舞蹈的美感和特殊手势的指示意味等，也都被囊括进符号人类学的研究视域。

身体感官、感觉质与疫病研究和健康研究成为近年来的热点。作为与身体和身体活动直接相关的本体感觉之一，痛感是许多文化实践中文化语境的重要锚定点。痛感在芝加哥这个城市是社区记忆和社群活动的焦点（Ralph，2013），同时也是美国拳击手男性主义的重要指示符（Alter，1992）。另外，以疾病研究为例，患者的痛感表达研究对增强疾病的有效阐述，缓和医患关系具有推动作用；在韩国，针灸治疗中痛感表达的代际差别与治疗有效性之间的关系中，也蕴藏着代际文化变迁（Lee，2022）；传统中医药消费不仅在历时性变化，同时也显现出明显的感觉质意义缩放和分层；养生研究发现北京人通过在公园运动来塑造身体健康感（Farquhar & Zhang，2012）。

另外，感觉质的身体研究维度还包括对性别气质的探讨。这方面，感觉质最明显的意义体现在话语和陈规对有关价值观的身体实践的形塑。典型研究案例有莫斯对美国和法国女孩的行走技术的经典考察（Mauss，1973），加芬克尔对一个变性人在 20 世纪 50 年代末的再社会化的民族方法学研究（Garfinkel，1967），杨对“像女孩一样投掷”这种感觉质的身体举止和运动的性别化思考（Young，1980）

对感觉质的民族志研究，实际上就是一种文化表意过程研究。通过文化表意，第一性的事实在社会和文化中涌现。人类意义世界之广袤，人类感知对象之丰厚，从语言到符号，从声音到仪式，从个体到群体，从人际交流到社会关系，从商品到城市，从情感到文化记忆，都是其论域。感觉质理论不断推进与完善，将会成为符号人类学以及文化研究的新兴增长点。

引用文献：

格尔兹，克利福（1999）．文化的解释（韩莉，译）．南京：译林出版社．

刘玲（2013）．“感受质”概念溯源．自然辩证法通讯，3，60－63，70，126．

贾燕子（2019）．词汇类型学视域下汉语“硬”语义场的历时演变，语文研究，4，13－27．

江怡．（2009）．感受质与知识的表达．社会科学战线，9，28－34．

皮尔斯, C. S. (2014). 皮尔斯: 论符号 (赵星植, 译). 成都: 四川大学出版社.

叶舒宪 (2002). 身体人类学随想. 民族艺术, 2, 9 - 15

赵毅衡 (2017). 哲学符号学: 意义世界的形成. 成都: 四川大学出版社.

Alter, J. S. (1992). *The Wrestler's Body: Identity and Ideology in North India.* California: University of California Press.

Boas (1889). On Alternating Sounds. *American Anthropologist*, 2 (1), 47 - 54.

Bourdieu, P. (1977). The Economics of Linguistic Exchanges. *Social Science Information*, 16 (6), 645 - 668.

Blacking, J. (1977). Towards an Anthropology of Body. *The Anrhtopoly of Body.* London: Academic Press.

Caton, S. C. (1986). Salūam Tahīyah: Greetings from the Highlands of Yemen. *American Ethnologist*, 13 (2), 290 - 308.

Crane, T. (2000). The Origins of Qualia. In T. Crane, S. Patterson (Eds.). *The History of the Mind-Body Problem.* New York: Routledge.

Chumley, L. H. & Harkness, N. (2013). Introduction: QUALIA. *Anthropological Theory*, 13, 3 - 11.

Dennett, D. C. (1988). Quining Qualia. *Consciousness in Contemporary Science*, 42 - 77.

Eckert, P. (2000). *Language Variation as Social Practice: The Linguistic Construction of Identity in Belten High.* New Jersey: Wiley-Blackwell.

Errington, J. (1988). *Language and Social Change in Java: Linguistic Reflexes of Modernization in a Traditional Royal Polity.* Ohio: Ohio University Press.

Engelhardt, J. (2015). *Singing the Right Way: Orthodox Christians and Secular Enchantment in Estonia.* New York: Oxford University Press.

Farquhar J. & Zhang, Q. (2012). *Ten Thousand Things: Nurturing Life in Contemporary Beijing.* New York: Zone Books.

Feigl, H. (1967). *The "Mental" and the "Physical": The Essay and a Postscript.* Twin Cities: University of Minnesota Press.

Gal S. (2013). Tastes of Talk: Qualia and the Moral Flavor of Signs. *Anthropological Theory*, 13, 31 - 48.

Garfinkel, H. (2013). Passing and Managed Achievement of Sex Status in an "Intersexed" Person. In Susan Stryker & Aren Aizura (Eds.). *The Transgender Studies Reader*, 58 - 93. New York: Routledge.

Harkness, N. (2013). Softer Soju in South Korea. *Anthropological Theory*, 13 (1 - 2), 12 - 30.

Harkness, N. (2015). The Pragmatics of Qualia in Practice. *Annual Review of Anthropology*, 44 (1), 573 - 589.

Jakobson, R. & Waugh, L. (1979). *The Sound Shape of Language*. Bloomington: University of Indiana Press.

Larkin, B. (2008). *Singal and Noise*. Durham, NC.: Duke University Press.

Lee (2022). Sounds of Healing: Qualia and Medical Efficacy in a Traditional Korean Medicine Clinic. *Journal of Linguistic Anthropology*. https://doi.org/10.1111/jola.12353.

Locke, J. (1689/1975). *An Essay Concerning Human Understanding*. Oxford: Oxford University Press.

Lewis, C. I. (1929). Mind and the World-Order. *Chales Scibner's Sons*, 60 (14), 446.

Manning, P. (2012). *Semiotics of Drink and Drinking*. London: A&C Black.

Mauss, M. (1973). Techniques of the Body. *Economy and Society*, 2 (1), 70-88.

Nakassis, C. V. (2012). Counterfeiting What? Aesthetics of Brandedness and Brand in Tamil Nadu, India. *Anthropological Quarterly*, 701-721.

Peirce, C. S. (1974). Collected Papers of Charles Sanders Peirce (Vol. 1-6, 1931-1935; Vols. 7-8, 1958). Cambridge, Mass.: Harvard University Press.

Perrin, L.-M. (2007). Polysemous Qualities and Universal Networks. *Workshop Semantic Maps: Methods and Applications*. Paris.

Ralph, L. (2013). The Qualia of Pain: How Police Torture Shapes Historical Consciousness. *Anthropological Theory*, 13 (1-2), 104-118.

Stasch, R. (2009). *Society of Others: Kinship and Mourning in a West Papuan Place*. Berkeley: University of California Press.

Silverstein, M. (2013). Worora Kinship and "Parenteral" Relationships. *Anthropological Theory*, 13, 89-103.

Wong, J., Lee, C., Long, V. K., Wu, D., & Jones, G. M. (2021). "Let's Go, Baby Forklift!": Fandom Governance and the Political Power of Cuteness in China. *Social Media + Society*, 7 (2).

Young, I. M. (1980). Throwing Like a Girl: A Phenomenology of Feminine Body Comportment Motility and Spatiality. *Human Studies*, 3 (1), 137-156.

作者简介：

薛晨，博士，电子科技大学外国语学院副教授，四川大学符号学-传媒学研究所成员，研究方向为符号人类学、传播符号学。

Author:

Xue Chen, Ph. D., associate professor at University of Electronic Science and Technology of China. Her research interests are semiotic anthropology, and semiotics of communication.

Email: xuechen_1988@163.com

传播符号学

后深度体育媒介化时代的符号现象学之思*

魏　伟

摘　要： 深度体育媒介化是体育媒介化发展到一定程度后出现的必然结果，它以体育重大事件为基本表征。如今，高度数字化的后深度体育媒介化时代已然到来。本文运用符号现象学来研究后深度体育媒介化时代的各种新现象。后深度体育媒介化时代跳出了过往的线性时空观，呈现出“圆形时间”形态，形成了独特的圆形时空观。具身性和离身性问题形成缺席的在场、身体间性和远程呈现等不同的体育赛事再现形式，赛博格化的趋势造成体育赛事中人机合一、人性化抽离甚至阙如等人类世“黄昏”怪现状，媒介体育赛场技术的意识形态和立场引发了当代媒介体育赛事的深层危机。

关键词： 符号现象学，后深度体育媒介化时代，圆形时空观，赛博格化，意识形态

* 本文为国家社科基金重大项目“新时代体育全媒体传播格局构建研究”（21&ZD346）子课题“全媒体时代体育国际传播的理论与实践”和国家社科基金项目“中国体育文化符号的全球化传播研究”（21BTY016）的中期成果。

Consideration of the Post-Deep Sport Mediatisation Era through Semiotic Phenomenology

Wei Wei

Abstract: Deep sport mediatisation is to some extent an inevitable consequence of the development of sport mediatisation, which fundamentally represents sports as mega-events. Under the influence of the COVID-19 pandemic came the arrival of the post-deep sport mediatisation era characterised by hyper-digitalisation. This paper focuses on various new phenomena in the post-deep sport mediatisation era from the perspective of semiotic phenomenology. Spatio-temporal relations in the post-deep sport mediatisation era are not limited to the linear temporal-spatial concepts of the past, but rather demonstrate "circular time" to form a distinctively circular temporal-spatial concept. The problems of embodiment and disembodiment create different representational formations of media sports events, such as the "absent" presence, intercorporeality and tele-presence. The ubiquitous trend towards cyborgs engenders the baroque status of man-machine integration, the withdrawal of humanisation and even the "twilight" of the Anthropocene era. The ideology and stance of media sports technology have triggered a deep crisis in contemporary media sports events.

Keywords: semiotic phenomenology, post-deep sport mediatisation era, circular temporal-spatial view, cyborg, ideology

DOI: 10.13760/b.cnki.sam.202202008

体育媒介化是在起源于北欧和德国的媒介化理论逐渐成熟之后从中派生出的一个新概念。这一理论很可能成为21世纪20年代国际体育传播发展的一个新的学术增长点（魏伟，马博文，张帅，2022）。如今，后深度体育媒介化时代宣告来临（魏伟，尚希萌，2021），全球体育呈现出了去全球化、去商品化和半媒介化等表征（Wei & Siying，2022），体育与政治之间相互裹挟的关系让体育媒介化的进程更趋复杂化。因此，通过符号现象学来思考后深度体育媒介化时代，可以厘清体育媒介化的很多新现象和新问题。

一、后深度体育媒介化时代媒介体育的圆形时间观

电视与体育的结合，被誉为“天作之合”（魏伟，2015）。这可以在符号政治经济学（魏伟，2020）、文化权力（魏伟，2019）和“屏幕微观地理学”（Barnfield，2013）等视角下得到验证。两者之间的结合诞生的媒介体育成为后现代社会的奇观。媒介体育时代之后，以体育重大事件为表征的深度体育媒介化时代让电视与体育的关系更加水乳交融。但近两年二者的这种深度融合出现裂痕，如果说体育媒介化次级发展形态中媒介体育对于赛场赛事的再现是“对文艺复兴空间和牛顿力学的摒弃”（Morse，1983），那么后深度体育媒介化时代中媒介体育的时空再现则符合海德格尔对“此在时间”的批判和尼采的非线性时间观。

（一）海德格尔的时间概念和尼采的非线性时间观

海德格尔的时间概念，从1924年马堡大学的讲课稿《时间概念》中的“当前时间”（gegenwartszeit），到终结篇《存在与时间》中的“此在时间”，有一些区别。他在《时间概念》中提到的“当前时间”，是单向的和不可逆的（Heidegger，2004，p. 121）。可测量的线性时间具有均质性和不可逆性两个特征，均质化是把时间等同于空间，是德里达批判的在场的形而上学。因此，海德格尔认为时间并不是均质化的，也不是线性发展的，同时也是不可测量的。在《存在与时间》中，他提出时间性有领会、现身情态、沉沦和话语四种结构环节（海德格尔，2018a，pp. 413 - 430）。这四种结构环节也并非均质和同等重要的。总结起来，海德格尔的时间概念是从“空间上 - 时间上对其加以规定的自然的运动，并不是一种流逝在实践中的运动，自然的运动本身全然是脱离时间的”（海德格尔，2016，p. 448）。由此海德格尔还形成了后期的时空观：“时间与空间本身出自时 - 空（zeit-raum）——比起时间与空间本身及其计算性地被表象的联系来，时 - 空是更为原始的”（海德格尔，2014，p. 444）。也就是说，时 - 空原本是不分的，后来科学用可计量的单位将时间和空间切割开，也就形成了今天习以为常的时空观。

尼采提出了“相同者”的永恒轮回：一切笔直者都是骗人的；所有真理都是弯曲的；时间本身就是一个圆圈（尼采，2020，p. 248）。这一在当时惊世骇俗的理论实际上是对线性时间观的颠覆。尼采以背向而行的人不会相遇

为反例，提出了时间就是一个圆圈，相同者必定复返、必定轮回的观点。过去与将来碰撞在一起，就是所谓的“瞬间”。这种非线性时间观被二十多年后爱因斯坦“时空扭曲”的相对论证明。哲学家孙周兴在尼采理论的基础上提出了所谓的“圆形时间观”，即一种空间化的时间（孙周兴，2020，pp. 198－212）。这种时空观适用于后现代社会中的一系列呈现与再现文本。

（二）符号现象学视域下媒介体育的圆形时空观

后深度体育媒介化时代让传统意义上的媒介体育形态发生了深刻的变革。时有时无、若隐若现的赛场赛事观众失去了常态下影响比赛进程的功能，他们的缺席或部分缺席被媒介体育赛事“睿智”地遮蔽起来。在往届奥运会比赛的媒介呈现中，看台上的现场观众经常是一道靓丽的风景线。但在2020东京奥运会（2021年举办）期间，这道风景线被精心搁置了。早已标准化生产的BOB赛事转播图像加大了对凸显运动员个性的特写、大特写以及团队的中近景影像勾勒，使得现场观众这一因素几乎可以忽略不计。2022北京冬奥会虽然有部分现场观众参与，但他们并非通过购票渠道入场，很多人还身着统一的服装，因此也没有成为BOB转播图像重点捕捉的对象。

与此同时，高速发展的体育赛事转播系统让新技术在重大体育赛事中不断推陈出新。新技术的集中使用使得今天的媒介体育赛事转播呈现出了以往鲜有甚至未见的全新时空域。英国学者巴斯康姆比（Buscombe，1975，pp. 16－34）曾经对转播1974年世界杯的英国BBC和ITV转播进行了包含图像、字幕、声音和色彩等元素的文化与电视符码的对比研究。到了21世纪初，美国学者玛丽奥特（Stephanie Marriott）对电视事件的多重中介化展开研究，彼时的媒介时空观已经发生了巨大的变化。她提出图像、声音和字幕三元素的多重中介化，从多元化的时空元素聚集中提升了事件的多层次和多模态，这些元素使得电视的“直播性”这一瞬间“越来越像塑料一般，成为一个可以被加工、挤压、扩展、改写和重写的文本”（Marriott，2007，pp. 74－75）。时至今日，巴斯康姆比时代的技术和线性影像与声音叙事早已被今天无限碎片化的顺序、倒叙、插叙、并序等无规则影像和声音替代。比赛转播即时回放的相同节奏动作、慢动作、超慢动作、极慢动作镜头可能与数十年前的资料影像、正在发生的动作影像和虚拟的未来影像同框，带来了令人难辨真伪的视听困惑。早期赛事转播的“同轴”美学（镜头只出现在赛场一侧）被360度环绕的各种视角取代，尤其是反向视角，让习惯介入赛事转播观赏的受众常有时空错乱之感。但这些技术现在已经被普遍采用，甚至成为比赛判罚和胜负裁定的支持元素。这种后现代气息浓郁的时空观与美国学者哈维（2004，pp. 324 -354）所提出的后现代社会中的时间空间化与通过时间消灭空间的“时空压缩”概念比较接近，基本服膺尼采的非线性时间观，亦即孙周兴提出的“圆形时间观”。在后深度体育媒介化时代，媒介体育文本的时空结构复杂交错，各种元素的分布鳞次栉比，需要根据具体文本展开具体分析。

二、媒介体育赛事中的具身性问题

后深度体育媒介化时代的到来，使得媒介体育赛事中的具身性问题显得越发突出。韩国棋手申真谞在新冠肺炎疫情发生之后的线上比赛中几乎无往而不胜，但一旦赛事转到线下，他就经常输给一些水平似乎不那么高的棋手。因此，他在线上比赛中时常去卫生间的行为遭到许多职业棋手的质疑，认为他的不断离席可能让他化身人机合一的“赛博格”，成为 AI 的傀儡。类似的现象涉及传播中的具身性问题。

意大利学者弗洛里迪（Luciano Floridi）将人工智能重塑人类现实的“图灵革命”列为人类历史上继哥白尼革命、达尔文革命和神经科学革命之后的“第四次革命”（弗洛里迪，2015，pp. 99 -115）。“身体”是第四次革命中学术界探讨的核心问题。英国社会学家特纳提出，现代社会系统中的身体理论已经成为“当代社会学理论中的首要领域”（Turner，1992，p. 162）。英国社会学家希林认为，在高度现代性的境况下，身体越来越成为现代人的自我认同感中的核心要素（Schilling，2003）。符号现象学中的身体理论指向在传统哲学中被忽视的身体与现象学之间发生的关联。身体的在场与缺席在零度赛场赛事的语境中呈现为具身和离身。这不仅针对传统意义上到现场观看比赛的观众，还波及运动员、教练员和裁判员。萨特认为，“身体表现了我对世界的介入的个体化”（Sartre，1978，p. 310）。萨特的身体观深刻诠释了零度赛场赛事状况下媒介化的低主观能动性，这从 2020 年 10 月结束的无现场观众参与的美国职业篮球联赛（NBA）和北美国家冰球联盟（NHL）总决赛以及 2020 东京奥运会（2021）大幅度下滑的电视收视率可以得到部分印证。梅洛 -庞蒂强调身体在本体论和认识论上的优先地位，他认为视觉体验向人们呈现展现在我们面前的远处景象，使人们产生能直接出现在任何地方、又不在任何地方的错觉（Merleau-Pondy，2002，p. 369）。视觉体验带来的知觉时常会给人造成错位之感。正是这种错位之感可能降低零度或低度赛场赛事的受众卷入度。长远来看，这种错位的持续和叠加会影响受众对体育竞技赛事的认知，进而影响其参与和消费体育的行为。

刘海龙等认为，离身性问题有着控制论中对传播与身体问题的关注、后人类主义中新传媒技术语境、基特勒的媒介考古研究、麦克卢汉的媒介延伸论、彼得斯的传播中的身体观以及唐·伊德的技术现象学身体观等六种理论来源（刘海龙，束开荣，2019）。他认为，具身性问题的重要恰恰是因为“我们正体验这身体在传播中重要性下降所带来的空虚感”（刘海龙，2018）。爱尔兰哲学家莫兰（Dermot Moran）受到克里斯蒂娃“主体间性”概念的影响，在具身性研究中提出了一种“身体间性”（intercorporeality）概念，它是“身体与其他身体在总体的交互主体性与彼此共在的语境中互动的方式”（莫兰，2019）。这个概念可以解决运动员的器官移植和借助医学手段重塑身体的问题。运动员通过穿着鲨鱼皮制作的泳衣或者移植其他人的器官，甚至抽出自己的血经过处理后再输入等一系列技术手段，可以提升自己身体的潜能，获得更理想的运动成绩。孙玮（2018）将主体分为理性意识主体和身体主体，分别对应在场与远程在场，这两种主体逐渐衍生出今天的智能主体。

远程在场问题很容易在体育赛事的媒介再现中找到佐证。足球裁判由于媒体尤其是无处不在的电视转播镜头而承受了“前所未有的压力”（Webb，2017，pp. 156－158）。媒介体育所呈现的赛事与裁判能够从类似视频助理裁判（VAR）这样反哺赛场赛事的媒介中获得的赛事认知是截然不同的，这种不同便是裁判压力的集中体现。媒介体育中的赛事是导播从数十台摄像机镜头记录的画面中精心选择的，是音频师从数十个拾音话筒中优选出的，还是体育解说员二度叙事加工后的产品，这种产品难免不带有技术的“情绪”甚至偏见，却被受众认为是“绝对客观”的，这是当代媒介体育赛事的深层神话之一（魏伟，2011）。裁判员做出重要决定所依据的图像是未经加工的、原始的、多角度的素材，与受众接受的影像截然不同。两者之间的差异所带来的争议是客观存在的（Benítez，2020，pp. 39－69）。这也就是篮球和足球等重要赛事的需要被公开的裁判报告时常与受众（包括体育新闻工作者）的认知存在差异的原因。裁判员是球场上距离球员们最近的人，但在关键判罚时却不得不依赖百米之外的VAR，有时甚至是千里之外的视频回放中心，这种舍近求远的“远托邦”解决方案不啻为后现代媒介体育赛事的一个反讽。

此外，VAR技术的使用有着浓郁的时代色彩，是国际足联（FIFA）为了跟前任主席布拉特等官员的贪腐事件迅速撇清关系而采取的应急措施，其技术本身的可信度仍然值得怀疑。尽管FIFA声称2018俄罗斯世界杯VAR的准确率高达99.3%，但这一自说自话的数据其实难以掩盖西班牙学者希德和加西亚（Cid & García，2020，pp. 70－85）提出的VAR系统过度重视视频材料而完全忽略音频证据的缺陷。不仅仅是VAR，网球和板球比赛中的鹰眼技术、足球比赛中的门线技术等都存在这样或者那样的缺陷。

同时，学者张一兵提出的“远托邦”还是赛博格时代身体论的一种反讽式的提喻。人们甚至已经在体育赛场上看到“人机”的出现，提前目睹赵毅衡提出的“人类世的黄昏”（2020a）。海德格尔在《技术的追问》中一再强调“解蔽”是现代技术的本质，促逼是现代技术中起支配作用的解蔽（海德格尔，2018b，pp. 5－40）。那么，当代体育赛事中的各种技术应该如何解蔽呢？这不得不从人机结合的赛博格开始说起。

三、媒介体育赛事中的赛博格化

2014年巴西世界杯揭幕战上，28岁的巴西截肢青年朱利亚诺·平托身穿“机械战甲”，为这场万众瞩目的揭幕战开球。这是一个显而易见的隐喻。身着有“外骨骼”之称的机械战甲的残疾人踢出了世界杯历史上最具科技含量的一脚：大脑控制机器不只是梦想，而是已经开始照进现实。澳大利亚学者拉滕提出，技术创新对体育的影响无外乎通过文化和社会两种路径实现（Ratten，2017，p. 7）。2019年10月12日，肯尼亚长跑名将基普乔格（Eliud Kipchoge）以1h59′40.2″的成绩超过了马拉松原世界纪录，这是人类在马拉松历史上第一次突破两小时大关。但这一成绩并未被国际田联认可。加拿大学者罗森博格和美国学者塞勒斯从哲学的视角对此进行分析，原因有四：一是运动员“选择性”地运用了科技；二是这一过程对于“纪录”的概念是一个巨大的挑战；三是测试赛和正式比赛的区隔；四是马拉松的定义需要厘清（Rosenberg & Sailors，2022）。其中，基普乔格在测试中穿的耐克阿尔法飞鞋是引起争议的核心，有学者认为马拉松选手穿上这种特制跑鞋参赛相当于游泳运动员穿上鲨鱼皮泳衣，所获得的成绩不再是运动员在自然状态下的成绩。也就是说，是赛博格而非人类创造了这一新世界纪录，因此这一成绩不被认可自然无可厚非。

今天，大数据、AI技术和量子计算技术几乎已经统治了职业体育赛事，无论是运动员训练、比赛和休整还是媒介体育赛事转播，新技术的使用无处不在（Torgler，2020，pp. 153－173）。赛博格也不例外。

“赛博格”一词出现于20世纪60年代，美国学者克林斯和克兰在1960

年的《赛博与空间》一文中率先提出了这个词。彭兰提出，智能设备推动下人的赛博格化不仅仅是对人的增强，在一定意义上还会推进某些时候人在虚拟与现实两重空间的同一化（2020，pp. 355 - 356）。当代体育赛事中的赛博格化愈演愈烈，人机结合在职业体育赛事中比比皆是。学者黄典林、马靓辉提出了移动数字媒体与人的身体互嵌，数字技术因而成为一种具身技术或者电子器官（2020）。戴着电子手表和电子通信设备的裁判成为加强版的赛博格——人机；戴着耳机，时刻与数据分析师和录像剪辑师通话的教练员成为人机；运动员通过不断升级的营养剂，能使快速恢复身体的“黑科技”，加强版的运动鞋、鲨鱼皮、假肢，领跑的“兔子”和不断优化的比赛环境来大幅度提升成绩；甚至连在现场转播赛事的摄像团队也开始“离身”工作——云端转播已经成为现实。竞技赛事呈现出了与以往完全不同的景观。

媒介作为一种可穿戴设备，具备传感器与身体数据化、自我追踪与自我规训功能（宋美杰，徐生权，2020）。美国学者兰札和伯曼强调在人类“理解空间、时间和现实本身的本质，以及它们的生物中心基础之前，具备意识的机器不会也不可能出现”（2017，p. 170）。米歇尔也提出，人类倾向于高估人工智能的发展速度，低估人类自身智能的复杂性；即便超级智能已经出现了，那么通用人工智能的复杂性充其量与人类是相当的（2021，pp. 311 - 312）。然而，技术哲学家胡翌霖认为，技术是人类能力的延伸和凝结，这里的能力既包括体能，也包括智能，技术就是凝聚为人工物的智能（2020，p. 185）。从这个角度来讲，技术显然是有智慧的。体育领域里的“人机”显然是有意识也有智慧的，而且这种意识和智慧的指向性是比较明确的。

今天，机器人、人工智能与体育的结合之紧密，令人瞠目结舌。基于人工智能技术的机器人在身体能力方面已经全方面超越人类，日本科学家北野弘树甚至声称，自己研制的机器人足球队将会在2050年前击败世界杯冠军球队（Kirchner，2020，pp. 73 - 89）。这让人不禁担忧：被伪装成运动员的人机或机器人，会不会在未来甚至已经出现在国际赛场上了呢？机器人或者人机检测背后的伦理学和法律空白需要得到学术界的关注。

法国哲学家维利里奥提出，在网络信息技术下我们的生物感官被电子义肢替代了，电子图像、电子音响和电子感触器隔开了我们与世界的直接接触（Virilio，1995，p. 56）。这种不通过我们的感官生成的无目光的视觉即机器视觉与大众传媒合流，主宰了人类。在电子技术主宰一切的时代，体育管理部门越发依赖电子技术来“秉公执法”，裁判的判罚似乎有没落的趋势。随着媒介赛事技术越来越多地被运用于赛场赛事，体育比赛中裁判判罚的“人性”越来越弱，“工具理性”越来越强。已经开始有人提出，人本主义可以逐渐从体育赛事中退场，依据是这可能是体育赛事无限接近绝对公正的重要前提。那么，一系列问题接踵而至。以前运动员需要通过兴奋剂和性别检查才能参加比赛，今后是不是需要增加人机检查？裁判员今后是不是不必再出现在赛场上？零度赛场赛事和纯媒介赛事今后会不会去人类化、去人性化？1950 年，图灵在撰写《计算机器与智能》时提出，希望人类更加包容机器。但在人类将越来越多事务的主导权移交给机器之时，究竟谁是奴隶，谁是主人？谁是圈养者，谁又是被圈养者？（卡普兰，2016，pp. 189 - 197）

意大利学者布拉伊多蒂提出了去人性化的“后人类”的概念，指出后人类与非人类、非人性、非人道、反人类相关联并且互相重叠，也与经济全球化和技术中介化密切关联（Braidotti，2016）。学者刘溪对于赛博格对体育精神的重释也从后人类的视域展开（2021），但她仍然停留在其对身体观的影响以及体育正义和体育美学层面。美国学者海勒用符号矩阵图示勾勒出了后人类的虚拟图景（2016，p. 334）。这个格雷马斯矩阵的四极分别是在场、缺席、模式和随机，四者顺次否定前者的存在，并且通过破坏和复制的方式加以协调。这个符号方阵生动地描绘了后人类的虚拟性特征。在可以自由追逐生物技术带来的革命性浪潮之后，人类不会面临历史的终结，而是进入美国学者福山（Francis Fukuyama）所谓的“后人类历史的开端”。

维利里奥还提出，数字技术本来是让人们更好地认识世界，可事实却恰恰相反，通过数字技术对外部世界的感知越发达，完整的世界观就会越少（Virlilio，1988，pp. 121 - 122）。由于具身和离身的内涵和外延在悄然发生变化，人们对于竞技赛事的认知发生扭曲、错位。这是对传统体育竞技赛事的背离，同时也是对新技术的越发迷恋和依赖。加拿大技术哲学家芬伯格指出，“我们的技术越成功，违反古代智慧的诱惑就越强烈。技术使人幻想有上帝般的力量来征服自然并使其服从我们的意志”（Feenberg，2017，p. 1）。不难想象，人机结合今后的确有机会主宰职业赛事甚至是奇观赛事，这可能是现代体育发展到一定程度之后的必然结果。根据周生旺、程传银的研究，人工智能融入体育至少将带来四个方面的伦理困境：僭越了体育的身体主体地位，其机器属性难以实现体育的身体价值，其技术存在潜在的身体伦理风险，技术范畴超越了体育的身体界限（2021）。这一结果的出现可能与这些体育项目被发明时的初衷相去甚远，但它几乎又是不可避免的。

体育中的人机关系值得体育人文社会学者高度关注，因为当代社会中的人机关系正在发生深刻的变化。在技术、身体与体育三者之间，技术对自然人身体的入侵正成为相关学科研究的重要领域（Magdalinski，2009，pp. 1 - 13）。计算机在自身技术演化的过程中与人类社会完全地融合，计算机不仅延展了人类的物理身体，也延伸了人类的知觉、智能、情感与伦理（成素梅，张帆，2020，p. 91）。在不经意间，"奇点"已经降临并且发生翻转。今天，体育赛事中的很多新规则的制定似乎都是为机器或人机取代人服务的，算法和大数据不仅掌控了运动员的日常训练，并且在比赛中也控制了运动员、教练员、裁判员和其他工作人员，甚至还掌控了采访报道比赛的媒体人，进而掌控了受众，让所有与体育相关联的人都成为机器的臣服者。美国学者普利亚诺一再强调人工智能时代的机器人要培养出"人情味"，与他人建立情感纽带（Pugliano，2018，pp. 79 - 82）；徐英瑾提出人工智能理当服膺柏拉图式德性论、幸福式德性论、行为者德性论和击靶德性论这四种当代德性论（2021，pp. 274 - 282）。尽管如此，技术给民主套上一层外衣，未必能够让竞技体育运动变得更好，但一定将在去人类化的道路上越走越远。符号学家赵毅衡认为，智能分成了理性客观和感性主观两个部分；人工智能的意义方式是基于算法的客观活动，能处理理性部分，对感性部分却无能为力（2020b）。媒介体育赛事的赛博格化也许可以部分解决可见的准确性问题，却会在人性化的道路上越走越远。

四、媒介体育赛事技术的意识形态与立场

媒介体育赛事的技术日新月异，其变化速度始终引领竞技赛事规则的变化。有些体育赛事的规则随着体育媒介化发展的进程在发生变化。媒介体育赛事的技术被普遍认为是透明的、中立的和不带意识形态偏见的，甚至成为当代竞技赛事民主化的重要标志。但事实如何呢？

德国学者哈贝马斯的《作为"意识形态"的技术与科学》为纪念马尔库塞70周年诞辰而作，这篇文章提出的观点相当重要。它在继承马克思主义政治经济学的基础上，大胆地推论技术与科学的意识形态影响，甚至是唯意识形态影响。这种意识形态影响从当代媒介体育赛事技术的发展可见一斑。美国学者布林森提出，技术的价值观已经融入我们设计和建造的一切技术中（Brinson，2020）。也就是说，媒介体育赛事技术从被设计和发明时，就已经带有某种属性和倾向，它很难被认为是绝对中立和客观的。无论是鹰眼技术，还是足球的门线技术和VAR技术，都不可避免地携带设计者的价值观和意识形态，尽管设计者不断强调技术是用来避免体育赛事中的不公正现象的。自

从国际足联前主席布拉特和欧足联前主席普拉蒂尼丑闻事件之后，足球赛事密集地推出了一系列科技创新举措，除了门线技术和VAR技术之外，电子性能跟踪系统（EPTS）和半自动化多摄影机系统（SAMCS）、全球导航卫星系统（GNSS）、内部负载监控的可穿戴设备（WIWM）等新技术纷纷起用，这些技术更主要的目的是其意识形态内涵，即遮蔽政治和外交层面的负面影响。

事实上，除了意识形态之外，技术本身的准确性也是令人生疑的。位于新泽西州的NBA视频回放中心运用架设在各个赛场内的几十台摄像机提供的视频来判断关键时刻的判罚。但不同视角的视频提供的经常是自相矛盾的阐释，这是因为无论是单个的摄像机镜头，还是作为一个整体的镜头群，都只是符号再现的一部分。尽管绝似符号在知觉上可以提供客观性，但事实上的客观并不易得。寄希望于技术为体育带来“公正”和“公平”（Simón，2020，pp. 3－22），是颇为理想主义的想法，在理论上是违背符号学的片面性原则的。

有意思的是，加拿大学者马伦（Mallen，2019，pp. 159－170）在预测未来新兴技术对体育的影响时，提出了十大猜想：一是体育竞赛子类别的数量将持续增加；二是运动员将自行申报提升运动成绩的技术，也就是运动员生物学护照；三是世界反兴奋剂机构（WADA）将通过现场分子通信测试扩大兴奋剂随机测试范畴；四是所有体育器材在比赛前都要经过原材料和内部元素的高级检查；五是包括仿生视觉技术在内的视觉技术将被运动员合法用于体育比赛；六和七是性别和兴奋剂检测将持续成为争议性事件，尽管在检测过程中运用了大量新兴技术，但在体育赛事中仍然无法消除相关违规现象；八是人工智能（机器智能）将在帮助人类体育仲裁方面发挥更大的作用；九是只有在气候变化的影响变得极端之后，气候变化逆转技术专家才能在整个体育系统中变得不受欢迎；十是由于不断进步的新兴技术，体育将持续面临变革的压力。这十大猜想有些正在或者已经成为现实，有些呈现出明显的趋势，有些可能比当初的猜想来得更加迅猛。但在今天，单纯的新兴技术给体育带来的变革可能未必比意识形态和立场所带来的更多、更深刻。

引用文献：

布拉伊多蒂，罗西（2016）. 后人类.（宋根成，译）. 郑州：河南大学出版社.

成素梅，张帆（2020）. 人工智能的哲学问题. 上海：上海人民出版社.

弗洛里迪，卢西亚诺（2015）. 第四次革命：人工智能如何重塑人类现实（王文革，译）. 杭州：浙江人民出版社.

哈维，大卫（2004）. 后现代的状况——对文化变迁之缘起的探究（阎嘉，译）. 北京：商务印书馆.
海德格尔（2014）. 哲学论稿（从本有而来）（孙周兴，译）. 北京：商务印书馆.
海德格尔（2016）. 时间概念史导论（欧东明，译）. 北京：商务印书馆.
海德格尔（2018a）. 存在与时间（陈嘉映，王庆节，译）. 北京：商务印书馆.
海德格尔（2018b）. 演讲与论文集（孙周兴，译）. 北京：商务印书馆.
海勒，凯瑟琳（2016）. 我们何以成为后人类：文学、信息科学和控制论中的虚拟身体（刘宇清，译）. 北京：北京大学出版社.
胡翌霖（2020）. 什么是技术. 长沙：湖南科学技术出版社.
黄典林，马靓辉（2020）. 身体问题的传播研究路径刍议. 新闻与写作，11，12－19.
卡普兰，杰瑞（2016）. 人工智能时代：人机共生下财富、工作与思维的大未来（李盼，译）. 杭州：浙江人民出版社.
兰札，罗伯特 & 伯曼，鲍勃（2017）. 超越生物中心主义：以生命和意识为中心重构时间、空间、宇宙与万物（杨泓，孙红贵，孙浩，译）. 长沙：湖南科学技术出版社.
刘海龙（2018）. 传播中的身体问题与传播研究的未来. 国际新闻界，2，38.
刘海龙，束开荣（2019）. 具身性与传播研究的身体观念——知觉现象学与认知科学的视角. 兰州大学学报，2，81－82.
刘溪（2021）. 赛博格对体育精神的重释——基于后人类视域的考察. 成都体育学院学报，4，39－43.
米歇尔，梅拉妮（2021）. AI 3.0（王飞跃，等译）. 成都：四川科学技术出版社.
莫兰，D.（2019）. 具身性与能动性（罗志达，译）. 深圳社会科学，5，45.
尼采（2020）. 查拉图斯特拉如是说（孙周兴，译）. 北京：商务印书馆.
彭兰（2020）. 新媒体用户研究：节点化、媒介化、赛博格化的人. 北京：中国人民大学出版社.
普利亚诺，约翰（2018）. 机器人来了：人工智能时代的人类生存法则（胡泳，杨莉萍，译）. 北京：文化发展出版社.
宋美杰，徐生权（2020）. 作为媒介的可穿戴设备：身体的数据化与规训. 现代传播，4，46－47.
孙玮（2018）. 交流者的身体：传播与在场——意识主体、身体－主体、智能主体的演变. 国际新闻界，12，83－103.
孙周兴（2020）. 人类世的哲学. 北京：商务印书馆.
魏伟（2011）. 解读神话：南非世界杯电视转播的符号学研究. 中国体育科技，2，47－51.
魏伟（2015）. 重访电视与体育的“天作之合”：从布尔迪厄说起. 成都体育学院学报，2，33－39.
魏伟（2019）. 解构当代媒介体育赛事的权力迷思：基于约翰·费斯克的视角. 上海体育学院学报，1，72－79.

魏伟（2020）. 波德里亚符号政治经济学视域下的奥运会. 符号与传媒，秋季，109－127.
魏伟，马博文，张帅（2022）. 国际体育传播研究的趋势与展望——基于 SSCI 和 A&HCI 期刊的计量分析（2016—2020 年）. 武汉体育学院学报，3，15－22.
魏伟，尚希萌（2021）. 体育媒介化：从媒介体育到体育重大事件. 上海体育学院学报，7，44－57.
徐英瑾（2021）. 人工智能哲学十五讲. 北京：北京大学出版社.
赵毅衡（2020a）. AI 与“人类世”的黄昏：一个符号学预测. 2020 符号学年会，10－22.
赵毅衡（2020b）. 人工智能艺术的符号学研究. 福建师范大学学报，5，107－115.
周生旺，程传银（2021）. 身体与技术：身体哲学视域下人工智能融入体育的伦理哲思. 上海体育学院学报，9，6－8.
Barnfield, A. (2013). Soccer, Broadcasting, and Narrative: On Televising a Live Soccer Match. *Communication & Sport*, 4, 326－341.
Benítez, A. (2020). “Is It the Same for the TV Screen as for the VAR? Planning the Use of Cameras and Replays to Solve the Controversy”. In M. Armenteros, A. Benítez, & M. Betancor (Eds.), *The Use of Video Technologies in Refereeing Football and Other Sports*. New York: Routledge.
Brinson, S. (2020). *Is Technology Neutral?*. Retrieved from https://medium.com/understanding-us/is-technology-neutral-39d5b445b315. 11-17.
Buscombe, E. (1975). Cultural and Televisual Codes in Two Title Sequences. In E. Buscombe (Ed.). *Football on Television*. London: BFI.
Cid, M., & García, A. (2020). The Interaction between Audio and the Video Assistant Referee in Football. In M. Armenteros, A. Benítez, & M. Betancor (Eds.). *The Use of Video Technologies in Refereeing Football and Other Sports*. New York: Routledge.
Feenberg, A. (2017). *Technosystem: The Social Life of Reason*. Cambridge: Harvard University Press.
Heidegger, M. (2004). *Der begriff der zeit*. Frankfurt: Vittorio Klostermann.
Kirchner, F. (2020). Robotics and AI: How Technology May Change the Way We Shape Our Bodies and What This Does to the Mind. In S. Schmidt (Ed.). *21st Century Sports: How Technologies Will Change Sports in the Digital Age*. Cham: Springer.
Magdalinski, T. (2009). *Sport, Technology and the Body: The Nature of Performance*. London: Routledge.
Mallen, C. (2019). How Emerging Technologies Reframe Sport. In C. Mallen (Ed.), *Emerging Technologies in Sport: Implications for Sport Management*. London: Routledge.
Marriott, S. (2007). *Live Television: Time, Space, and the Broadcast Event*. London: Sage.
Merleau-Pondy, M. (2002). *Phenomenology of Perception* (C. Smith, Trans.). London: Routledge.

Morse, M. (1983). Sport on Television: Replay and display. In A. Kaplan (Ed.), *Regarding Television: Critical Approaches—An Anthology*. Los Angeles: University Publication of America.

Ratten, V. (2019). *Sports Technology and Innovation: Assessing Cultural & Social Factors*. Cham: Palgrave Macmillan.

Rosenberg, D., & Sailors, P. (2022). What Money can Buy: Technology and Breaking the Two-hour "Marathon" Record. *Journal of the Philosophy of Sport*, 1, 1 - 18.

Sartre, J. (1978). *Being and Nothingness: A Phenomenological Essay on Ontology* (B. Hazel, Trans.). London: Methuen.

Schilling, C. (2003). *The Body and Social Theory*, 2nd edition. London: Sage.

Torgler, B. (2020). Big Data, Artificial Intelligence, and Quantum Computing in Sports. In S. Schmidt (Ed.). *21st Century Sports: How Technologies Will Change Sports in the Digital Age*. Cham: Springer.

Simón, J. (2020). Between Scepticism and the Long-awaited Quest for "Football Justice". In M. Armenteros, A. Benítez, & M. Betancor (Eds.). *The Use of Video Technologies in Refereeing Football and Other Sports*. New York: Routledge.

Turner, B. (1992). *Regulating Bodies: Essays in Medical Sociology*. London: Routledge.

Virilio, P. (1988). *La Machine de vision: essai sur les nouvelles techniques de representation*. Paris: Galilée.

Virilio, P. (1995). *La Vitesse de liberation*. Paris: Galilée.

Webb, T. (2017). *Elite Soccer Referees: Officiating in the Premiere League, La Liga and Serie A*. Abingdon: Routledge.

Wei, W., & Siying, L. (2022). De-globalization, De-commercialization, and Semi-Mediatization: The Influence of COVID-19 on Global Sport communication. In P. Pederson (Ed.). *Research Handbook on Sport and COVID-19*. Cheltenham: Edward Elgar.

作者简介：

魏伟，博士，北京外国语大学国际新闻与传播学院教授，国际体育传播与外交研究中心主任，博士生导师，研究方向为体育文化传播、符号学等。

Author:

Wei Wei, Ph. D., professor of School of International Journalism and Communication, director of Center for International Sport Communication and Diplomacy Studies, Beijing Foreign Studies University. His research focuses on sports and cultural communication, semiotics, and etc.

Email: wwei@bfsu.edu.cn

诗以言志：《诗》作为公共资源传播的符号机制与影响*

祝　东

摘　要：《诗》是流通于周代社会的公共符号资源，“诗以言志”是先秦贵族阶层借用流通于上层社会的公共资源《诗》来隐喻其主体意志的传播交流活动，因此赋诗言志本身就隐含立象以尽意的符号表达原理。儒道两家对设象表意的总体见解是相同的，但因为学术旨趣不同，最终分途，儒家指向伦理，而道家却转向审美。儒道两家理论的互相激荡成为推动中国古代文化前进的动力元语言，对中国古典文艺的创作与批评皆产生深远影响。

关键词：言，象，意，儒家，道家，《诗经》，符号学

The Book of Songs as a Public Resource: Its Semiotic Mechanism and Influences

Zhu Dong

Abstract: *The Book of Songs* is often regarded as a public semiotic resource that circulated widely during the Zhou Dynasty. Members of the upper class in the pre-Qin period often expressed their ambitions by borrowing or quoting from this book. Accordingly, the term “*fushi yanzhi*” (赋诗言志), meaning “expressing the will by composing poems”, implies the existence of a signifying principle, that is, the conveyance of meaning by establishing images. Confucianism and

---

* 本文为国家社会科学基金重大项目“视觉修辞的理论、方法与应用研究”（17ZDA290）的阶段性成果。

Taoism shared a similar view of the relationship between meaning and image. However, they diverged due to different academic interests: Confucianism focuses on ethics and Taoism on aesthetics. The intellectual interaction between Confucianism and Taoism finally became the driving force of Chinese traditional culture, profoundly influencing the creation and criticism of Chinese classical literature and art.

Keywords: word, image, meaning, Confucian, Taoist, *The Book of Songs*, semiotics

DOI: 10. 13760/b. cnki. sam. 202202009

言意关系问题其实就是符号与意义的关系问题。所有的意义都需经由符号而传递，没有不经过符号来传达的意义，这一论点赵毅衡先生在多篇论文中曾反复申述，因为符号学就是意义学，而人类生活在一个由各种符号系统建构的意义世界里面，追寻意义是人之为人的本质。在所有的表意符号系统中，语言是最大的一套符号系统，语言符号和意义的关系自然也最受关注，中国先哲很早就对这一议题进行了思辨。诗歌是一种语言的艺术，诗学的问题自然是一种语言学的问题，语言学又是符号学研究的重头戏，因此诗学问题特别是诗歌的言意问题自然是符号学关注的议题。而较早从现代符号学角度反思这一问题的是韩经太先生，其《中国诗学与传统文化精神》一著已经注意到诗学与语言学、符号学的关系，但是作者也曾直言其兴趣“并非替传统的诗歌语言研究寻找一种时髦的符号学的表述方式”，而是从语义学的角度去把握中国古典诗歌语言与文化的关系（1990，pp. 93 -94），也即韩氏运用了语义学的理论方法，但是没有用符号学的理论术语进行文本阐释。率先采用符号学角度界定“诗言志”的是冯若春博士，他在《“他者”的眼光》一著中指出，“诗言志”可以理解为一个符号学问题，即符号（言）与意义（志）的关系问题（2008，p. 59）。随着中国符号学研究本土化进程的加速，人们已经逐渐摆脱了这种认识的局限，因为作为术语的“符号学”虽然是舶来的，但是用符号建构意义、分享意义却是无问西东的。因此，符号学为我们打开了一个重新审视传统文化的视角，我们亦可由此管窥中国先哲如何思考符号与意义之关系，从而可以探寻中国特色的表意方式与思维特征，这对理解中国特色的传统文化思想以及意义理论等都有重要意义。

一、“诗以言志”与“言不尽意”：符号表意功能的矛盾

论及言意关系，自然得从中国诗学的开山纲领“诗言志”开始，《尚书·尧典》云：

> 帝曰：“夔！命汝典乐，教胄子，直而温，宽而栗，刚而无虐，简而无傲。诗言志，歌永言，声依永，律和声。八音克谐，无相夺伦，神人以和。”夔曰：“於！予击石拊石，百兽率舞。”

这段文字记述了帝舜命夔以“乐”来教导子弟一事，是为乐教，更为重要的是这里明确提出“诗言志”这一中国诗学的元命题。较早对这一诗学命题进行探讨的现代学者允推朱自清，其《诗言志辨》对这一命题进行了详细的考订，但朱氏也很清醒地注意到这则材料的真实性问题，援引了顾颉刚等学者的辨伪材料，认为《尧典》最早也是战国时期的书籍，“诗言志”也许是从“诗以言志”简化而来，也许二者彼此独立（1996，pp. 1－2），并没有捋清二者的先后关系。从后来出土的文献材料来看，古史辨派确实存在疑古太过的情况，但从文字学的角度来看，诸多学者也都注意到甲骨文与金文中并无“诗”字这一事实，那么《尚书·尧典》虞舜时代提出“诗言志”的记载真实性就要大打折扣。然而，这并不是否定这一诗学命题本身的真实性，只是提出的时间还有待确定。

继朱自清《诗言志辨》之后，王文生的《诗言志释》是近年将这一研究推向纵深的重要著作，王氏通过对礼乐先后关系的考辨推断“诗言志”提出的时间上限不会早于西周之初，下限不会迟至春秋之后，进而结合“神人以和”与《诗经》内容断定“诗言志”这一文学纲领当产生于西周中期，即公元前9世纪中叶周厉王时期。（2012，pp. 1－42）王氏考证精审，言之有据，将朱氏时代模拟两可的观点进一步坐实。笔者认为这一论断是可取的，因为我们还可以从诗与礼的关系进行补充论证。西周礼乐制度在经过了周公、成王、康王、昭王等数代统治者的增删损益之后，到周穆王时期才逐渐完备，而周穆王在位时间大概在公元前10世纪中叶。与政治秩序的建构相伴的是辟雍礼乐的盛行，这个时期也正是诗与乐、舞的创作时期，由此而来的是西周王室政治秩序的安定，官职世袭制度的确立，西周的大一统终于完成。（白川静，1992，pp. 67－74）礼乐制度确立之时也就是西周政治文化建设完备之时，而礼乐与诗是相互统一的，即诗的发展与周礼是相伴始终的，一部分诗

应礼的需要而作，还有一部分是在礼的规范下的创作，属于礼的实践，“《诗》的形成即礼的成熟”（姚小鸥，2000，p. 5）。与此相应，《诗》的衰亡也就是礼崩乐坏，即孟子所云“王者之迹熄而《诗》亡，《诗》亡然后《春秋》作”（《孟子·离娄章句下》）。当二世三王（共王、懿王、孝王）之时，承礼乐文化建设之制度保障，贵族社会处于兴盛，《诗》以祭祀诗、礼仪诗为主；而夷王、厉王之时，随着王朝内部矛盾的加剧和礼乐的崩坏，社会诗、政治诗流行开来（白川静，1992，p. 95）。《国语·周语》及《史记·周本纪》等史料皆记载邵公谏厉王之事，其“使公卿至于列士献诗”属于“献诗以风”（徐元诰，2002，p. 11），献诗讽谏所体现的正是王文生所言的“对天的权威由崇拜、动摇而坠落，以及人民对自己的力量由觉醒、发展而肯定”的过程（2012，p. 37），因此在“神人以和”背景下提出“诗言志”当是在公元前9世纪中叶。

相较而言，公元前6世纪中叶“诗以言志”的诗学思想则是对“诗言志”的继承和发展。二者的内涵是有所不同的。如前文所言，所谓“诗亡”即礼乐逐渐崩坏，伴随礼乐崩坏的是诸侯势力的兴起，诸侯及士大夫在外交场合的赋诗与西周前中期的赋诗用诗各有不同。《左传·襄公二十七年》记载赵孟子于宋参加弭兵之盟后返回，路过郑国，郑伯携子展、伯有等七子以迎，赵孟子曰：“七子从君，以宠武也。请皆赋，以卒君贶，武亦以观七子之志”，于是七子各赋诗，赵孟子亦进行点评，宴飨活动结束后赵文子对叔向曰：“伯有将为戮矣。诗以言志，志诬其上，而公怨之，以为宾荣，其能久乎。幸而后亡。”这不仅记述了春秋时期赋诗用诗的实况，而且明确地提出了“诗以言志”的观点。“以”者，用也。但“诗言志”与“诗以言志”之“志”各有不同。王文生研究指出，“诗言志”之“志”是以情为中心，并非以“知”或“意”为中心的精神活动（2012，p. 51），也即“诗言志”时的诗主要是以“美圣德之形容”（《毛诗序》）的颂诗为主，表达对祖先、神灵的赞美之情；“诗以言志”之“志”则更偏重于借助诗表达“知”与“意”，将诗作为一种知识系统和公共资源来使用。据学者统计，仅《左传》记载的引诗赋诗就有256条，其中引诗有180多条（陈来，2009，p. 209）。正是基于频繁的社会活动中的不断引述，《诗》的经典地位与价值权威才逐渐在这种具有社会实践性质的传播过程中得以确立。如陈来所言，经典的性质并非来自文本本身，而是取决于其在某一文化共同体中实际被使用、被对待的角色和作用（2009，p. 216），以此来看，《诗》实际上是一种具有社会实践性质的公共资源，并非文人士大夫案头阅读的篇什。

现在所见的《诗》传本，多无特定的署名作者，而“赋诗言志”则是取《诗》中之句，特别是《雅》部分的诗（毛振华，2005，p. 1），通过“断章取义”来传达赋诗者的情志，如卢蒲癸言：“赋《诗》断章，余取所求焉”（《左传·襄公二十八年》），赋诗者断章取义，为己所用。就像上文所论的郑国七子各赋诗以言其志，通过赋诗来表达自己之“意”。《诗》的时代有诗而无诗人，没有“作者”这一意义权威的限制，所以赋诗者可以广采其中诗句。孔子教育儿子时说“不学《诗》，无以言”（《论语·季氏》），正说明赋诗言志是当时贵族阶层重要的交流形式，这种形式使得《诗》的属性从西周前期的群体之“情”逐渐变为赋诗者的个体之“意”——赋诗者“根据情境而自选诗经的诗句来表达意愿”（陈来，2002）。如《左传·襄公二十七年》还记载：“叔孙与庆封食，不敬。为赋《相鼠》，亦不知也。”叔孙氏赋《相鼠》诗，其实是在指责庆封“无仪”“无礼”，其表意形式并非直接责骂，而是选用《诗经》中既定的诗句来传递自己的情志，可惜的是庆封不懂，意义传递没有实现。又如《左传·僖公二十三年》记载重耳流亡到秦国，渴望得到秦穆公的政治援助：

> 公子赋《河水》，公赋《六月》。赵衰曰：“重耳拜赐。”公子降，拜，稽首，公降一级而辞焉。衰曰：“君称所以佐天子者命重耳，重耳敢不拜！”

重耳所赋《河水》为《诗·小雅》中的《沔水》，篇首即云“沔彼流水，朝宗于海”，重耳取河水朝宗向海来表达对秦国的敬意；秦穆公赋《六月》为《诗·小雅》之篇名，是歌颂尹吉甫辅佐周宣王北伐获胜之诗，秦穆公取此诗乃是为了勉励重耳辅佐周天子建立功业，言外之意是愿意伸出援手，所以赵衰让重耳拜谢。这是一个典型的赋诗言志的外交活动，其过程如图1所示：

赋《诗》者——→《诗》句——→解《诗》者

取用公共资源【诗】　发送【符号】　接收【断章所取之意】

图1　秦穆公与重耳的“赋诗言志”示意图

具体到“诗以言志”语境之中，“志”当是指某种隐在的思想和意义，这种思想、意义并非直接表达，而是委托他言（《诗》）间接表达。作为公共资源的《诗》是语辞符号，在特定的语境中被赋予特殊的意义，解《诗》者则根据语境来揣测赋诗者所要表达的意义。如李青春所言：“所有‘诗三百’作品，无论其创作本意如何，一旦被纳入礼乐文化系统就承担起特殊的官方意识形态功能，而不再是具有个性和情感的言说。”（2014，p. 133）《诗》是流通于社会的公共符号资源，而蕴藏在赋诗主体心中的主体情意即“志”，依托公共话语资源《诗》中的句子表达出来，这便是“诗以言志”。因此“志”是一种心灵符号，“诗”是这种心灵符号的物质载体；而“以言”就是符号使用过程，甲骨文中“言”“告”“舌”三字同出一源，象仰置之铃，下象铃身，上象铃舌（徐中舒，2014，pp. 85－86，pp. 221－222），模拟铎舌震动发音的形象，正是这一意义的形象化诠释。赋诗主体的意愿通过借用《诗》的符号形式传达出来，属于“志以发言”（《左传·襄公二十七年》）。而春秋时代，赋诗言志、听诗观志，业已成为当时上层社会的普遍观念和文化习俗（张茁，2010，p. 62），如前文所引孔子教导儿子时就曾明确提出“不学《诗》，无以言”的观点，《汉书·艺文志》亦认为“古者诸侯卿大夫交接邻国，以微言相感，当揖让之时，必称《诗》以谕其志，盖以别贤不肖而观盛衰焉”（陈国庆，1983，p. 183）。诗与礼是相须为用的，礼崩乐坏其实就是诗的陨落，“王者之迹熄而《诗》亡”（《孟子·离娄下》），就是这个意思。美国符号学家莫里斯曾指出，符号学研究兴趣高涨的时期一般是在普遍的社会变革期，因为新旧意义之间出现断裂，符号开始丧失其明晰性与说服力，东方的孔子时期和西方的古希腊衰落时期皆是如此，也就是说，当符号不能好好为人服务的时候，人们就开始思考符号与意义的关系问题了（2010，p. 41）。儒道两家正是在这一背景下对言意关系展开思辨的。

道家对这一问题的思索更为宏阔，在言意关系问题上提出“言不尽意”。《老子》第一章谓“道，可道，非常道；名，可名，非常名”，第五十六章谓“知者不言，言者不知”，皆着眼于道与言之关系。普遍永恒的道自然不能为名与言所区隔，因为言是有“畛”有“封”的（《庄子·齐物论》），而道是超越了殊相的总体规律，因此具体的名与言无法把握形上的道。庄子在道与言的关系上受到了老子的影响，《庄子·秋水》云：“可以言论者，物之粗也；可以意致者，物之精也。言之所不能论，意之所不能致者，不期精粗焉。”认为言是不能达道的。又如《庄子·知北游》所云：“彼至则不论，论则不至。明见无值，辩不若默。道不可闻，闻不若塞。此之谓大得。”言论并不能达到道之境界，反之，真正达到道的境界者是不言论的，因此庄子选择沉默，也即不言。那么庄子是否就因此否定了言呢？其实不然。

庄子由道与言的关系看到的是言的局限性。《庄子·天道》中有个轮扁斫轮的寓言，木工轮扁认为斫轮“有数存焉其间”，但是“口不能言”，故而不能通过语言晓谕其子。这个寓言是为了解说这一段文字：“世之所贵道者书也，书不过语，语有贵也。语之所贵者意也，意有所随。意之所随者，不可以言传也，而世因贵言而传书。”无论是作为文字记录符号的“书”还是作为语言符号的“语”，其实都是传递意义的符号形式，“语之所贵”正在于“意之所随”，意义寄寓在语言之中，符号所负载的意义才是“所贵者”，意在言外，需要接收者领会，但是世俗之人往往注目于语言本身以及记录语言的典籍文献，在庄子看来，这是“为其贵非其贵也”，这是接收者之弊。语言是人与外部世界沟通的桥梁，但语言符号同时也存在着某种遮蔽作用，这是语言自身之弊。譬如人用语言来认识世界，但人的嗅觉没有狗灵敏，因此并不能说语言使人类眼中的世界变得更清晰。学者曹慕樊举了如下例子：乌龟本是感觉十分迟钝的生物，但在江边居住的龟能准确地把卵产在来年江水最高水位以上，人类的水文学家未必能这样准确地预测来年的水位；老鼠和蛇能够在人类完全不知道地震的情况下预先逃避地震，人类却几乎察觉不到三级以下的地震。人是有限之物，凭感官只能相对地认识世界。（2005，p. 7）人类感觉器官因语言的遮蔽而退化，而语言对感觉的描摹往往又不能完全到位，存在诸多缺憾，轮扁之子不能“受之于臣”的原因也在此。语言并不能完全传达人类经验世界的东西，更何况人类经验世界与外界还有隔膜。由此层层相隔，以语言为鹄的追求真理则是缘木求鱼。这也是道家“言不尽意”的深层意义，而如何应对这一问题，先哲依然在思考。

二、“拟物取象”与“立象尽意”：意义表达的象征隐喻

人是追求意义的动物，意义经由符号而传递，语言又是最大的符号系统，但是如上文所言，儒道两家都不同程度体认到言、意之间的矛盾，而解决这种矛盾的方法，则源于对“大道之源”《易经》的阐释。《易经》可以说是中华文化的源头活水，后世学者在进行理论思考时不断回望这部经典，以期从中找到理论依归。“拟物取象”与“立象尽意”就是先哲从《易经》中阐发出来的理论资源，在言与意之间加入了象，使之圆转自如。而在此之前，老子已经注意到象与意之关系，“道之为物，惟恍惟惚。惚兮恍兮，其中有象”（《老子》第二十一章），“执大象，天下往”（《老子》第三十五章）。尽管道不可言，但是道中有象，可以通过象间接去把握具有终极意义的道，这就开了以象达意的先河。

《周易·系辞上》借孔子之言道出了言、意之间的矛盾及解决办法，也即“立象以尽意”：

子曰："书不尽言，言不尽意。"然则圣人之意，其不可见乎？子曰："圣人立象以尽意，设卦以尽情伪，系辞焉以尽其言。变而通之以尽利，鼓之舞之以尽神。"

这里所言的"书"即文字，而"言"则是语言，"意"指思想。文字不能完全记录语言，语言又不能完全发露意义，如《正义》所言："书所以记言，言有繁碎，或楚夏不同，有言无字，虽欲书录，不可尽竭于其言，故云'书不尽言'也。'言不尽意'者，意有深邃委曲，非言可写，是言不尽意也。"（李学勤，1999，p. 291）也正因为如此，才有圣人"立象以尽意"之举，在言与意之间加了一个象，于是"言之不能尽者，象能显之"（尚秉和，1980，p. 304）。那么，何谓象？庞朴研究指出，象介于形而下的有形之物与形而上的道之间，可以通过想象得到，如哪吒"三头六臂"；象的具体表现形式主要有两种，即寓言和图形，"立象以尽意"主要就是通过寓言和图形来"尽意"的（2008，pp. 73－74）。

于《周易》而言，就是通过卦爻之辞与卦爻之象来进行立象之意的。卦爻之辞相当于寓言，如《周易·大壮》上六爻辞"羝羊触藩，不能退，不能遂"，羝羊之角挂在藩篱之上，前进不得，后退不能，比喻进退维谷的处境。而卦爻之象则是通过仰观俯察的取象过程而逐渐生成的。《周易·系辞下》有云："古者包牺氏之王天下也，仰则观象于天，俯则观法于地，观鸟兽之文与地之宜，近取诸身，远取诸物，于是始作八卦，以通神明之德，以类万物之情。"这就是"圣人设卦观象"的过程，通过观察物象以创制卦形，卦形创设又是一个远观近取的复杂过程，如"近取诸身"，孔疏谓"若耳目鼻口之属是也"（李学勤，1999，p. 298）。如"噬嗑"卦，《周易·彖辞》谓"颐中有物，曰'噬嗑'"，其卦形如下：

图2 "噬嗑"卦卦形

整个卦的外形取象于人的口腔，初九、上九两个阳爻象下唇、上唇，六二、六三象下齿，六五象上齿，九四阳爻象口中待咬断之物，只有用力咬断口中之物，上下始能合并，所以余敦康认为这是一个"象征性的比喻"

（2016，p. 116），并非实象。

至于“远取诸物”，如“鼎”卦，其卦形如图 3 所示，其取象则如其卦名，乃为大鼎，“初六阴爻象鼎足，九二、九三、九四中间三根阳爻象鼎腹，六五阴爻象鼎耳，上九阳爻象横贯鼎耳的铉。”（余敦康，2016，p. 249）远观近取大抵如此，此笔者曾于《先秦符号思想研究》中多有阐发（祝东，2014，pp. 20－34），兹不赘言。

图 3　“鼎”卦卦形

以上是就拟物取象的分析。为什么拟物取象之后，意义就扩充而丰富了呢？或者说立象为何能尽意呢？对这个问题还得申述几句。依旧以上文“鼎”卦为例。“鼎”卦下巽（☴）上离（☲），巽为木，离为火，木下而生火，火处上，象征以鼎烹饪，这就是第二层象征；鼎为煮食之礼器，“圣人亨以享上帝，而大亨以养圣贤”（《周易·鼎·彖辞》），则是第三层象征。这样逐层象征，意义不断扩充丰富，如图 4 所示：

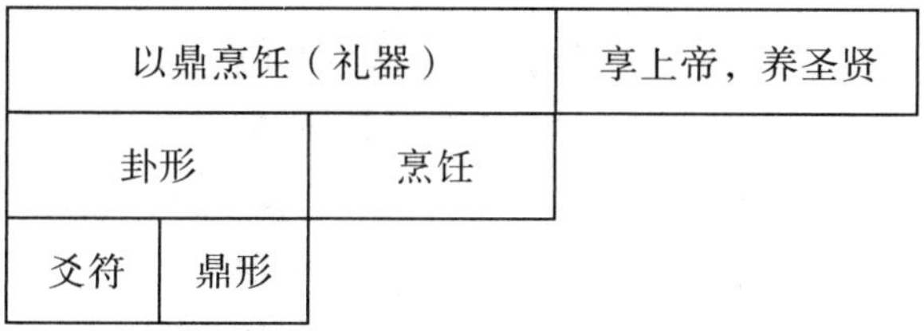

图 4　“鼎”卦拟物取象与意义增殖

传说中的包牺氏即伏羲，他创制八卦图像，这种富有创造性的发明则是通过仰观俯察的形式逐步完成的：

> 圣人有以见天下之赜，而拟诸其形容，象其物宜，是故谓之象。（《周易·系辞上》）
>
> 见乃谓之象，形乃谓之器。（《周易·系辞上》）

如伏羲这样的“圣人”，通过观天下之“赜”，进而“诸其形容，象其物宜”。“赜”，《正义》认为是“幽深难见”之意（李学勤，1999，p. 274），朱熹认为是“杂乱”之意（1987，p. 59）。《说文》未收“赜”字，《广雅·释言》《集韵·麦韵》皆认为“赜”通“啧”。《左传·定公四年》卫大夫子行敬子有云“会同难，啧有烦言，莫之治也”，意谓诸侯会盟难得其宜，争论不休，无人能治。论者多依《说文》训“啧”为大声，马叙伦认为啧啧之声细微，疑“啧”当训为众声，并援引他典，证明“啧”非微至义，而当为众多之义（李玲璞，2000，p. 123）。由此，“啧有烦言”则是众声杂乱、争论不休之意。又《荀子·正名》谓“故愚者之言，芴然而粗，啧然而不类”，论者多注意到此句与“君子之言，涉然而精，俛然而类”相对，“类”是有区别、有条理之意，“啧”则当是杂乱、没有条理之意。由此可见“啧”通“赜”，皆众貌纷纭、杂乱不堪之意。本乎此，就可以理解“圣人有以见天下之赜”之意：圣人见天下万物杂乱纷繁，所以才观象设卦，找出杂乱物象背后共同的本质特征，使之由繁转简。如龚鹏程言，观象并不是原物复现，而是自觉地运用抽象能力寻找、提取物象的特点或性质，让物象对人形成意义，这才是“取象”，这是一种创造性活动（2005，p. 27），因此卦象是一种本质直观，而非抽象概念，所以，有论者指出：“易学的符号体系作为一种认识的工具，既能把握现象中的本质，又能把握本质中的现象，表现了一种认识的深化。”（余敦康，2016，pp. 328－329）其观象设卦本身就已经加入了主体的创造，同时又不拘泥于象，而是成为一种具有普遍性的隐喻或象征，其解释的容量就大为增强。

《周易》的《经》部分，学界基本证实为周初的作品，而《传》部分非一时一人之作，但其主要成书时间一般认为是春秋、战国时期，它是诸子（特别是儒道两家）对《易经》的哲学发挥，也充分关注了言意关系问题。今人陈鼓应注意到道家与《易传》的思想渊源，研究指出《易传》的主要篇章属于道家学派（2007，p. 1）。无论是儒家的“诗以言志”还是道家的“言不尽意”，都不同程度地在实践与理论上注意到言意矛盾，又在解释《易经》的过程中充分注意到易象的作用，“是故《易》者，象也；象也者，像也”（《周易·系辞下》），《周易》由卦象组成，而卦象又是对天地万物的模拟取象，以形象来表征事物的本质特征，同时卦辞、爻辞等又是对卦象符号的补充解释，既有像似符，又有规约符，二者相须为用。钱锺书谓“故《易》之拟象不即，指示意义之符（sign）也”（2008，p. 20），可谓充分注意到《周易》立象尽意的表意功能。

三、“辞达而已”与“得意忘言”：儒道分野及深层原因

先秦诸子百家的论说皆有其现实针对性，司马谈《论六家要旨》云：“夫阴阳、儒、墨、名、法、道德，此务为治者也，直所从言之异路，有省不省耳”（司马迁，1982，p. 3289）。所谓“务为治者”即面对礼崩乐坏的社会现实，提出解决“周文疲弊”的社会问题。具体而言，儒家面对当时的社会问题提出一种建设性的理念，希望通过正名复礼重建秩序（祝东，2018）；而道家看到的则是自周公制礼作乐以降礼乐名分的等级区分以及由此而来的僭礼求名的乱象，因此以“无名之朴”作为应对，是一种解构的立场（祝东，2016）。面对言意关系问题，儒道两家尽管皆认可“立象尽意”的易学表意传统，但是因为持论立场不同，在“尽意”中又走向了不同的分野。

在儒家看来，文辞目的在达意。《论语·卫灵公》中子曰“辞达而已矣”，就是倡导文辞以达意为要。如前文所云，赋诗言志是外交活动，通过援引《诗》，以一种寓言的方式间接表达赋诗主体的情志。孔子所说的“辞”亦是指这种外交言辞，清人钱大昕对此已有辨析：

> 问：“辞达而已矣”，此“辞”何所指？
>
> 曰：三代之世，诸侯以邦交为重，《论语》“使于四方，不辱君令”，则称之；“使于四方，不能专对”，则讥之。此辞即专对之辞也。（2009，p. 126）

儒家倡导质实，反对虚华，如孔子认为“文胜质则史”（《论语·雍也》），史官讳饰君王的不当言行，可能会言过其实，此即孔子所言之“史”，《仪礼·聘礼》云“辞多则史，少则不达”亦为证。因此“辞达”是儒家对言意关系的根本要求，在这一前提下，儒家是反对花言巧语的，因为“巧言乱德”（《论语·卫灵公》），“巧言”在孔子看来是不仁的表现，对此《论语》多有论及：

> 子曰：“巧言令色，鲜矣仁。”（《论语·学而》《论语·阳货》）
>
> 子曰：“巧言令色，足恭，左丘明耻之，丘亦耻之。匿怨而友其人，左丘明耻之，丘亦耻之。”（《论语·公冶长》）

孔子反对巧言令色的虚伪，因为仁者是表里如一的。这里同时涉及另外一个问题，即儒家的修辞态度。《左传·襄公二十五年》引孔子之言云：“《志》有之：‘言以足志，文以足言。’不言，谁知其志？言之无文，行而不

远。晋为伯，郑入陈，非文辞不为功。慎辞也。”这段文字常被研究儒家修辞观的学者援引。所谓“志”，即主体内心的情意，即“在心为志，发言为诗。情动于中而形于言”（《毛诗序》）之“志”，它通过诗句符号得到表达。而“足”，杜注“犹成也”（李学勤，1999，p. 1024），也即语言是能达成情意的，而修辞则会使表达充实。包蕴于内心的情志需要经由语言符号外化，这是第一步，语言符号的即时性特征决定了其在当时不能跨越时空而传播，因此需要有文字记录，有“文”的修饰，才可能传之久远。孔子这话也有其历史语境，即郑国攻打陈国而获成功，后又遭到晋国质问，郑国子产逐条应对，赵文子亦认为“其辞顺”，于是接受了郑国奉献的战利品。郑国因为“辞顺”而赢得了外交的主动权，但从孔子“慎辞”的总结来看，他对此还是有所保留的，毕竟郑国偷袭陈国，恃强凌弱，所以受到晋国的质问。此外在《孔子家语・屈节解》中对子贡游说诸侯、强晋弊吴，使得吴亡越霸，孔子认为其属于“美言伤信”之举（这一点颇同于道家《老子》第八十一章“信言不美，美言不信”），因而提倡“慎言”。孔子提倡“辞欲巧”的前提是“情欲信”（《礼记・表记》），反对“情疏而貌亲”的虚情假意，《逸周书・官人解》（此篇亦见于儒家典籍《大戴礼记》，名为《文王官人》）引儒家推崇的先圣文王之言曰“华废而诬，巧言令色，皆以无为有者也”，盖巧言令色者以无为有，虚而不实，这是儒家所反对的。《逸周书汇校集注》引丁宗洛之言曰：“此篇在本书则为传习，在《大戴礼》则为抄撮。”（黄怀信等，2007，p. 757）不论其先后如何，我们至少可以窥见儒家学者对虚辞巧言的一贯反对态度，他们注重表达的形式“辞巧”与表达的内容“情性”的和谐统一，这就回到“辞达”的根本要求上来。

道家学者则提倡“得意忘言”。如前文所言，道家在道与言的关系论辩中体察到言意矛盾，认识到言不尽意的缺憾，并在意与象的关系中找到了弥补的方法，即立象尽意。而立象尽意又源于对语言符号系统的反思，在道家学者看来，“道法自然”，而语言符号却是一种人为的对世界的割裂，用语言符号系统表征的世界不是浑然天成的世界；自然而然的世界如同“浑沌”，但人造符号却将之割裂得七零八落，世界不再是自然的：

> 天下皆知美之为美，斯恶已。皆知善之为善，斯不善已。故有无相生，难易相成，长短相形，高下相倾，音声相和，前后相随。是以圣人处无为之事，行不言之教。（《老子》第二章）

浑沌的世界本无善恶美丑，当这些符号出现的时候，世界已经被割裂，如“五色令人目盲。五音令人耳聋。五味令人口爽”（《老子》第十二章），自然的世界被人为地割裂，道不复存，“故大制不割”，割即人类通过符号系统对自然浑朴之境的破坏。所以道家提出“处无为之事，行不言之教”的主张，“有言”与“有为”都是对浑美之道的破坏，道是“忽恍”的，是“无状之状，无物之象”（《老子》第十四章），因为有形之物乃是形而下的器，并非形而上的道，道是超越有形之物的。尽管如此，道还是存在的：“孔得之容，唯道是从。道之为物，唯恍唯忽。忽恍中有象，恍忽中有物。”（《老子》第二十一章）只是不能凭感官来觉察道，人能感觉到的只是道的表征：象。故《老子》第三十五章有“执大象”之说，奚侗有云：“大象，道也。道本无‘象’，强云‘大象’。四十一章所谓‘大象无形’也。”（2014，p. 103）因此道家在言与道之间插入了象，言不能明道，但是通过象可以体道，象成为沟通言与道的中介，道可通过明象来间接获取。庞朴先生曾经指出，象其实有两种主要的表现形式，即寓言和图形，以此来立象尽意（2008，p. 74）。如八卦符号就是一种用图像建立的象，卦爻辞中则多是通过寓言设象，因为寓言不仅是言，“更主要地在于它是象”（庞朴，2005，p. 226），接受者则是观象查意，因此钱锺书云：“是故《易》之象，义理寄宿之蘧庐也。”（2008，p. 23）蘧庐，典出《庄子·天运》：“仁义，先王之蘧庐也，止可以一宿而不可久处。”郭象注“犹传舍也”（郭庆藩，2004，p. 519），指古代驿传中供人休息的房子，犹今言旅馆，不是最终归宿。但是欲得道之精义，又必须借助于象，因为意义必须经过符号才能传达。

通过象可以获取道的真义，如果体验到道的精义，那么言也好，象也罢，皆可抛弃。晋人王弼《周易略例·明像》云：“忘象者，乃得意者也；忘言者，乃得象者也。得意在忘象，得象在忘言。”（1980，p. 609）言语符号建构了象，象又是用来表征道的精义的，这就是得意忘言、得意忘象的理论根源。道家的庄子一脉深谙此理，《庄子·外物》：“筌者所以在鱼，得鱼而忘筌。蹄者所以在兔，得兔而忘蹄。言者所以在意，得意而忘言。”所以《庄子》文本不断运用“寓言”“重言”和“卮言”来建构自己的象喻系统，庖丁解牛、涸辙之鲋、佝偻承蜩、井底之蛙、浑沌开窍、鲁侯养鸟、邯郸学步、东施效颦、触蛮之战，等等，不胜枚举。有人统计《庄子》中的寓言，达192则之多（叶程义，2004，p. 4），“寓言十九”（《庄子·寓言》）亦非虚语。《庄子》之所以倚重诸多寓言，正是因为道家学者体验到了“言不尽意”的弊病，故而通过寓言设象来点拨、启发读者，使读者去领悟言外之意。

当然，读者不能拘泥于《庄子》寓言的文字本身，而应该穿透寓言去寻找其所欲表达的深层意思，就像前文所举轮扁斫轮的寓言，庄子借桓公与轮扁的对话，意欲表达的乃是道的不可言传这一特征。抽象无形的道一旦被符号化就意味着被片面化，“符号载体只是与接收相关的可感品质之片面化集合”（赵毅衡，2016，p. 37），片面化即失去了道的普遍抽象的特征，这或许就是庄子想通过此寓言表达的深层意思，而这个意思又是通过设象立意传递出来的，读者不能拘泥于其文字符号本身，而要“得意忘言”。究其根源，则是道家认为言会破坏道的完整性，甚至会因辞采而遮蔽了人们求道的视野，所以庄子会有“吾安得忘言之人而与之言哉”（《庄子·外物》）的慨叹。道家在“尽意”之后立刻“忘言”，这也是道家与儒家害怕巧言害仁的深层差别。

结　语

从“诗言志”到“诗以言志”，先民对作为公共符号资源的《诗》由重情转向达意，作为贵族阶层话语资源的《诗》逐渐转化成言志传意的重要符号载体。通过梳理考察可知，“诗以言志”就是先秦礼仪、外交等场合通过赋诗来间接表达主体情志的活动，并非作者自己作诗直陈己意，而是依托既有《诗》句，断章取义，在交流双方已有共享意义经验背景（理想情形如此，赋诗言志皆是肯定对方拥有此种经验意义背景）基础上，通过剥离创作本事及语境的诗句来隐喻某种主体情意。如李壮鹰所言：“春秋时人们对于《诗》的文本，只是‘赋诗言志’，亦即‘悬置’它的原意，只把它作为一种隐喻自己思想的语言载体来使用。”（2005，p. 59）如果把这里的诗句看作某种符号隐喻，那么赋诗言志其实就某种程度上来说已经包含着立象尽意的意蕴。儒道两家深谙传统礼学，也各自体察出“诗以言志”与“言不尽意”的矛盾，故而有依托易学“立象尽意”的理论阐发，在言与意之间插入了象，象与言结合，对“尽意”起到了很大的推动作用。然而，儒道两家价值取向不同，儒家在“尽意”之时转向“辞达而已”，尽力规避因为辞巧而产生的“美言伤信”之举，归根结底是一种伦理本位；道家则倡导“得意忘言”，希望人们破除对语言文字本身的执念，转而关注言外之意，其逻辑指向审美。此二者对中国传统文化精神产生了深远影响，互为补充，成为推动中国传统社会发展的动力元语言。

引用文献：

白川静（1992）．西周史略（袁林，徐喜辰，译）．西安：三秦出版社．

陈国庆（1983）．汉书艺文志注释汇编．北京：中华书局．

曹慕樊（2005）．庄子新义．重庆：重庆出版社．

陈鼓应（2007）．易传与道家思想．北京：商务印书馆．

陈来（2002）．春秋礼乐文化的解体和转型．中国文化研究，3，15－37．

陈来（2009）．古代思想文化的世界．北京：生活·读书·新知三联书店．

冯若春（2008）．“他者”的眼光．成都：巴蜀书社．

郭庆藩（2004）．庄子集释．北京：中华书局．

龚鹏程（2005）．文化符号学导论．北京：北京大学出版社．

韩经太（1990）．中国诗学与传统文化精神．成都：四川人民出版社．

黄怀信，等（2007）．逸周书汇校集注．上海：上海古籍出版社．

李学勤（编）（1999）．十三经注疏·周易正义．北京：北京大学出版社．

李学勤（编）（1999）．十三经注疏·春秋左传正义．北京：北京大学出版社．

李玲璞（编）（2000）．古文字诂林（册二）．上海：上海教育出版社．

李壮鹰（2005）．逸园丛录．济南：齐鲁书社．

李春青（2014）．趣味的历史．北京：生活·读书·新知三联书店．

毛振华（2005）．左传赋诗研究．硕士学位论文．郑州：郑州大学．

莫里斯（2010）．开放的自我（定扬，译；徐怀启，校）．上海：上海人民出版社．

庞朴（2005）．原象．载于庞朴文集（卷四）．济南：山东大学出版社．

庞朴（2008）．中国文化十一讲．北京：中华书局．

钱锺书（2008）．管锥编．北京：生活·读书·新知三联书店．

钱大昕（2009）．潜研堂集（卷九）．上海：上海古籍出版社．

司马迁（1982）．史记．北京：中华书局．

尚秉和（1980）．周易尚氏学．北京：中华书局．

王弼（1980）．周易略例（楼宇烈，校释）．北京：中华书局．

王文生（2012）．诗言志释．北京：生活·读书·新知三联书店．

徐元诰（2002）．国语集解．北京：中华书局．

徐中舒（编）（2014）．甲骨文字典．成都：四川辞书出版社．

奚侗（2014）．老子集解．合肥：黄山书社．

姚小鸥（2000）．诗经三颂与先秦礼乐文化．北京：北京广播学院出版社．

叶程义（2004）．庄子寓言研究．台北：文史哲出版社．

余敦康（2016）．周易现代解读．北京：中华书局．

朱熹（1987）．周易本义．上海：上海古籍出版社．

朱自清（1996）．诗言志辨．上海：华东师范大学出版社．

张茁（2010）．语言的困境与突围——文学的言意关系研究．北京：中国社会科学出版社．

赵毅衡（2016）. 符号学：原理与推演. 南京：南京大学出版社.
祝东（2014）. 先秦符号思想研究. 成都：四川大学出版社.
祝东（2016）. 去符号化：老子的伦理符号思想初探. 社会科学战线，8，155－161.
祝东（2018）. 复礼与正名：孔子思想的一个符号学视角. 孔子研究，6，55－62.

作者简介：

祝东，暨南大学新闻与传播学院教授，主要从事传播符号学研究。

Author:

Zhu Dong, Ph. D., professor of School of Journalism and Communication at Jinan University. His research fields mainly cover Chinese traditional semiotic thought and communication theories.

传播媒介变迁的四体演进：一个符号修辞学分析

曹　丹　陈华明

摘　要： 在媒介化社会中，从发展史的角度宏观地把握传播媒介的形态及变迁进程，有助于理解当今传播媒介的发展样态与未来可能。媒介不仅是工具，还具有表意性。本文突破传统媒介研究的"工具性"局限，从符号修辞学的视角出发，借用"四体演进"理论，分析传播媒介在形态变迁历程中的不同表意模式，梳理出一条从媒介表意角度来认知传播媒介形态及其变迁的路径，认为传播媒介的发展变迁不全是技术进步的结果，也是人类信息需求与表达同外部世界互动的结果，人类的传播媒介在经历了隐喻阶段、转喻阶段、提喻阶段后，发展到了反讽阶段。本文还对传播媒介在反讽阶段之后的形态走向进行了探讨。

关键词： 传播媒介变迁，四体演进，符号修辞

The Four-Tropes Evolution of Media: A Semiotic Rhetorical Analysis

Cao Dan　Chen Huaming

Abstract: In our mediated society, it is helpful to understand the patterns of development and future possibilities of the current media based on their form and process of change from the perspective of their historical development. Media are not only tools but also ideograms. This paper analyses the different ideographic modes of the media in the process of morphological change by applying the theory of evolution of the four master tropes in semiotic rhetoric rather than the limited instrumentality of traditional media research. It identifies a cognitive path for understanding the media's modes and changing process based on the concept of "media signification". Media development is seen as a result of technological progress and interactions between the external world and human demands for information and expression. After passing through the phases of metaphor, metonymy, and synecdoche, human media have developed to the stage of irony. The morphological trend of the media beyond the phase of irony is also discussed.

Keywords: changing process of media, evolution of the four-tropes, semiotic rhetoric

DOI: 10.13760/b.cnki.sam.202202010

一、问题的提出与研究视角

随着科技的发展，当前时代的传播媒介形态较过去已发生了翻天覆地的变化。各种媒介形态日新月异，电脑、智能手机、可穿戴智能设备、VR/AR 虚拟媒介，等等，曾经的科幻场景似乎正变为现实，这引发了众多讨论。新形态的传播媒介在让人眼花缭乱、应接不暇的同时，也亟待进一步理解。

（一）作为工具的传播媒介

从宏观历史的角度回溯、把握、理解媒介，是厘清当下媒介现状和预见媒介发展未来的必经之路。对于传播媒介形态的变化，国内外学者在媒介历史进程这一动态视角下进行了不少讨论。马歇尔·麦克卢汉（Marshall McLuhan）认为每一个时代都有一个主导媒介（洛根，2012，pp. 24－25），延森（Klaus Bruhn Jensen）认为"媒介理论就是媒介史的产物"，他从媒介的物质性、特定媒介及其传播实践对社会的影响出发，将媒介划分为三种类型：作为人际交流的媒介的人的身体、经典的大众传播媒介、数字化的信息传播技术（延森，2012，p. 67）。基特勒（Fredirch Kittler）依据人类传播的编码技术，将传播媒介的历史划分为文字的历史和技术媒介的历史，并进一步将其分别划分为手稿、印刷品，模拟媒介、数字媒介（基特勒，2013，pp. 235－254）。我国著名传播学家邵培人在其《传播学》（2007）中指出，人类共经历了五次由新媒介的产生引发的传播革命，人类历史上陆续出现的媒介为：语言、文字、印刷媒介、电子媒介和网络媒介。

梳理文献发现，既有研究对传播媒介变迁历程的探讨着重考量媒体与人的主体性的互构关系，进而窥见传播媒介如何影响社会发展进程，多从技术角度、传播实践角度、媒介物质性角度展开，局限于媒介的“工具性”范畴。但是，如果将传播媒介的形式及历代变迁纳入符号修辞学的范畴来考察，我们就可以在工具性之外发现一个理解传播媒介变迁的崭新维度——传播媒介的表意性。

（二）作为表意模式的传播媒介

符号学家赵毅衡认为，“任何教条，任何概念，甚至任何事业，本质上都是一种符号表意模式”（2016，p. 216）。传播媒介也不例外。对于媒介的理解，研究者们各抒己见、逐步深入。有人认为传播媒介就是符号的具有技术性的物质载体，承载的是传播内容的符号表达，这是一种在媒介工具性范畴内的理解。本文认为，传播媒介的载体形式与内容形式须统一而论，即传播媒介是传播技术物质载体和传播技术带来的内容的统一，单论其一不成其为本文所谓“传播媒介”。比如，电视这种传播媒介，指的是运用电子技术的物质载体电视机及其所带来的声、画信息内容的统一。在这一理解的基础上，媒介也就突破了“中介物”的理解限制而成为一种符号表意系统。

传播媒介的表意可以从两个角度去理解。第一，是媒介表达的角度。学者张骋认为“媒介是表达事物形式的符号，或者说人类所有的思想和情感都必须通过符号媒介的表达才能被人感知”（2017，p. 49）。当代批评家、哲学家伯纳德·斯蒂格勒（Bernard Stiegler）更是论证了技术和人类的同源性，从他的理论角度看，“媒介”从一开始就是一个与生命、与人类的“外生系统”以及与它所产生的具体效果的历史有着必然牵连的概念。可以说，媒介在本质上是生命体和环境之间的连接运作（Hansen，2006，pp. 297 - 306）。让人获得体验的媒介本身就是一种携带意义的感知，是表达形式的符号，是表意的。其携带的意义，就是与人本身相对的外部世界。第二，是媒介功能的角度。媒介对社会和文化有着深远的影响，麦克卢汉在《理解媒介——论人的延伸》一书中提出的“媒介即讯息”论断影响甚广，该论断认为，对于文化而言，媒介本身才是最重要的，传播中最本质的部分不是传播内容，而是传播媒介本身，媒介形态本身影响、塑造人们的心理和行为方式（2000，p. 33 - 50）。伯纳德·斯蒂格勒也认为媒介本身的形式才是意义之所在，媒介才是文化真正的“内容”。从这个意义上讲，媒介本身就是文化的一种表意模式，媒介的形态象征着不同的文化形态。传播媒介不仅仅是工具，还是一种符号表意系统，表达着人类的外部世界，影响着人类文化的进程。

如此而言，传播媒介形态的变迁也是传播媒介表意模式的变迁。那么，如果基于传播媒介的表意性，我们又应该如何来理解传播媒介，理解其发展和变迁呢？传播媒介形态变迁中的意义经历了怎样的变化？其发展历程带来怎样的预示和反思？基于此，本文将突破以往对媒介变迁研究的工具性范畴的局限，梳理出一条从媒介表意角度来宏观地认知传播媒介形态及其变迁的路径。本文将从符号修辞学切入，探讨、阐释人类历史上陆续出现的媒介形态及其变迁背后更为本质的修辞逻辑。

二、理论视角：符号修辞与四体演进

（一）符号修辞

传统修辞学研究多集中于语言领域。20 世纪，语言学研究发生转向，符号学研究蓬勃发展，符号修辞学兴起。符号修辞学扩展了传统修辞学的研究领域，广告、电影、新闻、科技、媒介等都进入其研究视野。众多研究者中，影响最深远的要属法国符号学家罗兰·巴尔特（Roland Barthes）。符号比喻的特点是喻体与喻旨之间的强迫性连接，展现两个截然不同事物之间的相似性，突出“异中之同”。其中明喻的特点是直接的强迫性连接；隐喻的这种连接有一定的开放性；转喻的特点是邻接性，是用一种事物替代相互关联的另一种事物；提喻的特点是“具体替代整体”，其喻体与喻旨是局部与整体的关系；反讽是两个完全不相容的意义被放在一个表达方式中，它表达的不是直接旨意，而是相反的意思（赵毅衡，2016）。巴尔特强调，明喻、隐喻、转喻、提喻、反讽等修辞手法蕴含着媒介文本的深层话语（巴特，2008，p. 265）。所以，明喻、隐喻、转喻、提喻、反讽不仅是一种纯粹的表达技巧，还是布斯（Wayne Clayson Booth）所言的“思想的根本形式”（2009，p. 31）。从符号修辞这个角度来讨论传播媒介时，我们不仅可以从微观上，即从具体传播媒介的表意模式方面来探讨其符号修辞效果，还可以在宏观上从人类文化的角度去看待传播媒介的影响以及这种影响的变迁。

（二）四体演进

本文借用符号修辞学的“四体演进”理论来观照、阐释人类历史上陆续出现的传播媒介的文化内涵及其关联与变迁。修辞学家肯尼斯·伯克（Kenneth Burke）将四种修辞方式（隐喻、转喻、提喻、反讽）称为“四大修辞格”。赵毅衡对四体演进的研究进行总结和推进，认为四体演进关系是“从隐喻开始，文本题材两层意义关系逐步分解的过程，四个修辞格相互都是否定关系：隐喻（异之同）—转喻（同之异）—提喻（分之合）—反讽（合之分）”（2016，p. 214）。最早提出四体演进关系的思想家维柯（Giambattista Vico）将世界历史分为四个阶段的退化过程：“神祇时期”，比喻为主，是神权时期；“英雄时期”，转喻为主，是贵族时期；“人的时期”，提喻为主，是理性时期；“颓废时期”，反讽为主，意识走向谎言（赵毅衡，2016，p. 214）。修辞四格的演进模式被很多研究者应用到不同领域，皮亚杰（Jean Piaget）用以研究儿童心理发展，汤普森（Edward Palmer Thompson）用以研究英国工人阶级的历史，怀特（Hayden White）用以研究历史写作的方式；我国学者任伟借用四体演进探讨比较文学在中国的发展历程，王立新用四体演进分析中国电视剧影像话语的变迁，等等。赵毅衡在其符号学研究中明确提出：四体演进关系是符号表意形式的一般规律，“形式史就是文化史，随着程式过熟，必然走向自我怀疑，自我解构”（2016，p. 214）。

本文从符号修辞角度宏观地考察传播媒介的变迁历程，借用四体演进规律阐释传播媒介的变迁路径，为理解传播媒介及其发展和动因提供了一个全新的角度和视野，对于把握当代传播媒介纷繁现状、预测未来传播媒介发展方向有重要意义。

三、传播媒介变迁的四体演进

传播媒介表达和反映着外部世界，影响着一个时代的人类文化，具有表意性。在这个角度上，传播媒介的变迁经历了“四体演进”的进程——经过隐喻、提喻、转喻阶段，进入反讽阶段。特别要说明的是，这种四体演进是随着时代中最具有影响力的传播媒介的变迁更替而推进的，并不受媒介技术发展中的共时性的影响。每个时代都有一个主导传播媒介，这个媒介最符合当时人类的信息需求，对当时的人类文化影响最为深刻。

（一）隐喻时期：以口语作为主导传播媒介

距今约 9 万至 4 万年前，语言诞生了，这是人类传播史上的第一座里程碑。语言的出现是一个漫长的进化过程，研究者们无法直接追溯其起源，更多是通过猜测来了解。众多观点中，目前最为广泛接受的是：语言起源于劳动。随着劳动复杂化，人类大脑得到锻炼，发音器官也得到进化，并有了交流经验、发展知识的需求和说话的可能。但个人无法独立完成经验和知识的积累与发展，个体间的信息传递与交流变得必要和重要。经过数百万年，人类学会了归纳信号，不仅会通过声音将信息传递给同伴，还学会针对特定事物发出特定信号，长期进化下来，某种信号就代表了某种特定的含义。在这一过程中，人类的声音表意不断丰富和发展，口语出现了。

考察各类关于口语诞生的观点，其本质上的共通之处在于：都认为口语与人类的经验和行为有直接的关系，是对人的经验、行为的直接反映。也就是说，口语作为传播的媒介，是对外部世界的直接呈现。从符号修辞角度看，口语与外部世界之间呈现一种直接的强迫性连接，这种连接形成了比喻关系。

比喻是利用另一事物来看待这一事物，二者之间有明确连接。隐喻就是其解读有一定开放性的比喻，喻体和喻旨之间的连接比较模糊，没有强制性，这种连接往往只是发出者的意图。隐喻，突出“异中之同”，表现两事物之间的相似性，但这两种事物几乎截然不同。从口语的诞生和表意中，我们可以看出，口语用发音来看待外部世界，它与外部世界之间形成了一种直接的连接，但这种连接并不是固定而明确的，而是模糊的，比如发音［gʊːd］，不同的人对于其表意的解释可能不完全一致；同时，口语和外部世界是两种完全不同的事物，二者间的连接基于特征相似性。所以，口语是一种隐喻性的媒介。

另外，符号修辞四体演进观念认为，与隐喻相对应的是“神祇时期”，社会充满神权。根据媒介环境学派先驱哈罗德·英尼斯（Harold Innis）的研究，语言是一种时间偏向的媒介，其早期无法储存、出口即逝的特性，使得当时的社会文化中大量信息被压缩成神话、宗教等结构形式，以此实现集体记忆管理。口语必须面对面交流，无法突破空间局限，这使得文化纵向传播，产生对抗时间的力量，城邦和宗教结为一体成为口语时期常见的帝国组织形式，由此生成口语时期重视传承、敬畏历史、宗教盛行、神权至上的传统（Innis，2008）。口语时代神权的形成，正是口语这种传播媒介的社会文化功能特点的体现，这也进一步表明了语言的隐喻特性。

（二）转喻时期：以文字作为主导传播媒介

随着人类社会的发展，人类的远祖们找到了把声音同发出声音的人分离开来并加以保存的技术，文字便产生了。造纸术和印刷术的发明，让文字取代口语，成为当时最主要的传播媒介。沃尔特·翁（Walter J. Ong）将“完全意义上的文字”定义为充分调动词语特性的编码符号，通过充分调动词语的特性，将语音的结构或所指用符号表现出来，用激发观念的符号来抽象和表征经验。简言之，“文字不是事物的表征，而是语言的表征，是人说出的词语或想象中说出词语的表征”（翁，2008，p. 64）。麦克卢汉认为，媒介的内容本身总是另外一种媒介（2000，p. 34）。在这个意义上，文字这一媒介的内容是语言，而“文本则可以根据其是否把日常语言转换成象形文字、音节或音位符号来进行分类”（刘丽，2018，p. 19）。

在符号修辞学上，与隐喻的直接连接相比，转喻的特点是具有邻接性，包括时间和空间的邻接，是用一种事物替代相互关联的另一种事物。“转”即寻找“替代品”。从符号修辞的角度看，在传播中，如果语言是外部世界的直接反映，那么文字就是以语言为中介的对外部世界的间接抽象，它与外部世界邻接；用抽象的字符文本替代现实的外部世界，是一种对外部世界的转喻。

另外，文字是一种体外化的媒介，有突破传播时空限制的可能。在古登堡印刷术发明之前，文字传播因其载体昂贵、依赖手抄而未实质性地与人的身体分离，所以没有突破传播的时空限制，没有对人类传播形成决定性的影响，人类传播依然处于口语阶段。1450 年古登堡对印刷术的革新，使文字被储存进可移动的、可被大量复制的印刷物中，文字真正地离开了人体，具有了可体外传播的特性。这让信息传播开始大规模突破时空限制，促使文字的传播功能得到了极大发挥。

人类传播历程进入以文字印刷品为主导传播媒介的时代后，文字的体外传播特性让信息交流不再依赖于在场。由于读者和作者可不在同一时空里，阅读活动较之前的面对面交流更加带有批判、怀疑和改写的倾向，这动摇了传统的权威，促使口语传播时期的神权下移。文字的接收能力需要后天习得，因而识字、阅读能力的差异导致了阶层之间的“知沟”，民众从贵族阶层分离，社会权力集中于贵族阶层手中，神权下降为贵族之权。符号修辞四体演进观念认为，与转喻相对应的是“英雄时期”，充满贵族气息，贵族和民众截然分开。由此而言，文字体外传播特性的充分发挥所带来的社会文化影响正是其转喻功能的体现。

（三）提喻时期：以电子媒介作为主导传播媒介

19 世纪，电子媒介出现。电子媒介是指运用电子技术、电子设备和其产品进行信息传播的媒介，如广播、电视、电影、录像、录音、光碟等。随着广播、电影、电视的普及，电子媒介时代到来。较之口语和文字，电子媒介革命性的信息表达特点有二。第一，在信息的呈现上，对外部世界高度还原。基于无线电技术和摄影技术的发展，电子媒介同时具备声音、图片、文字等功能，实现了对图景和声音的异地呈现，现实图景不再稍纵即逝，而是作为信息被保存并“真实地”“原模原样地”传递给信息接收者。第二，在信息的传输速度上实现了跨时空瞬时传输。电子技术让电子媒介的信息传输脱离了运输的物质载体，“超越了所有文字形式的信息传播速度，使得距离长短不再是个值得计较的问题”（基特勒 & 黄淑贞，2013，p. 244）。传播的瞬时性使得电子媒介信息更加直观、生动、形象。总之，电子媒介让信息接收者似乎并不需要环游世界，就能直观地接触到整个外部世界。

电子媒介的这种表意方式正是符号修辞中的提喻，其喻体与喻旨之间是局部与整体的关系，以局部喻指整体或以整体替代局部。“几乎所有的图像影视都是提喻，因为他只能展现真实图景的某一部分”（赵毅衡，2016，p. 190）。根据前文的分析，电子媒介通过声、图、文的综合瞬时传播，似乎为信息接收还原了一个现实世界，但其实，这个被还原的现实世界并不真的是全部的现实世界，而只是真实世界的一个侧面或者一部分。李普曼提出“拟态环境”的观点，认为传播媒介为大众提供的并不是现实环境的客观再现，而是通过对象征性事件或信息进行选择和加工，重新加以结构化后向人们展示的拟态环境。拟态环境并不等同于真实环境，“它仅仅是借助于大众传播媒介提供给我们可以感受、适合体验的‘影像’世界，它所提供的信息内容只是现实世界无比丰富多彩的信息的一部分，不可避免地具有片面性”（李苓，2002，p. 122）。由此而言，电子媒介就是通过部分地还原外部现实世界而营造一种“准真实世界”来对外部世界进行提喻。

另外，电子媒介还具有提喻性的社会文化功能。符号修辞四体演进观念认为，与提喻相对的是“人的时期”，人代替神或英雄，成为主人公。在传播中，一方面，电子媒介形象化的“还原”表达使得人们对其内容理解并无障碍，这让电子媒介迅速被人们接受和使用；另一方面，其“一对多”的信息传播形式也让更多人能够接收信息，极大地扩展了民众获取信息的渠道。由此，电子媒介的大众性凸显，成为绝对的大众媒介，就像《连线》杂志主编克里斯·安德森（Chris Anderson）所言，20 世纪出现的大众媒体文化是当时占主导地位的新媒介——电视与广播制造的特定产物（安德森，2015，pp. 21 - 22）。电子媒介对信息的传播标志着大众文化时代的真正到来，使每一个普通人都成为社会文化运转的中心。

（四）反讽时期：以数字媒介作为主导传播媒介

随着数字信息技术的发展，传播媒介形态再一次经历变革，从电子信息技术升级为计算机信息技术和互联网技术，变成了建立在计算机和互联网基础上的数字媒介。与过往媒介比较而言，数字媒介最大的进步是改变了媒介信息的存在方式——由原子转向了比特。“比特没有颜色、尺寸或重量，能以光速传播。它就好比人体内的 DNA 一样，是信息的最小单位”（尼葛洛庞蒂，2017，p. 5），而且“大容量的数字网络，让我们可以在所需的任何时间向任何地点传递信息”（米切尔，2001，p. 2）。信息传播的最小单位由原子变为比特，这不仅让“信息几乎可以附着于任何东西，附着于人类生存环境的任一角落，可以有形，也可以无形”（李沁，2015，p. 9）。由此，数字媒介技术最大限度地突破了传播技术史上信息交流和传播的时空障碍，彻底解决了信息的储存和自由移动问题，使得随时随地获取海量信息成为可能。同时，数字媒介压缩了信息传播时空，将“此时此地的我”与“远距离的现场”连接起来，“那些寻求真知的人们再也不必长途跋涉去遥远的地方获取信息，甚至不用去当地的图书馆。因为，书店、报摊、杂志架、剧场、寺庙和教堂——甚至菩提树——都有了虚拟的替代物”（米切尔，2001，p. 6）。人的信息传播活动就此“从物理性的现实空间延展到了虚拟性的赛博空间”（周旭，2018，p. 122），人类在虚拟空间中出现身体镜像，它将生物智能和数字智能结合在一起，“数字连接人”的出现（陆正兰，赵勇，2020）使得人类进入一种数字化的生存状态，具有互动性、虚拟性、超真实、建构性等特点。

这样的数字媒介形态，从符号修辞的角度来看，充满反讽的特征。可以说，数字媒介形态的形成标志着媒介反讽时代的来临。赵毅衡认为，“反讽是另一种超越修辞格的修辞方式。反讽是符号对象的排斥冲突，是两个完全不相容的意义被放在一个表达方式中。反讽表达的非但不是直接指义，而且正好是相反的意思”（2016，p. 205）。当把反讽放到大局面文本中考察时，会出现大局面反讽，大局面反讽是意图与结果之间出现反差，而且结果恰好是意图的反面。

首先，从媒介表达方式角度分析。数字媒介储存海量信息并进行传播，使得信息接收者们非常容易无尽地获取外部世界的信息。数字媒介的信息无限可得性使获得全部信息、看清世界的真实面貌在理论上成为可能。但实际情况并非如此。海量纷杂的信息传播造成信息超载，各种信源模糊甚至匿名的信息漫天飞舞，未被加工的碎片化信息、众多无确切事实根据的推测和观点、大量充满商业意味的煽动性信息，等等，充斥着数字媒介空间。信息论提出者香农（Claude Elwood Shannon）定义信息为“不确定性的消除”（王勇，黄雄华，蔡国永，2013，pp. 28 – 30），但在数字媒介中，海量的模糊、碎片化信息恰恰增加了信息接收者对外部世界认知的不确定性，真相反而变得更加模糊，“后真相”时代到来。在信息表达层面上，数字媒介的实际意义与意图意义可谓背道而驰，反讽意味十足。

其次，从媒介功能的角度分析。符号修辞四体演进观念认为，与反讽相对的是“颓废时期”，是人的主体性上升、个人意识觉醒的时期，也是人类社会逐步走向自私自利、道德沦丧的时期。基于 Web 2.0 的数字媒介塑造了一个赛博空间，这个空间最大的特点是互动性与虚拟性。在赛博空间中，数字媒介对现实生活进行仿真再造，使用数字媒介的人们仿佛生活在一个“超真实”的仿像虚拟世界中。在这个超真实世界中，符号世界与现实世界的界限变得模糊，网络社会事实符号化的操作门槛低、获利可能大、社会治理难等因素导致经重构的社会事实质量参差不齐（吴海琳，王敬贤，2020），人们相信符号的力量超过现实的力量，依靠着符号来生活。在这个超真实空间中，人们可以远距离交流、合作；一个人可以拥有多个身份，人的地位不再受现实身份的限制。赛博空间是现实空间的仿真再造，现实空间也受赛博空间影响而发生着变化，“现实世界的寡头被网络民主替代”（弗雷泽 & 杜塔，2013，p. 131）；社会权力“去中心化”，变得更加分散，人人都是传播者，人人都有话语权，人的主体性得到极大提升，个人意识获得觉醒。“数字媒介真正的价值也越来越和信息无关，而和社区相关”（尼葛洛庞蒂，2017，p. 19），数字媒介颠覆了外部世界。由此可见，反讽在数字媒介的社会文化功能上发挥作用，推动社会文化进入了反讽阶段，数字媒介是具有反讽功能的媒介形态。

四、结语与展望：反讽之后的主导传播媒介

人类传播媒介的变迁历程遵循着四体演进的规律，陆续经历了隐喻、转喻、提喻阶段，正处于反讽阶段，各个阶段的主导传播媒介特性形塑了当时的社会文化。这表明：第一，媒介的变迁并非纯粹是技术发展的结果，也是人类信息需求与外在世界互动的结果，四体演进是一种规律，具有必然性，媒介在发展中走向反讽是其形态演变的必然；第二，新媒介形态是对旧媒介

形态的推翻和重建，四体演进的四个修辞格是相互否定的关系，媒介发展中的每一种形态不是对前一种形态的继承和发扬，而是彻底的推翻和重建，即新媒介不是在旧媒介的基础上延展出来的，而是一种完全新生的技术、逻辑和关系，表意出全新的文化形态。

那么反讽之后的媒介形态又将如何改变？维柯的历史循环论认为，当一个周期结束后，第二轮新的四体演进循环又将开始，但新的循环不是机械式的复演，而是不断变动、发展与更新的。赵毅衡指出，“某种文本一旦走到头，此后的怀旧仿作都是增加反讽式苦味的余波，不可能复活这种表意方式，重新开始的是另一种表意方式，文化必须靠一种新表意方式重新开始，构成一个从隐喻到反讽的漫长演变”（2016，p. 217）。

当下传播媒介发展的反讽阶段，还出现了一个同样基于数字技术的新特征——人工智能，比如智能机器人、智能穿戴设备、智能家居等，它们能够与人沟通、执行人的指令。保罗·莱文森（Paul Levinson）认为，媒介进化是一个动态且持续的过程，作为人类社会的产物，媒介技术的进化始终致力满足人类的需求与选择，在人和社会环境的推动下，向着人性化的方向进化（莱文森，2003，p. 86）。如果说语言、文字、电子媒介和目前阶段的数字媒介都是在致力消除人与外部世界之间的物理距离的话，那么数字媒介在发展中朝向的人工智能阶段就是在致力消除人与机器之间的心理距离，“赋予死板、冰冷的机器以智能（而不是单纯的计算能力）和‘温度’，让人与机器在整体智能层面上进行平等、无障碍的沟通，在人与机器之间实现‘心有灵犀一点通’”（吴伯凡，2017，p. 48）。

很明显，真正的智能媒介与当下的数字媒介是有很大区别的，目前基于数字技术的所谓智能媒介只是数字媒介发展的一个巅峰状态而已，我们不能据此认为智能媒介时代已经到来，或者传播媒介进化的下一个时代就是智能媒介时代。智能媒介是将成为媒介形态的整体转向，还是仅为数字媒介发展的一个阶段？回答这个问题尚待时日，因为“一种媒介，要完全展现自己独一无二的特征，是需要一个过程的”（黄旦，2019，p. 26）。从口语到文字再到电子媒介都经历了漫长的时间，而当下我们所处的反讽媒介阶段，如果从第一台电子计算机算起，还不到一百年。但能够肯定的是，传播媒介的表意不会停止进化，传播媒介的形态不会停止变迁。一方面，传播媒介将越来越还原人对外在世界的感知，能够处理来自外在世界的不同属性的信息，成为统一、多面的信息处理系统；另一方面，传播媒介将更深刻地影响人类的生活和社会文化，也许有一天，传播媒介将进入新的阶段，它不再是信息媒介，而是像空气一样无处不在，只有当其不存在时，我们才感觉到它的存在。

引用文献：

安德森，克里斯（2015）. 长尾理论（乔江涛，等译）. 北京：中信出版社.

巴特，罗兰（2008）. 图像修辞学（方尔平，译）. 载于北京大学外国语学院外国语言学及应用语言学研究所（编），语言学研究，6. 北京：高等教育出版社.

布斯，韦恩·C.（2009）. 修辞的复兴（穆雷，等译）. 南京：译林出版社.

弗雷泽，马修 & 杜塔，苏米特拉.（2013）. 社交网络改变世界（谈冠华，郭小花，译）. 北京：中国人民大学出版社.

黄旦（2019）. 试说“融媒体”：历史的视角. 新闻记者，3，20－26.

基特勒，弗里德里希·A. & 黄淑贞（2013）. 传播媒介史绪论. 文化研究，13，235－254.

莱文森，保罗.（2003）. 人类历程回放：媒介进化论（邬建中，译）. 重庆：西南师范大学出版社.

李苓（2002）. 传播学理论与实务. 成都：四川人民出版社.

李沁（2015）. 泛在时代的“传播”偏向及其文明特征. 国际新闻界，5，6－22.

刘丽（2018）. 传播媒介演化过程中人的政治延伸. 硕士学位论文. 南京：东南大学.

陆正兰，赵勇（2020）. 数字时代的身体意义——科幻电影中的三种虚拟人身体范式探析. 福建师范大学学报（哲学社会科学版），5，116－124＋171.

洛根，罗伯特.（2012）. 理解新媒介：延伸麦克卢汉（何道宽，译）. 上海：复旦大学出版社.

麦克卢汉，马歇尔.（2000）. 理解媒介——论人的延伸（何道宽，译）. 北京：商务印书馆.

米切尔，威廉·J.（2005）. 伊托邦：数字时代的城市生活（吴启迪，乔非，俞晓，译）. 上海：上海科技教育出版社.

尼葛洛庞蒂，尼古拉.（2017）. 数字化生存（胡泳，等译）. 北京：电子工业出版社.

邵培仁（2007）. 传播学. 北京：高等教育出版社.

王勇，黄雄华，蔡国永（编）（2013）. 信息论与编码. 北京：清华大学出版社.

威廉斯，雷蒙.（2005）. 关键词（刘建基，译）. 上海：上海三联书店.

翁，沃尔特（2008）. 口语文化与书面文化：词语的技术化（何道宽，译）. 北京：北京大学出版社.

吴伯凡（2017）. 一本关于“智能时代”的“说明书”. 载于数字化生存. 北京：电子工业出版社.

吴海琳，王敬贤（2020）. 网络公共空间分化及其发展新趋向——基于缺场网络公共空间的话语实践分析. 福建师范大学学报（哲学社会科学版），1，38－45.

延森，克劳德·布鲁恩（2012）. 媒介融合：网络传播、大众传播和人际传播的三重维度（刘君，译）. 上海：复旦大学出版社.

张骋（2017）.“媒介即讯息”，不是“媒介即信息”：从符号学视角重新理解麦克卢汉的经典理论. 新闻界, 10, 45 - 50.
赵毅衡 (2016). 符号学: 原理与推演. 南京: 南京大学出版社.
周旭 (2018). 理解赛博空间: 从媒介进化论到虚拟生存. 学习与实践, 9, 119 - 125.
Hansen, M. B. N. (2006). Media Theory. *Theory, Culture and Society*, 23, 297 - 306.
Innis, H. A. (2008). *The Bias of Communication.* Toronto, CAN: University of Toronto Press.

作者简介:

曹丹，四川大学文学与新闻学院博士研究生，研究方向为新媒体与社会文化。

陈华明，四川大学文学与新闻学院教授，研究方向为新媒体与社会文化、网络舆情治理。

Author:

Cao Dan, Ph. D. candidate of College of Literature and Journalism, Sichuan University, editor of *Sichuan University Newspaper*. Her research interests include new media and social culture.

Email: 736902319@ qq. com

Chen Huaming, professor of College of Literature and Journalism, Sichuan University. His research interests include new media and social culture, network public opinion management.

Email: chenhuaming@ scu. edu. cn

论认知符号学对视觉文化研究的启迪

王陌潇

摘　要： 艺术史学者、视觉文化研究者汉斯·贝尔廷（Hans Belting）在其著作中采取一种新研究视野，即拓展过去对图像内容的单一考量，而对“图像－媒介－身体”三元连续体展开更全面的研究。此视野下的媒介与身体这两个要素被置入一种更加密切的相互关系内。然而在进一步推进中，对这两种要素的处理还处于悬而未决的理论阶段，不仅在操作层面的突破有限，还缺乏更具系统性的建构。无独有偶，过去十几年来逐渐引人注目的认知符号学也在对身体问题展开深思。这种探索不仅引入了新的认知科学技术，还从现象学等领域汲取了养料，形成了相对成熟的方法论和理论体系，为视觉文化研究展示了一种面对自然科学的可能立场。

关键词： 认知符号学，视觉文化，媒介，身体

On the Contribution of Cognitive Semiotics to the Study of Visual Culture

Wang Moxiao

Abstract: In his book, art historian and visual culture researcher Hans Belting expands the previously one-sided view of image content. His more comprehensive study of the “image-medium-body” continuum places medium and body in a closer relationship. However, the theoretical handling of these two elements remains in a pending phase with limited operational value and no systematic construction. Coincidentally, cognitive semiotics, which has gained prominence over past decades, also examines the problem of body. This exploration not only introduces new cognitive science and technology, but also draws from fields such as phenomenology to form a relatively mature methodology and theoretical system, presenting a possible standpoint to natural science for including visual culture research.

Keywords: cognitive semiotics, visual culture, medium, body

DOI: 10.13760/b.cnki.sam.202202011

以乔纳森·克拉里（Jonathan Crary）、尼古拉斯·米尔佐夫（Nicholas Mirzoeff）、诺曼·布列逊（Norman Bryson）等人为代表的视觉文化研究者，自20世纪90年代以来，通过对受众知觉问题的挖掘，极大地拓宽了过去以图像为中心的研究视野。或许是受艺术史方法论的影响，这种对于受众视觉的探索有着沃尔夫林论著中“视觉再现方式”的影子，即试图复原图像制作者乃至那个时代的社会文化所导向的观看方法。然而在今天，面对当下的视觉对象以及自然科学的最新成就，视觉文化研究面对接受端已有些捉襟见肘。

另一个研究领域在知觉问题上先行一步，那就是符号学。视觉文化研究与符号学并不能随意地并列而论，因为前者要称为一个学科，可能还有待商榷，而符号学可被看作“以其对全部或部分现实世界的特定视角来加以定义”（索内松，2019，p.4）的一种学科。总体而言，后者虽然在学科地位上也经历过争议，但不可否认其观照的对象范围与建构的理论基础均要广于前者。也需看到，这并不妨碍将两者一并讨论，因为前者可以将其高度的理论包容性与大量的案例研究成果作为后者的参考，而后者则可以被精练为一种方法路径，并以其更复杂的学科史提供宽阔视野与丰富经验。

更关键的是，在本文将讨论的媒介与认知问题上，两者面对着层次有异却逻辑类似的一些问题。这些年来越发有影响力的符号学分支——认知符号学，其兴起、发展与视觉文化研究的转型在时间轴上有些许重合，而认知符号学因种种原因在此方向走得更远，尤其是在身体、认知等关键问题上的推进，不仅引入了更多的自然科学方法——这是视觉文化研究有待深入的，还在理论逻辑上捍卫了人文学科的精神——这是视觉文化研究将面对的潜在困局。总而言之，认知符号学为视觉文化研究的发展带来了可供汲取的养分，也提示了将面临的问题以及可能的突破方向。本文的目的就是通过两者学术脉络的梳理来尝试为视觉文化研究的进一步发展做少许方法论上的开拓。

一、溯源：视觉文化潜在的符号学逻辑

沉入理论内核，为何视觉文化研究可以和符号学相提并论？其答案使得认知符号学对视觉文化研究的启发有最基本的出发点。换句话讲，正是二者学术脉络和理论内核上的一些共通点，使得二者可以沟通。

吴琼曾从三个方面分析了视觉文化研究的学术谱系，这三个方面也代表了三条学术脉络：其一，“视觉中心主义的批判”，这一脉络主要承接以福柯、德里达等为代表的后结构主义、解构主义；其二，“奇观社会中的拟像进程”，这一脉络主要推进的是以居伊·德波、鲍德里亚为代表的激进批判理论；其三，“英国文化研究的扩展”，这一脉络指向的是伯明翰学派的影响（吴琼，2006）。这三条脉络大致概括了视觉文化研究最主要的理论源泉。

与本研究关系更为密切的线索在于，这三条脉络中都摇曳着符号学的影子。第一条脉络中，不乏罗兰·巴尔特的追随者，事实上巴尔特对大众文化中视觉对象的分析也是许多视觉文化研究者借鉴的模式。第二条脉络中虽然并没有非常严格、标准的符号学分析，但鲍德里亚在其研究中大量使用符号学术语，而居伊·德波直指“景观的语言是由统治性生产的符号组成”（德波，2017，p. 5）。第三条脉络本身就在多学科视野之中，文化符号学是其中最重要的理论视野之一。可见视觉文化研究从孕育之初就与符号学有着千丝万缕的关系。

从梳理中可以看出，一方面，视觉文化的符号学印记实际上来自不同学派，这种影响当然不能够笼统而言，不过至少明确了视觉文化研究有着显著的符号学视野，这种视野使得其能够回到符号学中汲取灵感。另一方面，视觉文化研究也有不同的研究范式，这些范式各有千秋，然而整体来看确实存在一些普遍的局限性，包括后文将要论证的对媒介要素引入的不完全、对认知问题探索的瓶颈等，其解决方向都可落到认知符号学这一分支。认知符号学在理论上帮助我们进行了一种聚焦，提供了面对认知科学的态度与思路。

再从一些核心概念来看二者的交汇点。视觉文化研究的关键词“视觉性”，对它的考察在学理上与符号学的基础推演有相似之处。米克·巴尔真正把符号学落实到视觉文本分析上，她对视觉性的定义是：“看的实践在构成对象的领域的任何对象中的投入：对象的历史性，对象的社会基础，对象对于其联觉分析的开放性。视觉性是展示看的行为的可能性，而不是被看的对象的物质性。”（巴尔，2005）归根结底，其瞄准的是历史背景、社会属性

所赋予的意义问题，而这是文化符号学的典型内容。米尔佐夫在讨论“视觉性”这个术语的时候直指：“我所说的视觉活动是指视觉符号——技术使符号成为可能并给予支持——和观看者之间的互相作用。”（米尔佐夫，2006，p. 15）他揭示了视觉文化的符号逻辑，还因提出“技术”这一要素而暗示了对技术媒介的特别关注。

视觉性的解读其实大可由符号学中常用的“编码/解码”术语来展开，意即将其理解为：拆解在视觉符号的意义传递中，图像制作者如何使用媒介对图像进行编码，观者又如何在社会规约之下通过媒介观看并对图像进行解码。以皮尔斯符号学为例，对编码/解码的分析主要借助的是对社会规约与自然理据的探寻，而视觉文化研究关注的是视觉活动中社会建构与视觉建构的相互作用。虽然这两对关系之间并不能直接画等号，但确实存在可比性。社会规约与社会建构自不用说，宛如措辞不同的一对孪生兄弟，只不过前者强调约定俗成的自发性，后者则包含了潜在的主动性。自然理据是一个更加宏观、普遍的概念，视觉建构指向的是一种非文化的、自然的维度，可被包含在自然理据概念之内。对图像而言，理据性可以进一步详解为“像似理据性”，这是构成图像或者说视觉符号的基础，“从图像谱系来看，任何一个图像类型，都是基于对象再现的像似性特征形成的”（胡易容，2014b，p. 27）。所谓的视觉建构就是“自然而然”的一种视觉认知活动。有意思的是正如像似性的绝对自然属性受到质疑，视觉建构也不被认为是绝对自然的活动，它与社会建构是同时发生的。如此观之，这两个术语的潜在逻辑的确是可类比的。

这里还需要指明的是，有一些视觉研究领域的学者似乎反对将视觉对象当作符号，例如米歇尔指出“根据语言学转向的模式建构的一种符号学可能无法处理图像……‘图像不必是一个符号’”（米歇尔，2006，p. 7），单引号中是他转引的西比奥克（Thomas Sebeok）的论述。我们需要回到他的学术语境中去细究这种反对，明确这是图像转向对语言转向的一种激烈回应，相较于对符号学的攻诘，其更多是对语言学模式的反思——这也是认知符号学的重要尝试之一，索内松甚至直言他的学术突破是从视觉符号学开始的（2019，p. 2），而非语言学。

二、发展：当媒介进入视野

符号被认为是“携带意义的感知”。符号如何被感知？这其中可能还需要某种载体。有趣的是，媒介也经常被笼统地认为是一种信息（或者意义）的载体，只不过突出了物质性，故而媒介与符号的关系十分微妙。赵毅衡先生认为“媒介与符号载体的区别在于：载体承载符号感知，而媒介让这个感知得到传送”，并总结道：“当符号表意有时空距离时，需要异物质媒介”；“当代媒介学，研究的对象事实上是载体以及/或者媒介”（赵毅衡，2016，pp. 122－123）。事实上也确实如此。相较于这种细致划分，媒介学自身更有野心，试图将物质的与非物质的、具体的与系统的都囊括在其架构之内，统称为媒介，就像德布雷（Régis Debray）倡导的，“不如就把浓缩意义上的‘媒介’称为设备－载体－方法系统，一个从根本上受到媒介学革命震动的系统”（德布雷，2016，p. 13）。

正如米克·巴尔所做的工作——她扮演了符号学者和视觉文化研究者的双重角色，在她的研究路径中，媒介被作为一个解读视觉文本的要素，它决定了符码的构成方式。媒介学的发展其实也与符号学有关，德布雷如此解释媒介学的由来：“如果说我姑且已把为什么解释清楚（有符号在流通），那么剩下的就只有如何（一个抽象的符号可以产生具体的效果）这个问题了。这个被证实了的常数，也就是我们所知的‘符号的效力’，需要一套特殊的概念体系来支撑。”（德布雷，2016，p. 5）这个概念体系正是媒介学。他随即又指出“……我们的目标是使符号具有效力的途径与工具”（p. 7），他将媒介学建立在对符号学的批判上，指出了媒介是达意的真正载体。

在这一问题上有一些学者追溯得更加深远，并认为媒介可以与符号在一定程度上相提并论，这主要是来自媒介环境学的话语。例如，林文刚概括苏珊·朗格的论述为“符号的目的是用可以感知到的媒介来表达我们的思想”（林文刚，2007，p. 244），胡易容在此基础上推论认为“媒介环境学是研究以符号为介质的人类生存关系的学科，换言之，媒介环境学的基本研究对象是‘符号环境’”（胡易容，2014a，p. 103）。言下之意，符号环境是使技术媒介得以作用于人认知的要素。与德布雷的论点相比，这似乎是将媒介与符号的位置调转了。我们不妨像理解视觉建构与社会建构的“交错反转”一样来理解这两个命题——它们同时存在、相互作用，媒介使符号的力量可被感知，而符号环境使媒介（及其所承载意义）可被理解，二者不可分割。

“传媒符号学”或“传播符号学”，其建构都受到了来自陈力丹教授的传播学三分中“结构主义符号－权力学派”（陈力丹，2005）或约翰·费斯克归纳的传播学符号学派（费斯克，2008，p. 45）之影响。借助符号学的分析方法来解决传播学问题这种研究路径不难理解。随着符号学的进一步推进，出现了一种翻转，即传播学视野的符号学，这次翻转使得符号学在媒介问题上有了更多突破。例如乔纳森·比格内尔（Jonathan Bignell）对于符号学的一种媒介视野的解读，认为“在语言和符号系统塑造我们现实的同时，它们也成为人们就现实进行沟通的媒介。以这种方式发挥其功用的符号体系就被认为是一种具有更深刻意义的媒介而不是传统意义上的媒介”（比格内尔，2012，p.5）。比格内尔所说的“媒介”相较于早期媒介环境学派语境下的那种技术媒介，已经大大被拓宽且系统化了。这无疑让人想到皮尔斯曾经的庞大构想：“符号……包括图片、症状、词语、句子、书籍、图书馆、信号、指挥命令、显微镜、立法代表、音乐协奏曲以及有关这些的行为。”（转引自赵星植，2017，p.35）同时，这又与德布雷的媒介学对“媒介”概念的期待何其相似！这一推进从某种程度上佐证了前文提到的媒介与符号的交错关系。

沿着媒介的沟渠顺流而下，可发现媒介学扮演了连接符号学与视觉文化研究的桥梁的角色。媒介学在其自身的完善中“为了研究影响的功能……不可避免地参考了艺术史和科技史”（德布雷，2016，p.7），此两者也正是视觉文化研究的灵感源泉。再度审视视觉文化研究，有一些视觉文化研究者在媒介的问题上投入了足够精力，甚至把它作为一个主要的研究对象。唐宏峰就认为，克拉里所做的研究近乎一种“媒介考古学”（2020，p.32）。“媒介考古学”这个术语没有一个严格的界定，但以其定义自己研究领域的学者所做的工作是“开始建构被压制、忽略和遗忘的媒介之另类历史，而不是目的论式地将现今的媒介文化状况视为‘圆满形态’”（Huhtamo & Parikka，2011，p.3）。时下面对新媒体的视觉文化研究很大程度上继承了这种媒介考古的精神，其考察的对象可能是还未成为主流的或是没有盖棺定论的一系列媒介。

以上是将媒介作为研究对象来讨论的，实际上，在符号学乃至其他人文学科的发展过程中又兴起了另一层面的媒介意识——将媒介作为一种方法。重新审视技术媒介不仅意味着将其作为理论建构当中的一环，还意味着将其作为研究工具，乃至将其视为一种重新定义人与世界关系的中介。这种对媒介的再审视，为接下来的研究引入认知科学打开了缺口，带来了更多可能以及挑战。各种各样的观测仪器开始被引入，无论是已经基本成熟的眼动仪、脑电检测，还是未来可能普及的脑机等，都对视觉对象与观察主体之间的关系有了更清晰的展示。媒介问题的人文探索由技术媒介进行辅助，形成了一种奇妙的回环。

三、转向：聚焦身体与认知

视觉文化研究的理论脉络其实还有非常重要的一支，即艺术史。艺术史不仅在很多学者看来是视觉文化研究的前身，也确实影响到了它的理论实践。其经典的风格学、图像学等方法论长久以来对观者主体并没有太多关注，一些沿袭艺术史传统的学者也展现出了这种倾向。虽然随着学科的发展，其视野逐渐扩大到了接受端，但这一层面的研究往往趋近对受众的社会学分析。主体性问题的内核除了社会属性，还有一个相对应的要素——认知问题。在这一维度上，视觉艺术研究引入了精神分析、格式塔心理学等方法而有所改进，却始终没有在根本上确定观者主体的理论位置。其论述涉及的是一种抽象的观者概念，甚至是一种观者根本不在场的观看方式之分析。就像诺曼·布列逊的总结，“身体被缩减为其光学解剖构造，也就是单孔透视的最小认知图式”（2019，p. 129），身体被简化、抽象，并被强行附加上一种普遍性。

如今的视觉文化研究显然对此并不满意，开始尝试探索观看行为的内在运作机制。这方面最大的突破在于对观者身体的讨论，认为主体性的确证首先要明确身体的作用。例如汉斯·贝尔廷就指出“图像－媒介－身体的三元关系”（Belting，2011，p. 15）在研究中的重要性，弥补了过去研究中主体性的缺失，认为观者不仅具有传播意义上的反馈机制，且由于身体中各种感知、意识的系统运作而可以对其主体性的构成施加影响。在这一方面，乔纳森·克拉里显然走在了其他学者的前面，他不仅关注身体问题，还将其细化到注意力这一认知领域。然而他的研究由于时代与理论的局限，对新兴的认知科学成果避之不谈，他对 19 世纪末至 20 世纪上半叶的心理学、认识论的梳理，其学理上的目标不是去解答一个最接近所谓真实或者客观状况的视觉感知过程，而是尝试去复原在特定时代人对视知觉、注意力之理解所导向的观看方式与接受方式。除了这一局限性，克拉里还剥除了主体性的社会维度，米歇尔对此有所批评：“他对观者的经验历史，对作为日常生活之文化实践的视觉性的研究，或对以性别、阶级或种族性为标志的观者/旁观者的身体不感兴趣。”（2006，p. 11）因此，克拉里的身体观颇有矫枉过正之嫌。

我们还需要理清这种对主体性和身体问题的再引入的理论背景。20 世纪 80 年代以来，整个人文领域掀起了一股现象学再发现的风潮。这股风潮在对视觉文化研究影响颇深的媒介理论中较为强烈，有些学者甚至将其深化、扩展至与现象学渊源颇深的伯格森哲学之处。例如媒介学奠基人麦克卢汉将伯格森理论中语言、意识作为人的延伸进一步推论为技术媒介作为人的延伸（麦克卢汉，2019，pp. 106－107）。还有较近的马克·汉森（Mark B. N. Hansen），他说："为了提出一种新媒体具身化的叙述，我提议重新思考伯格森的知觉理论，且尤其要强调伯格森将身体置于他所言的'宇宙内不确定性的中心'。"（Hansen，2006，p. 3）有很多视觉文化研究者并未直接言明这种关系，这不妨碍我们从其论述中看出一些蛛丝马迹。但总的来讲，视觉文化研究目前对身体的探索还主要停留在理论阶段，在面对认知科学的时候显得兴趣索然。

相比之下，符号学所受的现象学影响要明确得多，尤其是近年来兴起的认知符号学这一支，不但延展了经典现象学，还在知觉现象学方面深入探索。上文已经提及的索内松非常明确地提道："我们从事的是符号学与认知科学的结合这个特定研究领域，并以现象学为研究方法。"（2019，p. 18）美国的理查德·拉尼根（Richard L. Lanigan）对传播学在符号语言学中的理论运用就追溯到了胡塞尔处（Lanigan，2019），也言明了梅洛－庞蒂的影响："事实上梅洛－庞蒂概念中符号学与言说的关系表明了一种人的在世存在之原初定义。……梅洛－庞蒂对人类言说的主观和客观天性之兴趣延续了一种独特的交流理论，这种交流理论在方法论上是现象学的并在本体论上是存在主义的。"（Lanigan，1972）意大利的西尼（Carlo Sini）"进一步将现象学转化为'现象－图谱'、一种写作实践、一种将符号转化为真实的巨大努力"（Sini，2009，p. X）。他们从各自的角度将现象学与符号学进行了交融。

由于符号学作为意义学的特性以及皮尔斯现象学的影响，其对作为主体的身体之考察主要始于皮尔斯对"第一性"与"感觉"（feeling）（皮尔斯，2014，pp. 14－15）的论述。皮尔斯在理论上提出了一种纯粹的、与其他事物无关的意识，不过也认为感觉、意志以及介于二者之间的过程意识在认知中同时产生作用。借由意识现象学与知觉现象学的帮助，这个考察向"感知"（perception）迅速靠近，并为了细化而与自然科学有了更多的交集。认知语言学的奠基人莱考夫（George Lakoff）明确把认知问题与身体密切联系起来，认为认知活动扎根于身体经验（甚至是神经系统）。认知符号学在延伸皮尔斯模式的同时，部分地延续了莱考夫的观点。

探索认知问题的自然科学研究者也不约而同地将目光落到了知觉现象学上。瓦雷拉（Francisco Varela）等就在其著作中直言："我们和梅洛－庞蒂一样认为：西方科学文化要求我们把我们的身体既视为物理结构也视为活生生的经验的结构——简言之，既作为'外在的'也作为'内在的'，既作为生物学的也作为现象学的。”（瓦雷拉，汤普森 & 罗施，2010，p. XVI）我们看到认知科学也在努力地寻求更加宏大的理论建构。这种努力恰好从知觉现象学这一领域向人文学科做出了回应。这样，现象学沟通了媒介学、符号学与认知科学，使得它们一同构成了对认知问题的全方位观照。这也表明认知科学的引入可被上升为人文学科在认识论上的重构。这些理论交流向我们指明了视觉文化研究在认知转向的浪潮下进一步深耕的路径——人文视野以现象学为源泉去引入认知科学的方法、理论。这并非教条主义，而是对现象学的扬弃，可能包括但不限于对现象学还原的运用、对意识的再探究等。

四、困境：如何理解身体及其普遍性

面对自然科学的冲击，如今的人文学科陷入了很多共同的困境，本文所论述的视觉文化研究也不例外。人文学科的认知转向最开始仅仅出于一种对神经科学、脑科学等自然科学的成果之天真兴趣，认为这些成果可以帮助解答从哲学认识论诞生以来就难以处理的一系列问题，并将意义传递的机制剖析得更加“客观”“科学”——随着认知转向的逐渐深化，在几年前，国内的符号学界发生了一场争论，该争论一是质疑了认知科学的引入是否只是技术工具的引入，担忧这种所谓的交叉恐怕过于简单；二是反思了交叉学科中两个学科的主次问题，重申了符号学研究乃至其他人文学科的独立性与人文立场。这种争论反映了人文学界敏感的批判意识，同时也暴露出学科身份的危机——这一宏大论题超出了本文的讨论范畴，但争论中的部分内容可帮助我们定位一些亟待解决的问题，而这些问题又为视觉文化研究开辟了延展的方向。

认知科学的引入虽然极大地强化了符号学的科学性，但是其在学理上有两个难以攻克的难题，这两个难题正与前文论及的身体问题密切相关：一是虽然逐渐解开了各种生物信号传递的谜题，却并没有解决意义与意识之所是的问题；二是认知科学近似临床医学的观测方式面对的是一个个作为个体的身体，似乎并不符合一种普遍的理论预设。

第一个问题就如胡易容曾指出的，脑扫描视知觉还原技术“所能解决的问题主要是符号知觉的生理机制，而非传统符号学的意义的底层问题”（2015）。脑电监测、视知觉还原等技术确实能够反映人类面对各种信号刺激时相对真实的生理流程，却无法解释这种生理流程如何与大脑承载的各种意识、记忆或者知识系统等构成一套完整的运作机制。更远一点来谈，意识、记忆等长久地存在于人类文明中，其概念的提出本来就是建基于认识论而非自然科学的（这和物理学中一些微观粒子的发现正相反），故对这些概念的理解是否可以仅依靠生理层面的发现，还得存疑。

以上论题已有诸多探讨，此不赘述，这里重点论述身体观背后的个体性与普遍性之悖论。在身体问题之外，宏观上整个人文学科的方法论中普遍性与个体性的矛盾实际上已经有了相当长久的学术争论，然而很遗憾的是相关论述似乎未能解决认知科学运用于人文研究时的问题。符号学作为研究意义传递的普遍性理论，往往追寻普遍的意义接收者，这就导致了一种分析共性身体的倾向。视觉文化研究同样也面临这个问题，譬如“视觉政体”这个术语往往也对应一个时代的普遍观看方式，这使得对主体尤其是身体的考量会变得不够具体。后人类学者凯瑟琳·海尔斯（Katherine Hayles）等人认为“没有这样的身体，只有各种不同的身体”（Hayles，1999，p. 196），也就是说每个身体都是具体的，无论在社会属性还是生理特征上都是独特的——现实也的确如此，那么这在根基上就动摇了两个研究领域和相关方法的学理与逻辑。

这又让讨论重新回到普遍性与个案分析的怪圈：研究对象永远是独特的，是否就无法推出具有普遍性的理论；或者反过来说，一个普遍理论是否就不适宜面对身体问题。我们不可能在研究某一类认知活动时去研究每一个身体，科学也并不是如此追求。我们可能需要的不是用某个、某些身体去推知普遍理论，而是用普遍理论去观照每一个不同的身体。普遍理论的建构仍然依赖于对个体身体的认知科学考察，但是这种考察提供的是对普遍理论的修正、补充，而不是全部基础，我们的基础还可以来自各种各样的人文学科。尤其参考胡塞尔现象学，我们是否可以考虑在对身体进行经验考察之前，增加一项“先验还原”的环节，考量那个先验的、纯粹的意识领域，使得这种方案更加完整？接着，在经验悬置的考量后，个案与普遍理论或者说身体研究与意义理论又交替前进，个体不穷尽、不固化，理论就可以一直演进，并时刻提醒我们个体性的价值。

回到身体问题，凯瑟琳·海尔斯还提出了一个解决之道，她说：“身体总是与某种标准的规范性关联。”这样使得研究身体总要考察特定社会的、话语概念的规范性假设，而“与身体相反，具身是一种语境中的、被卷入特定的地点、时间、生理学与文化中的，这些要素共同构成了规范”（Hayles，1999，p. 196）这也就意味着用具身的概念和思维来代替理想化的、柏拉图式的身体观，并且接受具身体验永远不能与身体完全吻合这一论断。通过对纯粹的、孤立的身体感知之存在的拒绝，我们从某种程度上也绕开了个体性与普遍性的悖论，因为具身感知所考量的环境、语境一定程度上为普遍性打下了基础。要小心的是，为了方便讨论，我们将各个要素单独提取出来，但在实际运作时它们并不单独起作用。这种观点中虽然不存在绝对孤立的身体感知，但不代表可以不考量生理这一方面，而是应当把它置入一个更加复杂的系统中来综合考察。最终的结果很可能是各个要素纠缠不清，但或许这正是我们所面对的世界之真实状况。

结　语

总结以上的一系列讨论，我们发现了两条重要的学术脉络。其一是以媒介理论为标志的视觉文化研究与符号学之交集，传媒符号学与传播符号学的建构提供了更加深刻而广泛地理解媒介（特别是符号环境与媒介环境的交错关系）的思路。另外认知符号学还提示了将技术媒介作为方法乃至工具来进一步深入研究视觉文化的可能。其二是被现象学串联起来的由媒介学、符号学以及视觉文化研究组成的学术矩阵，在这个矩阵中媒介学与符号学的推进为视觉文化研究开辟了一条以现象学为方法源泉的前进道路，这条道路确立了一种面对新潮而强大的认知科学时可以采取的理论架构和学科态度，让未来的研究可以在拥抱技术的同时而不丢失对普遍理论的追求。

在这两条脉络之下，还潜藏了一层对作为主体性论题一部分的身体之特别观照，这正是视觉文化研究值得深入的方向。应当看到这种特别观照一方面快速推动了认知科学的人文应用，另一方面则警醒学界继续对身体乃至身体背后的普遍性问题再发问。这种发问虽然还没有一个可以确定的唯一答案，却借由认知符号学的进展强调了现象学的先验还原之可能，提供了普遍理论与个体身体研究相互促进的方案，以及一个可以不断进化、完善的动态系统。

引用文献：

巴尔，米克（2005）. 视觉本质主义与视觉文化的对象. 载于吴琼（编）. 视觉文化的奇观——视觉文化总论. 北京：中国人民大学出版社.

布列逊，诺曼（2019）. 视阈与绘画：凝视的逻辑（谷李，译）. 重庆：重庆大学出版社.

陈力丹（2005）. 试论传播学方法论的三个学派. 新闻与传播研究，2，40－47.

德波，居伊（2017）. 景观社会（张新木，译）. 南京：南京大学出版社.

德布雷，雷吉斯（2016）. 媒介学宣言（黄春柳，译）. 南京：南京大学出版社.

费斯克，约翰（2008）. 传播研究导论：过程与符号（许静，译）. 北京：北京大学出版社.

胡易容（2014a）．传媒符号学：后麦克卢汉的理论转向．苏州：苏州大学出版社．

胡易容（2014b）．图像符号学：传媒景观世界的图式把握．成都：四川大学出版社．

胡易容（2015）．从人文到科学：认知符号学的立场．载于曹顺庆，赵毅衡（主编），符号与传媒，11．成都：四川大学出版社．

唐宏峰（2020）．视觉性、现代性与媒介考古——两种视觉文化研究界别与“视觉现代性”研究．载于唐宏峰（编）．现代性的视觉政体，1－35．郑州：河南大学出版社．

林文刚（2007）．媒介环境学：思想沿革与多维视野（何道宽，译）．北京：北京大学出版．

麦克卢汉，马歇尔（2019）．理解媒介：论人的延伸（何道宽，译）．南京：译林出版社．

米尔佐夫，尼古拉斯（2006）．视觉文化导论（倪伟，译）．南京：江苏人民出版社．

米歇尔，W. J. T,（2006）．图像理论（陈永国，胡文征，译）．北京：北京大学出版社．

皮尔斯，C. S.（2014）．皮尔斯：论符号（赵星植，译）．成都：四川大学出版社．

乔纳森，比格内尔（2012）．传媒符号学（白冰，黄立，译）．成都：四川教育出版社．

索内松，约伦（2019）．认知符号学：自然、文化与意义的现象学路径（胡易容，梅林，董明来，等译）．北京：社会科学文献出版社．

瓦雷拉，F.，汤普森，E. & 罗施，E.（2010）．具身心智：认知科学和人类经验（李恒威，李恒熙等，译）．杭州：浙江大学出版社．

吴琼（2006）．视觉性与视觉文化——视觉文化研究的谱系．文艺研究，1，84－96．

赵星植（2017）．皮尔斯与传播符号学．成都：四川大学出版社．

赵毅衡（2016）．符号学：原理与推演．南京：南京大学出版社．

Belting, H. (2011). *An Anthropology of Images: Picture, Medium, Body*. Princeton: Princeton University Press.

Hansen, B. N. H. (2006). *New Philosophy for New Media*. Massachusetts: MIT Press.

Hayles, N. K. (1999). *How We Became Posthuman: Virtual Bodies in Cybernetics, Literature, and Informatics*. Chicago: University Of Chicago Press.

Huhtamo, E., & Parikka, J. (2011). *Media Archaeology*. Berkley, Los Angeles, London: University of California Press.

Lanigan, R. L. (1972). *Speaking and Semiology: Maurice Merleau-Pontys Phenomenological Theory of Existential Communication*. Hague, Paris: Mouton de Gruyter.

Lanigan, R. L. (2019). Perelman's Phenomenology of Rhetoric: Foucault Contests Chomsky's Complaint about Media Communicology in the Age of Trump Polemic. *Semotica*, 229, 273－328.

Robin, R. S. (1967). *Annotated Catalogue of the Papers of Charles S. Peirce*. Massachusetts: Massachusetts University Press.

Sini, C. (2009). *Ethics of Writing* (S. Benso, Trans.). Albany: SUNY Press.

作者简介：

王陌潇，四川大学艺术学理论博士，现为四川大学文学与新闻学院专职博士后，研究方向包括艺术理论、视觉文化及后人类理论。

Author:

Wang Moxiao, Ph. D., post-doctoral research fellow in School of Literature and Journalism, Sichuan University. His research fields include art theory, visual culture, and post-human theory.

Email: wmxiao21@foxmail.com

情感符号学

叙述视角中的情感间性与情感模态

苏 智

摘 要：叙述影响主体对情感的判断。在叙述视角中，情感会随着叙述层次的增加而强化其复杂程度。情感的分层取决于主体在叙述关系中的结构和层次。主体与他者在叙述层次中互为情感对象，产生情感间性。在叙述话语基础上，主体、他者以及连接模态交叉组合形成各种复合情感模态。结合情感间性和情感模态分析会发现耻感和罪感具有相似性，社会群体衍生出耻感文化和罪感文化，建构了东西方差异性的道德规约方式。

关键词：叙述，情感间性，模态，文化

Inter-emotionality and Emotional Modality from a Narrative Perspective

Su Zhi

Abstract: Narration influences a subject's judgment of emotions. Emotions are reinforced by their complexity as the narrative level increases from a narrative perspective. The stratification of emotion depends on the structure and hierarchy of the subject in the narrative relationship. The subject and the other become mutual emotional objects at the narrative level, with growing inter-emotionality. Based on the narrative discourse, the cross-combination of the subject, other, and connection modalities form a variety of compound emotional modalities. Combining inter-emotional and emotional modal analysis, we find that the sense of shame and guilt has similarities and that social groups have derived a shame and guilt culture to construct moral codes that differ between East and West.

Keywords: narrative, inter-emotionality, modality, culture

DOI: 10.13760/b.cnki.sam.202202012

人生活在意义的世界中，符号传达了人的认知。但精神领域的复杂性却不仅仅是认知可以解释的，喜、怒、哀、乐、爱、欲、悲、欢……众多情感充斥于人的意识，影响着人对意义的理解和行为的抉择。对情感意义机制的分析无疑是解读人性的一个必要课题。

一、情感来源于符号叙述

意向性在认知中建立的意识和对象的关联，是人们获得知识和经验的基础。“情感意向性以‘自我’为出发点，其意向对象是主体对客体的判断与态度。”（谭光辉，2021，p. 15）在情感活动的过程中，主体对客体的判断和态度是生成情感的重要因素。主体与客体的关系来自对主客体之间事件和行为的叙述，叙述生成了对关系的判断和态度，从而产生情感。情感的意向性引发现象学直观，情感直观的对象可以有两个方面：一是对情感形式的直观，二是对情感内容的直观。赵毅衡认为，“形式直观创造的‘对象’，就应当既是符号，亦是事物，更明白说，是‘以符号形式呈现的事物’”（2015）。情感直观与形式直观密切关联，其中情感形式的直观对象是以符号呈现的事物，或者说是符号化的叙述；而情感内容的直观对象是一个叙述，对叙述的理解决定了情感内容的生成。情感直观就是要对情感主体与这个叙述的关系做出判断，如果直观不能判断出某种情感，那么就不能说这种情感存在。

情感形式直观的符号化叙述和情感内容直观的叙述与主体关系可能出现不一致的情况。符号化叙述的表现形式都是相同的，但是不同情感主体对于相同的符号形式却可以展开不同的叙述关系解读，生成不同的情感。他人通过某人的行为来判定其可能存在某种情感，这是因为他人可以对主体表现出的情感形式进行直观。但对情感主体自身而言，对情感形式的直观不同于对情感内容的直观。如果情感主体自己不能直观到这种情感，那么这种情感便不存在，至少他自己认为不存在。比如一个人爱上另一个人而不自知，旁观者却看得清楚。这种情况情感主体是否有爱情呢？对别人而言是存在的，对他自己而言却不存在，因为他没有将自身相关行为的叙述判断为爱情。假若主体后知后觉，这是他对叙述的再次判断，这个新的叙述颠覆了以往的叙述，从得出此判断开始，爱情便存在了。可见，同一情感主体在不同的阶段对相同符号形式背后的叙述关系判断也可以是不同的。

利用他人对情感形式的直观，情感主体还可以在符号化叙述中作伪。莫里哀笔下的答尔丢夫从来不将自己视为伪君子，因为他在虚伪这一领域的造诣可谓登峰造极，连他自己都被成功欺骗了。当他叫嚣着要惩罚恶人，为受害的上帝报仇时，他认同了对自己行为的叙述，合理合法地站在道德的高地上。“周公恐惧流言日，王莽谦恭未篡时。向使当初身便死，一生真伪复谁知?”王莽篡汉之前，行事谦恭，做人低调，从他精心树立的形象中，旁人根本无从察觉他的权欲。王莽自然是有意为之，他知道，人们直观他行为所展现的符号化叙述，足以得出他内心谦恭、德行高尚的解释。然而只有他自己才知道这个叙述并没有结束，结尾是他意识中对皇权的图谋并即将采取的行动。在他这个内心叙述中产生的情感便推翻了前面叙述中“谦恭”的情感判断。情感结论被翻转，是因为叙述有了新变化。如果王莽当时便死了，没有来得及将内心的叙述在世人面前符号化，那么世人自然不能窥见他的真实想法，这个虚假的情感表现也就只有他通过语言或心象的符号叙述使自己知道。他做出后面的叙述，前面的情感便成了虚情假意；反之，则仍是真情实意。由此我们发现，“情感就是作为接受主体的人，在将自己带入叙述之后对某叙述结果的倾向性反应”（谭光辉，2021，p. 11）。任何情感的诱因都是叙述，情感来源于符号叙述。

二、叙述层次中的情感间性

情感主体通过对自我与叙述关系的直观来产生情感，叙述层次和主客体关系的变化也影响着相关情感的复杂程度。不同层次的情感主体在叙述中会出现情感间性的相互作用。谭光辉认为：“所谓情感分层，就是另一情感者被意识到的情感现象。一个情感的情感者被另一情感者作为情感的对象产生新的情感，另一情感者的情感就是可以分层的。当我将曾经的我的情感作为情感对象时产生的情感，也就是可以分层的。另一方面，有些情感本身就是复合情感，复合情感本身就包含了两类以上的情感，只不过后来不再被意识到，这些情感也是可以分层的。”（2018）一部文学作品可以出现多层次叙述，在一个主叙述之下有次叙述和次次叙述，大部分不超过三个层次。类似于叙述分层中叙述者和对象的层次关系，情感主体和对象客体之间也存在情感直观的层次分别。如果我们将最上层次的情感判断者作为情感主体，那么在同一次情感直观中，主层次之下便还可能有次级的情感主体和情感对象。情感根据叙述中主客体关系的复杂程度可以划分出不同的层级，越高层级的情感越能够体现出复杂的情感间性。

（一）情感主体对他人或事物的情感

最简单的叙述被定义为“某个主体把有人物参与的事件组织进一个符号文本中，并且此文本被接收者理解为具有时间和意义向度”（赵毅衡，2013，p. 7）。叙述最基本的形式是叙述者在文本中讲述一个有人物参与的事件，相对应的便是情感主体对他人或事物产生的情感，如“我爱看书”“我讨厌下雨”等。

人的情感非常复杂，在众多情感中，被认为最初级的是爱与恨。这两种情感的对象可以是事物，也可以是他人。相对复杂一些的情感，如“羞恶之心”中的“恶”，表达情感主体对他人不当行为的憎恶。这种憎恶的情绪可以针对事物或行为。同样，情感主体也可以针对他人产生厌恶情绪。在判断和描述这几种情感时，情感主体都对自身与对象做了一个简单的关系叙述，对象与主体相关，外在于主体，保持独立。特殊情况下，情感主体也可以反观自身，引发爱、恨等情感，这样的叙述不再停留于初始阶段，而是进入了高一级层级。

（二）情感主体对自我的情感

情感伴随自我意识的加入上升到更复杂的层级。自我被客观化，在叙述中首先是关于自我行为的叙述，然后自我在此行为叙述的基础上叙述自身对于此行为过程的看法。例如：“我弄坏了母亲最珍贵的藏品，我为此惭愧自责。”在这个叙述中，“我”弄坏藏品是一个层级，“我”为自己的行为感到惭愧是另一个层级。在初级情感关系中，我们也能找到类似的叙述。例如：“我讨厌烟味。”可以丰富叙述情节，具体化为：“我讨厌别人在客厅里抽烟。”但是，叙述语言形式的改变并不能提升初级情感的内涵和复杂程度。在情感分析中，影响情感复杂性的是情感主体与叙述关系的判断，主体在叙述参与中的层级关系才是考察情感层级的重要因素。因此，在初级情感之上，情感主体的自我意识凸显出来，将自身客体化为叙述对象，再判断自身与叙述的关系，就形成了更高层级的情感。

悔感是对自己行为的否定，不一定包含惭愧的感情。例如，“我”在一家商店购买某件商品，后来发现另一家商店便宜十块钱，我为自己的购买行为后悔，仅是因为这个消费不够划算。悔感不涉及道德，激起悔感的行为一般是针对自己的。当审视自身行为时，主体在一定程度上融入了自省的自我意识，但悔感还不算典型的对自我的情感。悔感的直接情感对象仍是一种外在的行为，它是初级情感向更高一级情感的过渡。

自我意识既是一个自我，也可以是一个对象。“当精神发展到自我意识阶段，它意向取消客体独立的自我存在，它已经不能以纯概念的形式继续发展下去，于是异化为它的对象，即把自己变成自身的对象而自我异化，然后再去扬弃这个它物的存在，通过异化返回自身。”（黑格尔，1997，p. 11）人有了自省的自我意识，情感主体在叙述判断中便能直觉到对自我的情感，比如愧感。愧感是对自己不当行为的惭愧，是情感主体对自身叙述做出的判断。愧感的情感主体必须是自己，主体感到自己有愧；认为别人有愧只是一种猜测而不是感受。愧感的直接对象是人，可以有愧于人，甚至有愧于自己，但不能有愧于物。即使在他人来看情感主体并不需对自己的行为感到惭愧，但情感主体却可能产生强烈愧感。愧感是自省的，不受他人评价的影响。

（三）情感主体关于他者反观主体态度的情感

复合的情感混合了多种情感，越是复杂的情感，越有复杂的情感关系，带有情感主体与对象间的多层次直观和判断，自我意识在主体和对象之间多次转化。以羞感为例，这种情感同愧感相似，也包含了人对自己不当行为的惭愧，同时这种情感复合了对被叙述为耻的恐惧。情感来源于符号叙述，羞感的叙述层次更为复杂。首先，情感主体实施了一个行为，在意识中形成关于自身行为的叙述，主体对其进行判断，产生惭愧的情感。其次，情感主体直观他人对于此叙述的态度，在这个过程中，自我被客体化，成为一个有待考察的他者。情感自我则以他人的视角代入叙述关系，从这个叙述中判断出耻感。最后，情感主体重新回到原初自我的角度，对从与他人叙述关系中得到的情感信息做补充叙述。这个最终产生的情感判断存在自己对自己、他人对自己以及自己对他人对自己的态度的多层次情感直观。“情感与自我意识就这样被看作一种相互作用、相互成为对方的内容和基础，进入了解释的循环。”（谭光辉，2021，p. 47）在这种交互式的多层次叙述中，情感主体和对象，包括他者化的自我意识，都在直观中发生转变。从以上分析可知，叙述分层的复杂程度固然与情感的复合性密切相关，但由于情感的生成过程时刻要求主体代入体验，单纯的叙述句法分层并不足以解释情感层次的复杂性。真正影响情感分层的是情感主体在叙述关系中被对象化并参与交互作用的频率和层次。由此生成的情感间性成为一个重要因素，影响着主体对情感倾向的期待和判断。

三、叙述关系中的情感模态

格雷马斯将符号表意与逻辑研究结合起来对叙述句法展开分析（2011，p. 83），将模态定义为“主语对于述谓的改造”（p. 66）。在他建立的模态中，谓词被作为一个函数，并被分为“做”与“是”两种类型，对应陈述的两种形式：行为陈述与状态陈述。在此基础上，格雷马斯列举了几种模态：“vouloir（欲，或想要）”“devoir（应，或必须）”“pouvoir（能，或权力）”“savoir（知，或知识）”，如表1所示：

表1　格雷马斯的模态区分

能力		行为
潜在化模态	现实化模态	使之实现的模态
应做	能做	使之如是（faire-être）
欲做	知（会）做	

主体在不同能力潜在化和现实化的不同维度上区分出对立的“应做”“欲做”和“能做”“会做”，通过行动使能力得以外化和实现，这是行为模态“使之如是”。格雷马斯将这些模态带入符号矩阵中，找出它们的相反项和矛盾项，并将模态分析扩展到情感研究领域，认为连接模态和主体模态可以组合出特定的情感模态。谭光辉在格雷马斯的基础上对情感模态做了拆解：“对情感的分析，可分解为三个部分：主体、客体、连接。情感模态也分三个部分：主体模态、客体模态、连接模态。这个分类法正好吻合格雷马斯的建议：陈述句的模态化，行为主体的模态化，客体的模态化。三个方面的模态可以形成复杂的组合，形成不同的情感。”（2019）连接模态能简化为“肯定”和“否定”两种模态；主体和他者皆指向存在和行动，包括“在”和“做”两种模态。这样，主客体模态与连接模态就可以随意组合，形成更为复杂的16种情感，如：肯定主体在+否定他者做=仇恨的情绪。这个理论建

构极具创见，为情感模态的研究提供了有效途径。

沿着叙述句法关系展开，我们尝试考察一些更为复杂的情感模态结构。罪感和耻感经常被拿来对比，二者有极大的相似性，也有叙述意义和文化内涵的区别。罪感是个人行为违背道德标准时产生的惭愧和恐惧，这种情感在叙述中可以被拆解为几个情感过程的组合。格雷马斯论愤怒的情绪时，对核心词素的前端和后端情感做了延伸，将核心词素上游和下游的情感关系统一在一个完整的叙述结构中。情感来源于对符号叙述的理解，复合情感的叙述层次更为复杂，理清叙述关系是分析情感模态的必要前提。罪感的核心情感是惭愧，上游处是行为不被认同的挫折感；下游处是对判定为有罪的恐惧。耻感的内涵更复杂。“耻”在《辞海》中的解读一是羞愧之心，二是耻辱（夏征农，陈至立，2010，p. 238），耻感也就包含了羞耻和耻辱两方面意思。与罪感相似的是羞耻，二者在叙述关系中都遵循“挫折感—惭愧—恐惧”的组合形式。耻辱则与之有极大不同，偏重于辱感。辱感这种情感是以主体自省的自我意识为前提的，包含对他人加诸己身的侵犯的怨恨，该侵犯造成主体人格和自尊的损害。耻辱的核心情感是对被叙述为耻的不甘和愤怒，此情感上游处是他人对主体的侵犯，下游处是由愤怒引发的怨恨，这一层次的叙述关系遵循“侵犯（被厌恶）—愤怒—怨恨”的组合形式。

罪感和羞耻感的叙述组合“挫折感—惭愧—恐惧”围绕情感分层展开。首先，二者都包含他者对主体行为的否定，情感模态为“否定他者做”，指向的基础情感是怨恨。具体情感还因主体模态和连接模态的不同，可再细分出愤怒、不耻等其他情感。其次，情感主体认可他人的情感，将自我他者化，也对自身产生怨恨和愤怒等情绪，由此进一步生成罪感和羞耻感中的核心情感——惭愧，其模态组合均为“否定主体做＋肯定他者做”。如果此时他者不实施行为，而只是一种状态描述，两种情感的组合模态为“否定主体做＋肯定他者在”，指向的情感是敬畏。罪感和羞耻感的敬畏对象在文化范畴上或有不同，但都可能产生对道德情操高尚之人的敬畏心理。最后，两种情感都包含了恐惧。罪感包含了对被判定为耻的恐惧，而羞耻感包含了对被叙述为耻的恐惧，情感模态皆为“否定主体做”。

耻辱感的叙述组合为“侵犯（被厌恶）—愤怒—怨恨”。他者对主体的侵犯可归结为“否定他者在”的模态，指向厌恶这种情感。此时他者对主体的情绪以他者的视角展开，因此这里说“否定他者在”，其中的他者是对象化的主体。他者厌恶主体，主体在叙述中首先遭遇的是被厌恶。具体又可根据主客体模态和连接模态的组合分出轻蔑、厌恶、傲慢、恶心等不同情绪，这些情绪无疑会造成对主体人格和自尊的侵犯。耻辱感的核心情感为由侵犯激发的愤怒，模态为“肯定主体做 + 否定他者做”。这是耻辱感与羞耻感最为不同的地方，前者是肯定自身行为而不认同他者，所以感到他人的行为和态度侵犯了自己；后者是肯定他者行为且认同他人对自己的判断，认为自身行为不当，从而感到惭愧。不同于羞耻感所包含的恐惧，耻辱感随着愤怒的持续（如果愤怒不能消解）逐渐趋于状态化，衍生出怨恨，具体模态为“肯定主体在 + 否定他者做”，指向“喜怨”并带有“仇恨”情感。耻感涵盖的两种情感相互矛盾又在文化中和谐统一。然而在一些特殊情况下，主体内心羞耻感与耻辱感可以并存，这也说明了人性的矛盾和复杂。

四、情感模态规约下的社会文化

情感模态构成了一个符号化的叙述模型。戴维·赫尔曼说：“叙事既根植于这些框架，同时又参与构建这些框架，因此能为一种文化或亚文化的情感学（以及该文化成员如何使用这些体系来理解思维）提供洞见。”（赫尔曼，2008）当群体普遍接受一套叙述方式和叙述框架，认同叙述中的情感判断时，便容易形成共同的情感模式和道德规约。叙述的情感模态对社会文化的建构具有积极作用。

鲁思·本尼迪克特在《菊与刀》中分析日本文化和西方文化的区别。她认为西方文化是建立在罪感意识上的；相反，日本文化却属于典型的耻感文化。“真正的耻辱感文化是靠外部的强制力来让自己行善，而真正的罪恶感文化则是靠强烈的自省意识来规范自己的行为。”（2014，p. 178）按照她的观点，羞耻感是对他人批评的反应，一个人感到羞耻是因为他被当作他人嘲笑的对象。如果不是恐惧他人的监控，人们就不会感到羞耻。罪感却不同，即便所犯罪行没有被他人发现，当事者仍会有罪感，只有通过虔诚忏悔才能得到解脱。通过这样的论述，本尼迪克特将西方文化定位成自律性的文化，而把以耻感为特征的东方文化定位成他律性文化，用以说明西方文化与道德感的优越性。本尼迪克特对耻感文化的理解并不全面，她的结论也带有主观偏见。

从情感内容上来说，罪感和耻感中都有对自己不当行为的惭愧。二者的区别并不在于愧感的强烈程度，而是耻感偏重于内化的道德制裁，罪感更偏重于外在的社会评价。所谓“罪感”，必然是从“罪”的概念中衍生出来的情感。没有“罪”，何来“罪感”？而“罪”的定义来自社会群体规约。有违社会道德、对他人和群体造成一定程度损害的行为被认定为有罪。因此，人们普遍会觉得羞耻感上升到罪感，似乎是惭愧的强度加强，其实只是不当行为造成的损害增加可能造成了愧感加强。即便一个行为没有引起多大的愧感，但其被集体认定为有罪，罪感便会存在。明星想方设法逃税的时候想必对罪感和对犯罪后果的恐惧要远远大于内心的羞愧。罪是文化道德规约中的概念，带有群体性。个人不构成社会，一个人的世界里谈不上罪。即使是自己对自己犯罪，也是先将自我独立出来反观自身行为，然后依据社会道德做出判断。只不过在西方人看来，这种社会道德规约已经逐渐内化为自身的良知和品德，仿佛罪感是自在自有的一种情感。就西方传统而言，罪感意识由来已久。中世纪的宗教观念和教规诫命都大肆宣扬罪感，使之融入西方人的精神血脉。罪感模态中“否定主体做+肯定他者在”的敬畏情感就包含了这样一种情况。人们敬畏上帝，以圣经的戒律规约自身，恐惧上帝的怒火和地狱的审判，解脱的方式便是向上帝忏悔，求得宽恕。纵然上帝被视作理性精神的人格化，但除非将自我认同为上帝，否则评判行为的永远不可能是单纯的个人良知。即便是在现代社会，罪感中的恐惧也伴有对受惩戒而被剥夺人权的恐惧。因此，在罪的土壤中生长出的罪感文化本质上就是带有他律性的。

如果在西方文化中罪感模态含有对上帝和诫命的敬畏，那么中国文化中的耻感模态便包含了对圣人和道德的敬畏。儒家文化讲礼义廉耻，有君子、小人之别。“人而无止（耻），不死何俟”，耻感是中国文化中核心的社会道德情感。耻感包括羞耻感和耻辱感，羞感和辱感可以从人的动作和神态中表现出来，如惭愧、羞怯或是因受辱而愤怒。但“耻”一般只存在于人的意识中，必须将其符号化才能实现它的意义。舜的时代有种刑罚名为“象刑”，是一种符号行为。犯罪的人被要求穿上特制的衣服，以衣服的形制象征身体被施以刑罚，虽不伤害受刑者的身体，却以符号的形式不断提醒人们被惩罚的羞耻，以此建立社会文化和道德规约。

中国传统文化中的耻感是外部强制和内化制裁的结合。耻感是伴随人的自我意识觉醒而产生的一种情感。例如，当情感主体受象刑，首先感到对自尊的侵犯，这激发了人的耻辱感。随着对“惩罚犯罪”这个叙述合理性的接受以及社会群体的普遍认同，情感主体产生了对不当行为的惭愧以及对被叙述为耻的恐惧，耻辱感转变为羞耻感。群体规约逐渐成为一种社会道德观念，内化于个人良知中，这时对行为的判断也就带上了自律性。“他律耻感和自律耻感是两种不同类型的耻感，但两者并不是绝对对立的，而是辩证地统一为一体。他律耻感和自律耻感是道德耻感必然经历的两个觉悟程度不同的发展阶段，二者相互联系，相互依存，互为条件。其中，他律耻感是自律耻感的前提或条件，而自律耻感则是他律耻感的最终发展目的。”（杨峻岭，任风彩，2009）“君子慎其独也”，修身不需要外在的监管和制裁。耻感更深刻的本质不是他律而是自律，是激发人们在道德上自强不息、止于至善的精神力量。

综上所述，情感来源于符号叙述并与之密切相关。情感主体在多层次的叙述关系中将自身客体化，主体与他者互为情感对象，生成了复杂的情感分层和情感间性。情感模态以叙述句法和情感分层为基础，有利于我们理解情感的生成过程和内部结构。耻感和罪感的情感模态对东西方社会各具特色的道德规约方式影响深远。

引用文献：

本尼迪克特，鲁思（2014）．菊与刀（胡新梅，译）．北京：中华书局．

格雷马斯，A. J.（2011）．论意义：符号学论文集（下册）（吴泓缈，冯学俊，译）．天津：百花文艺出版社．

赫尔曼，戴维（2008）．认知、情感与意识：叙事人物意识的后经典研究方法（唐伟胜，陶炜，译）．江西社会科学，7，23－30．

黑格尔（1997）．精神现象学（上卷）（贺麟，王玖兴，译）．北京：商务印书馆．

谭光辉（2018）．论情感分层．新疆大学学报（哲学・人文社会科学版），2，133－138．

谭光辉（2019）．情感分析的叙述学理论和建立情感模态的新尝试．社会科学，4，167－176．

谭光辉（2021）．情感的符号现象学．北京：人民出版社．

夏征农，陈至立（主编）（2010）．辞海（第六版缩印本）．上海：上海辞书出版社．

杨峻岭，任风彩（2009）．道德耻感的基本样态分析．伦理学研究，5，56－59．

赵毅衡（2013）．广义叙述学．成都：四川大学出版社．

赵毅衡（2015）．形式直观：符号现象学的出发点．文艺研究，1，18－26．

作者简介：

苏智，博士，浙江音乐学院人文社会科学部副教授，四川大学符号学－传媒学研究所成员，主要研究方向为《周易》符号学理论。

Author:

Su Zhi, Ph. D., associate professor of Zhejiang Conservatory of Music, member of the ISMS Research Team. Her research field is semiotic theory of *Zhouyi*.

Email: suz2015@126.com

情感模态谫论：一个影视剪辑向度的分析*

刘利刚

摘　要： 影视剧作为一种“情感装置”，其中的“情感”有着相当复杂的成分。正因如此，鲜有对影视剧情感问题的深入讨论。逆向来看，之所以缺乏对这一问题的深究，与缺乏较好的理论视角和可操作性工具不无关系。无疑，《情感的符号现象学》一书所提出的主体与他者的交叉模态理论对推进探索这一问题具有积极意义。基于此理论，本文从剪辑向度提取电视剧《人世间》中周秉昆和郑娟之间的爱情进行分析。但即便仅谈论“爱情”，也难以避免地卷入了其他情感成分及相关问题。要言之，情感有着非常复杂的模态，本文也仅是尽可能地从剪辑向度对它进行探索，该领域还有待更多更深入的研究。

关键词： 情感模态，剪辑向度，电视剧《人世间》，共情传播

On Emotional Modality: The Dimension of Film and Television Editing

Liu Ligang

Abstract: As a type of “device”, “emotion” in film and TV series has quite complicated components. For this reason, in-depth discussion of the emotional issues in films and TV series is rare. The lack of in-depth research on this issue also results from the need for a better theoretical perspective and suitable operational tools. Undoubtedly, the cross-

* 本文为国家社科基金一般项目“中国电影中红色文化的符号学研究”（21BXW093）阶段性成果。

mode theory of the "subject and the other" demonstrated in Tan Guanghui's book *The Semiotic Phenomenology of Emotion* plays a key role in analysing the issue. Based on the cross-mode theory, this paper focuses on the "love" between Zhou Bingkun and Zheng Juan in the TV drama *A Lifelong Journey* from the perspective of editing. Although this paper only talks about "love", other emotional components and related issues are inevitably involved. To sum up, emotion has a very complex modality. As this paper only explores the question from the perspective of editing, further research is needed.

Keywords: emotional modality, editing, *A Lifelong Journey*, empathy communication

DOI: 10.13760/b.cnki.sam.202202013

影视剧作为一种“情感装置”，其中的“情感”有着相当复杂的成分。倘若将情感诸成分比作调味料的话，那么爱情就好比是盐。在烹调中，其他调味料或可缺少，唯独盐则一日不可缺，因为由盐所产生的咸味可以滋养其他调味料产生的酸、甘、辛、苦等味道。《汉书·食货志》曰：“夫盐为食之将。”（班固，1962，p.1183）民谚也言：“好厨师，一把盐！”同样道理，在影视剧创作中，如何操控爱情也至关重要。谭光辉的专著《情感的符号现象学》创造性地从叙述学维度进行情感形式分析（谭光辉，2021，p.9），使得情感可通过“符号操控”来把握，对笔者探究影视剧情感问题极具启发性。本文试图更具体地从剪辑角度对情感进行把握。不言而喻，影视剧是一种集体创作的多媒介联合编码文本，其中所含的诸多情感问题不但非常复杂，而且往往处于“叠加态”，可以通过大数据多向度、多变量、多参数地对它们进行研究。然而，即便是爱情，仍是一种复杂的情感，因此本文主要通过“小数据”即个案对爱情这一至关重要的情感成分进行探究。即便如此，这一研究也难免会或多或少牵涉其他情感成分及相关问题。

一、情感符码：影视剧中表征情感的形式规则

影视剧是一种想象的艺术，它们中的大多数由虚构的叙述构成。处于想象界的情感总是要通过象征界即画面和声音得到呈现，从“光学之像”变为“镜像”，正是在此意义上，视听媒介是名副其实的情感替代物。从摄影和剪

辑的角度来说，影视中的情感形式也是构成性的，是可以被分析的。正是象征界的情感形式激活了观众的情感，观众与屏幕因幻想而形成了对象关系，这种对象关系虽然不同于真实对象关系，但仍在作为认识主体的观众的想象界的范围之内于某时某刻是真实的。不是观众被一种物理的力量推动去看影视剧，而是影视剧创作机构构筑的基于目的和效果的期待机制使得观众自动地花钱看影视剧。正因如此，各类电影院、视频播放 APP（如爱奇艺、腾讯视频等）才可以实现让观众“自动续费”，继而延续它们的商业模式。因此，观众观看影视剧的期待机制与影视工业之间存在“双重亲属关系”，而这种关系背后的文化密码就是情感符码。

影视剧中的情感符码所蕴含的“情欲效力”（amorous potency）（麦茨，2021，p. 63）使得观众喜欢影视剧具有了合理性。借由象征界的形式化操作（符号修辞、叙述修辞等）使情欲效力符码化是影视剧创作中一种客观的、广泛的、永不变化的法则。从符号学的角度而言，符码化是这样一种过程，即影视剧中的情感从“所见”到“所理解”，经历了从形式、修辞、审美到观念的内在意义结构的发展；或反过来，影视剧中的情感从“所理解”到“所见”，经历了从观念、审美、修辞到形式的外在符号结构的形成。无论是从所见到所理解还是从所理解到所见，实际上都是在生命之内看待情感。我们处于生命之中，为情感所左右，这是人之为人逃不了的宿命。影视剧作为艺术就是人类生命形式的情感符号。例如，电视剧《人世间》（导演李路，2022 年 1 月首映）中周秉昆与郑娟之间的爱情，绝不是他们之间个人化的情感，它如同数学中的函数变量，代表的是人类至少是中国人民共同的情感。从先验的情感直观的角度看，个人的情感的确不是艺术，但是倘若经由媒介进入被符码化的影视剧，就会成为符号美学意义上的艺术。

不过，在影视剧中，“能指不突出自己而悄然工作，它完全消除自己的足迹，直接展示一个所指、一段透明的故事。故事实际上是由能指制造出来的，但是能指佯装成只是在事后才向我们展示和传达信息，似乎故事从前存在过”（麦茨，2021，pp. 96 - 97）。从《人世间》这部让人情不自禁潸然泪下的电视剧，就可以体认到情感符码悄然运作的效力。这部电视剧以日常生活逻辑为情感符码运作的底层逻辑，几乎就是对中国人民长达半个世纪的生活的复原。

影视剧中的情感符码不是抽象的，也不是透明的。事实上，它们就是本文所认为的情感表现的形式规律，可以通过分析影视文本内部形式因素的方式得到正向编码和逆向解码。具体来说，这些反映情感的形式要素可以通过对其形式参数，即镜头时长或镜头平均时长、剪辑率、取景框、景别持久长度等，进行经验研究和诠释研究。下文将以《人世间》中的部分片段和场景为“小数据”样本进行准量化分析。虽然主要选择展示周秉昆与郑娟爱情的部分片段和场景，但正如前文所说难免会牵涉反映喜、怒、哀、乐等的片段和场景。就其中的镜头时间长短而言，它们不但直接影响影片外显的视觉、听觉节奏，而且还影响影片的内在节奏即情感内容。关于内容层面的计量分析因有强主观性而过于复杂，只能另文论述，此处姑且不谈。

从体认的角度来看，情感可能的存在状态是“叠加态”，难以用线性的序列来言说或讨论。然而，谭光辉的专著《情感的符号现象学》不但给了笔者可资借鉴的理论模型，还给了笔者展开分析的勇气。也即是说，原来对不同的情感成分还可以通过析出继而进行模态分析。然而，由于在影视剧中，单一主体和单一他者独立存在的情况是极少的，彼此之间往往存在欲望的纠缠，所以本文主要以“主体和他者的交叉模态”（详见表 1）（谭光辉，2021，p. 122）为理论坐标来探析影视剧的情感问题。

表 1　主体与他者的交叉模态

—	肯定主体在：喜	否定主体在：悲	肯定主体做：欲	否定主体做：惧
肯定他者在：爱	喜爱	同情	爱欲	敬畏
否定他者在：恶	轻蔑	悲厌	傲慢	恶心
否定他者做：怨	喜怨	悲怨	愤怒	卑贱

在电视剧《人世间》中，探寻周秉昆（主体或他者）与郑娟（主体或他者）的“爱情进化路线”，不难发现其中围绕“爱情”交织着的各种复杂情感。在剧情世界中，周秉昆与郑娟是互为主体与他者的关系，他们之间产生复杂的情感，而观众往往会因叙述视角、主观镜头、欲力投入、二次认同等观影机制存在，而将自己的情感投射其中。周秉昆与郑娟之间的情感与入戏观众所投射的情感，在很大程度上具有正相关性甚或一致性。在剧情发展的某个阶段，观众到底具体认同谁的情感，取决于观影时观众的欲力投入和二次认同。此外，不管是爱情还是其他情感，最终都要通过具体的情感表征形式来呈现。尽管有些情感不需要借助形式也能被观众体认到，但那是完形心理运作的结果，有已然呈现出来的形式因素为它们搭桥，否则这些情感将无法形成心理意象，始终缺席。在电视剧《人世间》中，周秉昆与郑娟的爱情开始于第 3 集，在第 14 集得到确认。下文将重点分析这 12 集中表征他们二人爱情进化过程的场景。

二、情感模态：基于时间轴向度的心电图

麦茨在《想象的能指：电影与精神分析》中说："在明确肯定人创造符号之后，我们也可以看到符号也在创造人。"（2021，p. 73）翻看过往的历史，体认当下的事实，就影视剧而言，麦茨的这一判断是深刻的。从制作角度看，电视剧《人世间》确实是人创造的符号；反过来，从接受者角度看，剧中所呈现的各类符号的确也创造了各类鲜活的人物。周秉昆、郑娟等角色为什么似乎真实地存在于观众身边呢？这与前文所谈的情感符码的规制与运作分不开。依据前文所述，情感符码是表现情感的形式规律。据笔者统计，在影视中存在13种媒介，也即13种形式因素，这些形式因素不但均遵从自身的形式规律，而且往往并不是孤立运作的。

我们的眼、耳、鼻、舌、身、意是我们与外界进行交流的通道。目前，影视技术主要在刺激人的眼、耳、意三种感知渠道上发展。换而言之，影视技术还主要处于视听媒介阶段。在影视剧中，视觉元素主要有空间、线条、形状、明暗、色彩、运动和节奏，听觉元素主要有节奏、音强、音调、音色、声速、形态和组织状态。这些视觉元素和听觉元素共同构成了13种媒介（形式元素），即光影、色彩、人物、环境、对白、独白、旁白、音效、客观音乐（出现的）、主观音乐（心理的）、字幕（外在的）、文字（内在的）、特效。倘若仅从现象层面描述这13种媒介（形式元素），不可能触及其深层表意机制。只有将构成这些媒介（形式）的"元素"融入影视世界的符义、情绪、美学等符用学语境中，才可能对这些媒介（形式）及构成它们的元素有较为深入的领会和把握，继而才能够更好地掌握前文所讨论的情感符码。

电视剧《人世间》给我们提供了一个掌握情感符码的文本，也即符用学语境。但是要更专业地抑或说更技术性地分析这个文本，还需要可供操作的工具。本文所采用的是"时间轴"（Timeline）工具，因为各类剪辑软件（如Final Cut Pro、Premiere、EDIUS等）均有"时间轴"。笔者对这些软件做了深入研究后发现，它们均符合符号学双轴原理。一部影视剧的制作过程也是符号表意或叙述展开的过程，即从素材库中选出镜头或符号向时间轴投射的过程。聚合轴原理可以解释软件素材库中素材的生成原理，而组合轴原理可以解释软件时间轴上的剪辑原理。（刘利刚，2020）

这一发现引发了笔者对时间轴的进一步思考。时间轴是一种为了工作方便的权宜之计。实质上，在时间轴上发生的是素材的组合运动，而这一运动

的背后是意义的转移、力量关系的变化，最终显现为观众的不同情绪反应。反过来看，由于从前文可知观众的情感反应与剧中人物的情感反应具有正相关甚或某种程度上的一致性，所以在时间轴上进行素材的排列组合实质上也是在进行人物情感编码。基于此，本文将时间轴上素材的排列组合与情绪（瞬时态的情感）的变化关系可视化为图 1，称之为“基于时间轴的心电图”。图 1 可以直观地反映人物或观众的情绪变化。从实践层面来说，图 1 所展示的也是影视剧中各种情感模态得以显现的物质基础。

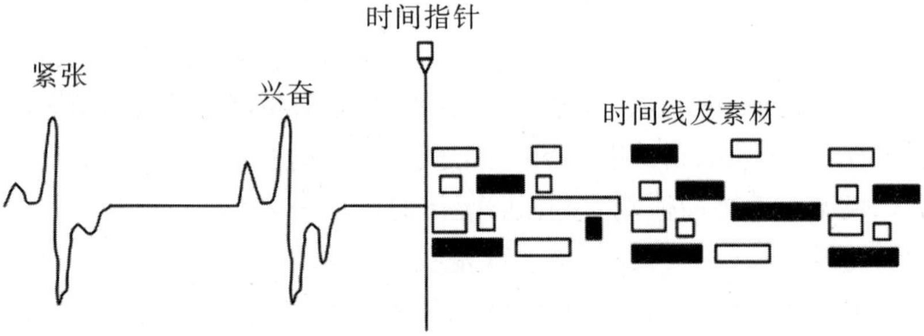

图 1　剪辑与情绪的关系

具体到电视剧《人世间》，每一个场景中都蕴含复杂的情感模态，但这些情感始终围绕爱情展开。相对于其他情感，爱情在本剧中处于具有绝对标出性的正项引领地位。这一判断似乎是矛盾的，一个艺术品怎么可能兼具标出性和正项地位？实质上，这一点也不矛盾。电视剧《人世间》是一部现代艺术作品，而“现代艺术本身对标出性的追求是显而易见的”（彭佳，2011）。无论多大困难，秉昆对郑娟不离不弃；无论多大诱惑，秉义对冬梅也不离不弃。他们皆鲜活地诠释了爱情的本质，对于爱情来说，这种不离不弃就是其灵魂。电视剧《人世间》作为大众艺术品，其中展现的不离不弃的爱情具有绝对的正项引领价值。当然，也有爱情消弭（周蓉与冯化成）、爱情异化（姚立松与董卫红），那是另一回事了，不是本文的研究对象。

本文重点分析从第 3 集周秉昆与郑娟相遇到第 14 集他们喜结连理这 12 集。他们两人出现的每个场景都蕴含复杂的情感模态，但这些情感始终围绕爱情展开。之所以有这样的情感模态，从实践层面讲，离不开围绕图 1 所进行的时间轴上的素材组合运动。这里，笔者试着进一步参照表 1 所提供的“主体与他者的交叉模态”进行逆向解码，也即利用时间轴绘制周秉昆与郑娟互为主客体的“爱情进化图谱”。这一过程，笔者将其展现为 20 个片段，如图 2 所示。

图 2　周秉坤与郑娟互为主客体的情感交叉模态

这个图谱较为清晰地展示了秉昆与郑娟的“爱情进化过程”，但还是有必要进行适当的解释，特别是其中一些关键片段。笔者所用的解码单位是“片段”，其切分是以情感符码为原则，而不是以常用的镜头、场景、段落为依据。

根据表 1 主体与他者的交叉模态。图 2 中的横线“ - ”左边代表在时间轴中作为主体的周秉昆对作为他者的郑娟的情感模态，“ - ”右边代表在时间轴中作为主体的郑娟对作为他者的周秉昆的情感模态。以片段 1 为例，这里周秉昆初遇郑娟，其情感模态是“同情 - 悲怨”。在初次相遇时，周秉昆作为光字片的青年处于“否定主体在”的“悲”模态，而看到住在比自己住所更破旧的太平胡同却如此美貌的郑娟后产生了“肯定他者在”的“爱”模态，“悲”和“爱”两种模态交织在一起，便使周秉昆的心中产生了更复杂的交叉模态即“同情”。反过来看，郑娟作为受害者也处于“否定主体在”的“悲”模态，而看到来访者是曾侵害过她的骆士宾的同伙便产生了“否定他者做”的“怨”模态，“悲”和“怨”两种模态交织在一起，便使郑娟的心中产生了更复杂的交叉模态即“悲怨”。综合起来，片段 1 的情感模态是“同情 - 悲怨”。

按照同样的逻辑，在时间轴上依次分析其他片段，便可得到图 2 所示的周秉昆与郑娟互为主客体的情感交叉模态图谱。在图谱中，片段 2、片段 4、片段 11、片段 12 的横线“ - ”右边均出现了问号，这个问号代表郑娟在时间轴上某时某刻的情感模态的不确定，因为在画面中她是缺席的。整体来看，图2实际上是对表1的主体与他者的交叉情感模态进行了一次基于时间轴的剪辑角度的情景化重构。

三、情感共振：从“我”到“我们”的共情传播

电视剧《人世间》的确引发了从“我”（个体）到“我们”（群体）的情感共振。据中国广视索福瑞媒介研究（CSM）数据显示，截至首播完毕，电视剧《人世间》1—58集总观众规模达3.71亿人。CSM的35个中心城市数据显示《人世间》单集最高收视率达3.38%，收视份额达15.47%，创CCTV-1黄金档电视剧近8年新高。（人民资讯，2022）电视剧《人世间》对不同年龄阶段的观众而言都既是投射生命情感的镜像，也是交流互鉴、探寻人性光亮与生命意志的渠道。这部电视剧被《人民日报》《光明日报》《文汇报》，以及新华社和“学习强国”等主流媒体在重要版面多次报道。《人民日报》评价该剧“真实、温暖、深刻”，这几个词成为《人世间》的关键词，形成了宏大的信息流和强大的影响力。

科学证明了人类的共情是一种无意识心理活动。美国心理学家马丁·霍夫曼认为“情感共情”是一种不由自主的共情，一个人感受到另一个人的情感往往不是有意识选择的结果（Martin，2020，p.278）。瑞典心理学家乌尔夫·丁伯格发表有关“无意识的共情”的文章，坚持认为这种共情并非“我们‘决定’要他人感同身受，而是‘自然而然’地感同身受”（转引自德瓦尔，2014，p.57）。美国伦理学家迈克尔·斯洛特认为共情是无法取消的，它是一种习以为常的、长期的、在某种程度上不由自主的状态。“这种不由自主的共情在他的道德情感主义中起着最重要的作用。”（Slote，2020，p.17）科学家认为这种共情机制中是人类的“镜像神经元”（Mirror Neuron）在起决定性作用。镜像神经元提供内在的模仿网络，可以重构心理和情绪的场景。美国神经科学家马尔科·亚科博尼认为：“得益于大脑内某一小群被称为镜像神经元的特殊细胞，我们在精神上、情感上与其他人相互联结，毫无疑问，镜像神经元有史以来第一次为复杂的社会认知和互动提供了看似可信的神经生理学解释。”（希科克，2016，p.12）

这种科学化的解释确实有其道理，但它们主要是在神经科学的意义上试图发现大脑（brain）中的人类情感密码。然而，就人活着的时候对于生命的体认来说，大脑似乎可以分裂为脑（brain）、心灵（mind）、精神（spirit）

三部分。对于人类情感的产生来说，脑（brain）是一个必要条件，但不是充分必要条件。尽管心灵（mind）和精神（spirit）在科学的视域下有神秘主义的色彩，但它们也是产生情感的重要组分。在笔者看来，神经科学只能对情感进行科学视角的解释，不足以让人理解情感。要理解情感，心灵和精神是必不可少的。

《情感的符号现象学》一书对于我们理解情感有极大的帮助作用，倘若要让人对情感有更深刻的理解，还需要更多的类似著作。尽管这类著作也仅仅是对情感进行阐释的无限衍义环节之一，但当这样的"之一"越来越多时，它们就会汇聚成洪流，推动像电视剧《人世间》这样的再现体系或表征体系进一步朝向且逼近情感本身。在传统上，人们将对事物的认识过程分成感性阶段和理性阶段，但就个人的生命体认来说，这一认识过程往往是感性和理性的叠加。当前非常热门的人工智能在处理理性问题上是成功的，但在处理感性问题上往往是失败的，人工智能的意义方式是基于算法的客观活动，能处理理性部分，却无法处理感性部分（赵毅衡，2020）；当前基于大数据的"情感挖掘"也只是提取海量表征情感的关键词，依然无法直面情感本身。这就是说，无论是人工智能还是大数据，由于主要模仿语言序列思维模式，所以可能难以处理表1所示的情感交叉模态。

本文从剪辑角度，在时间轴上"操控"符号，进行情感编码。尽管这只是基于"小数据"的个案研究，但相对于基于大数据的情感关键词挖掘来说，在情感编码上更具主动性和可操作性。实质上，基于剪辑的情感编码与基于大数据的情感挖掘是两个相反的过程，前者主要在生成文本，而后者主要在分析文本。本文主要在探讨前者。电视剧《人世间》好评如潮，大家交口称赞，引发了情感共振。该电视剧之所以收视率高，与时间轴上素材的排列组合对观众情绪产生的直接影响有关。在时间轴上所进行的素材的排列组合需要一种精心的设计，它实际上是对诸如镜头数量、时长、景别、运动元素、台词密度、音乐密度、剪辑方式、情节素（motif）数量、角色数量、角色构成、场次数量及时长、光源属性及类型等进行的一次化或二次化的符号操作。正如古希腊毕达哥拉斯学派发现美的本质与数量比例及其和谐密切相关一样，我们可以通过在时间轴上对以上符号进行剪辑来给情感编码。

事实上，这一情感编码背后还隐藏着抑或说接续着一个双向的影响链条：艺术形式⇌情感结构⇌文化共同体⇌社会共同体。从现实主义的角度来看，某时期的艺术形式反映的就是当时人们的情感结构，抑或某时期的艺术形式激活了当时社会的情感结构。也正因为这种艺术形式的召唤，具有相同情感结构的无意识集体因对艺术形式的共情而集结成文化共同体。前三个阶段不断循环，会进一步壮大为社会共同体，这正是艺术传播的力量的体现。

四、结语

影视剧是人生的延伸，借由观看影视剧我们可以拥有“X 倍的人生”，体验“X 倍的情感”。也就是说，我们可以通过观看大量影视剧来见识抑或间接体认各种人生，继而丰富我们自己的人生。尽管影视剧有丰富的情感模态，其复杂程度也远远超过表 1 所示，但影视剧本身最终都要经由剪辑（无论是人工的还是智能的）在时间轴上呈现出来。剪辑决定了我们力比多投射对象即镜像的光学性生命周期，以及这一生命周期内的情感模态。电视剧《人世间》作为当代大众艺术品，其所呈现的周秉昆与郑娟之间的爱情，并不仅仅是他们的个人化的情感，而是代表许多人至少是许多中国人的共通的情感。在一定程度上说，这部电视剧所构筑的情感世界为不同年龄段的观众提供了情感交往的时空。

要言之，影视剧是一种让“我”成为“我们”的共情装置，这个装置为我们营造了一个共情时空。穿越它，我们既可以体验风雨沧桑，又可以体验炽热真情，继而从中受到启迪，一生向阳。

引用文献：

班固（1962）．汉书．北京：中华书局．

谭光辉（2021）．情感的符号现象学．北京：人民出版社．

麦茨，克里斯蒂安（2021）．想象的能指：精神分析与电影（王志敏，赵斌，译）．北京：北京大学出版社．

德瓦尔，弗朗斯（2014）．共情时代：一种机制让“我”成为“我们”（刘旸，译）．长沙：湖南科学技术出版社．

希科克，格雷戈里（2016）．神秘的镜像神经元（李婷燕，译）．杭州：浙江人民出版社．

刘利刚（2020）．谫论电影符号修辞的两个基本向度．北京电影学院学报，4，35－41．

彭佳（2011）．论文化“标出性”诸问题．符号与传媒，1，66－76．

人民资讯（2022－03－03）．《人世间》创八年来收视新高．获取自 https：//baijiahao.baidu.com/s?id＝1726262248809140218&wfr＝spider&for＝pc．

赵毅衡（2020）．人工智能艺术的符号学研究．福建师范大学学报（哲学社会科学版），5，107－115．

Slote，M．（2010）．*Moral Sentimentalism*．London：Oxford University Press．

Hoffman, M. (2000). *Empathy and Moral Development: Implications for Caring and Justices*. London: Cambridge University Press.

作者简介：

刘利刚，博士，四川外国语大学新闻传播学院副教授，研究方向为影视符号学、符号叙述学、跨媒介修辞与传播。

Author:

Liu Ligang, Ph. D., associate professor of School of Journalism and Communication, Sichuan International Studies University. His research fields are film and television semiotics, semiotic narratology, and rhetoric and communication across media.

Email: llgtianshui@163.com

艺术情感的符号叙述及其可能路径

崔久成

摘　要：情感研究是符号学研究不可回避的内容，而艺术情感又堪称情感研究中最为复杂的对象、最为动人的部分。从日常情感到艺术情感的符号理论分析经历了一个从混乱到稳步发展的过程。本文着重聚焦于艺术情感主题，首先对符号学四种模式中涉及情感研究的理论资源进行了梳理总结；其次就谭光辉教授突破苏珊·朗格研究模式的局限，综合多家所长，在广义叙述学基础上建立的情感叙述研究路径展开辨析；最后提炼出谭光辉著作中涉及艺术情感的部分，指出进一步展开艺术情感研究的可能路径。

关键词：艺术情感，广义叙述学，情感研究，艺术符号

Semiotic Narration of Artistic Emotion and Its Possible Path

Cui Jiucheng

Abstract: Emotional research is an unavoidable aspect of semiotic research, and the emotion of art is the most complex research object and the most emotionally touching part of emotional research. From daily emotion to artistic emotion, the analysis of semiotic theory has progressed from a state of chaos to one of steady development. This paper focuses on the theme of artistic emotion. First, it combs through and summarises the theoretical resources involving emotional research in the four semiotic models. Second, drawing on the expertise of various scholars, especially that of professor Tan Guanghui who broke through the limitations of Susan Langer's research model, this paper analyses the research path of emotional narration based on general narratology. Finally, it refines Tan Guanghui's work on artistic emotion and points to a possible path for further study of artistic emotion.

Keywords: artistic emotion, general narratology, emotion research, artistic semiotics

DOI: 10.13760/b.cnki.sam.202202014

"灵魂乃天赐，圣洁不动情"，1917 年，艾略特（T. S. Eliot）在"形式主义开山之作"《传统与个人才能》中援引亚里士多德的《灵魂篇》，论及艺术情感、个人情感之间的关系，认为艺术情感是非个人的。文章阐释了作者、读者、作品之间情感的联系与区别，辨析了文艺作品中的情感创造与传统规范的关系，是形式主义文论中较早提及艺术情感与个别情感的论述。

"情感"一词对应的英文中有三个词。艾略特区分使用"emotion"和"feeling"，皮尔斯（C. S. Peirce）、格雷马斯（A. J. Greimas）倾向于使用"emotion"，雷德蒙·威廉斯（Raymond Williams）、苏珊·朗格（Susanne K. Langer）则用"feeling"，而像斯宾诺莎（Baruch de Spinoza）、德勒兹（Gilles Deleuze）等哲学家以及研究"情感转向"（affective turn）的学者则倾向于使用"affect"。人类情感隐秘幽微，变动不居，对其进行学理研究困难重重。随着符号学的深入推进，情感成为避无可避的研究对象。而艺术情感又堪称情感研究中最为复杂、最为动人的部分。符号学为情感分析提供了一条可以细究的可能路径，从起初的泛泛提及到严密的学理探究，情感的符号分析经历了一个从混乱到稳步发展的过程。

一、情感与艺术情感：形式分析的理论资源

赵毅衡先生把符号学归为四种模式：以索绪尔（Ferdinand de Saussure）为代表的语言学模式，以皮尔斯为代表的逻辑修辞模式，卡西尔（Ernst Cassirer）及其弟子朗格（Susanne K. Langer）的文化符号论模式，及以洛特曼（Yuri Lotman）等人为代表的苏俄符号学模式。（2016，p. 12）考察这四种模式的不同发展阶段，它们都在情感研究领域积累了丰富的理论资源。

研究情感符号学最知名的当属苏珊·朗格。卡西尔"把人定义为符号的

动物来取代把人定义为理性的动物”，人使用语言，“语言最初并不是表达思想或观念，而是表达情感和爱慕的”；关于艺术，卡西尔强调“艺术在感觉现象和理解方面给人以秩序”。（2013，pp. 40－45）卡西尔这种观念同索绪尔、皮尔斯有明显区别，因而是一种新的符号学模式。苏珊·朗格继承卡西尔学说，对不同的符号方式进行确认。艺术成为一种把人类情感转变为可见或可听的形式的一种符号手段。个人的情感、普遍的情感通过艺术表现变为一种哲学概念，艺术在这一过程中成为一种把握普通情感的媒介。朗格通过她的三部曲式著作完成了就情感主题展开的符号哲学阐释，最终把艺术引向了“生命的形式”，这就将精彩的论述引入系统的闭环，因而“缺乏操作性”（赵毅衡，2016，p. 14），成为一种孤立的存在。

索绪尔模式及其所影响的学派最初并不关心情感。“20 世纪 50—60 年代，在言语活动领域里谈情感、感情、激情和心灵状态，不止是一种错误，而且是一种审美缺陷，甚至是一种严重的科学愚蠢行为。”（封塔尼耶，2019，p. 428）而罗兰·巴尔特（Roland Barthes）写下的《恋人絮语》《哀悼日记》毕竟更偏重个人情绪。麦茨（Christian Metz）运用语言学模式开创的电影符号学何等精妙，一扫主观情绪性的传统电影分析，如同为现代电影理论构筑了一道马其诺防线，可为何当电影符号学研究热潮退去，被他推翻的那些诸如“电影是一种世界语”等说法又不断回潮？诸多原因中恐怕有一点最重要：电影是情感的艺术，而麦茨在努力驱逐个人情感。

法国巴黎学派展开情感研究时已是 20 世纪 70 年代末，那时候符号学分析从不同维度进入主体的情感领域。1981 年格雷马斯的《论愤怒》采用情绪模态分析的方法，摸索出一种分析情绪的符号学模式，而后逐渐形成重要的操作概念与工具。1991 年格雷马斯和封塔尼耶（Jacques Fontanille）出版著作《激情符号学》，确定了“激情”的“模态机制—模态安排—道德说教”展示模式，“开启了对人类情感的符号学研究，是一部划时代的著作”。（张智庭，2021，p. 129）而后封塔尼耶进一步发展了这种模式，将其确定为“情绪萌发—位置—激情中轴—激动—道德说教”模式。（张智庭，2011，pp. 7－9）与朗格的理论缺乏操作性相比，“激情符号学”对情绪的分析充满操作性，把情感分析推导到一种符号科学的境地，但“由于分析过于烦琐而使其理论失去了简单易懂的优点”，因此“法国符号学派的情感研究并未得到其他国家响应”。（谭光辉，2021，p. 2）

皮尔斯手稿里留下不少有关情感的片段性论述。20 世纪 70 年代西方“重新发现皮尔斯”以后，这些关于情感的“新颖的、激励人的、丰富的和长期被忽视的东西”（萨万，2019，p. 482）才引起关注。皮尔斯关于情感的分析建立在认知论基础上，同他所建立的符号学机制紧密结合。比较为人所知的是皮尔斯的意指三分中的解释项。解释项又分为三种：情感解释项，能量解释项，逻辑解释项。情感解释项可继续三分为直接假设（immediate）的情绪、作为动态感性（dynamical）的情绪和作为最终规范（final）的情绪。尽管皮尔斯手稿中情感认知理论表述零散，然而20世纪80年代，欧美一批研究皮尔斯的学者如萨万（David Savan）、格莱泽（Trip Glazer）、贝松（Robert J. Beeson）等都注意到了皮尔斯情感主题的研究。皮尔斯为情感符号的解释留下了足够开放的空间，其理论价值有待继续挖掘。

除此之外，布拉格学派与莫斯科-塔尔图学派有关艺术符号学的理论有明显的继承关系，两派学术成果中同样有值得关注的要点。两派延续了19世纪之前的学术传统，那时候“多数人并没有将审美与情感进行严格的区分”（谭光辉，2021，p. 77）。1934年穆卡若夫斯基（Jan Mukařovský）最先提出“艺术符号学”的研究框架，他秉承结构-功能主义观念，认为艺术是一个“自主的符号”（Mukařovský，1977，pp. 82-88），艺术客体既包括审美功能，又包括社会的、政治的、实用的多种功能，而作为主导的审美功能则是研究艺术符号的切入口（pp. 33-38）。这种符号美学的观念充满活力，在审美功能之下以结构主义的方法多维度把握艺术情感。而洛特曼则更加细化，为此，对应于自然语言作为“第一模式系统”，洛特曼提出了艺术作为“第二模式系统”（2003，p. 12）。他把艺术文本当成生命的活体来看待，认为“美就是信息”，信息的载体是语言与结构。艺术的语言是一种复杂的结构，其中“形成人们的情感模式”（p. 204）。因此，这一模式系统既创造艺术作品，也由艺术创造。洛特曼的研究取径尽管没有单独提出情感问题，却一直通过形式逼近情感的信息与结构问题，有着苏俄符号学模式的特色。

此外，艺术心理学、艺术人类学、文化研究领域不少学者都曾尝试针对艺术与情感的关系提出有效的研究路径。在苏珊·朗格出版《情感与形式》的同一年——1953年，文化研究主将雷德蒙·威廉斯在《电影序言》中首次提出“情感结构”（structure of feelings）一说，认为“主导的情感结构在艺术中得到表达和呈现”（William，2001a，p. 54）。而后他不断完善这一研究方法，认为“情感结构就是一个时期的文化，它是一般结构中的所有要素特别鲜活的成果”（William，2001b，p. 63）。他通过《文化与社会》《漫长革命》两部文化研究著作由文学研究转向社会批判，认为一代人有一代人的情感结构，从代际精神面貌可概括时代精神，探索文化意涵。因为社会分层中的情感结构与同时代的文艺作品产生同构关系，所以情感成为文化分析的入口。威廉斯的情感观有着大理论的气度，甚至被认为是文艺批评领域“情感转向”的开拓者（Huehls，2010，p. 421）。然而“情感结构”也面临着经不起局部细究的问题，如对“情感结构”的归纳过于依赖直观感受，缺乏严谨的推理论断。不过这一学说在实际文化批评中颇具操作性和实用性，为集体心理和时代心理研究提供了一条切入主体的路径。

综上所述，符号学各个模式与流派都积累了相当丰厚的情感理论资源，从符号哲学、符号美学、符号逻辑认知到情感形式分析，呈现出宽论域、多角度、局部性、离散性、渐进式诸多特点，尤以朗格和格雷马斯为代表的巴黎学派取得的成就最为突出，其整体问题在于各据其理、驳杂分散。如何继承这些斑驳交错的理论资源，将吉光片羽连缀成研究传统，是推进情感研究需解决的难题。

二、情感的符号叙述：一种复合型的分析模式

2021 年底，谭光辉出版 50 万字专著《情感的符号现象学》，重启情感符号学研究这一极具挑战性的课题。著作意涵丰厚，概而言之，以符号现象学作为认知前提，以情感的叙述性作为根基，构建出一种开放性的理论框架。这一框架下，多种情感符号的理论资源可以依托叙述行为充分融合互鉴。格雷马斯的模态分析模式、朗格的艺术情感符号交流模式获得融合发展的可能，广义叙述学也因情感研究理论资源的激活而显现出更为纵深的研究空间。

就广义叙述学的定义而言，叙述文本和符号文本的区别在于是否“卷入人物”，而人物是叙述的必需要素（赵毅衡，2013，pp. 7 - 8）。人是符号的动物，也是情感的动物。情感离不开人物，因而情感必然是叙述的。情感有其产生的语境，卷入前因后果之中，形成叙述文本，因此情感依托叙述。依托叙述文本的情感可以分节和编码，而分节则必有意义，这又延展出情感的符号交流分析。谭光辉先生在搭建起情感叙述这一框架后，着重从三个方面展开了学理的开拓。

第一个方面，贴合广义叙述学关键概念建立起情感叙述的一些核心操作概念，诸如情感类型、情感分层、情感元语言、情感修辞、情感编码、人工情感等。人类的日常情感必然与叙述文本相连，而文学艺术作品又成为人类精神生活中非常重要的叙述文本。情感存在于文学艺术中，附着于人物和情节。文艺作品既创造艺术情感，也连缀着作者、读者的生活情感。符号学的

努力介入艺术实践，希望通过理论来回答艺术实践所带出的问题。可以说，理论背后一直隐藏着实践的希冀。艺术情感研究的推进，对于弥合理论和实践关系的裂缝，有可能创造一个难得的契机。

引用文献：

封塔尼耶（2019）．激情符号学，载于安娜·埃诺（编）．符号学问题（怀宇，译）．北京：中国人民大学出版社．

卡西尔（2013）．人论（甘阳，译）．上海：上海译文出版社．

朗格，苏珊（1986）．情感与形式（刘大基，傅志强，周发祥，译）．北京：中国社会科学出版社．

朗格，苏珊（2006）．艺术问题（滕守尧，译）．南京：南京出版社．

洛特曼，尤里（2003）．艺术文本的结构（王坤，译）．广州：中山大学出版社．

李幼蒸（2007）．理论符号学导论．北京：中国人民大学出版社．

陆正兰（2015）．重复：艺术的基本构建方式．载于曹顺庆（主编）．中外文化与文论．成都：四川大学出版社．

萨万（2019）．皮尔斯有关情绪的符号学理论，载于安娜·埃诺（编）．符号学问题（怀宇，译）．北京：中国人民大学出版社．

谭光辉（2021）．情感的符号现象学．北京：人民出版社．

唐小林（2013）．索绪尔局限与朗格难题——论符号诗学推进的几个关键问题．文艺争鸣，3，132－135．

屠友祥，祝东（2018）．符号学问题答问．法国哲学研究，1，493－508．

雅各布森，罗曼（2004）．主导（任生名，译）．载于赵毅衡（编）．符号学文学论文集．天津：百花文艺出版社．

赵毅衡（2013）．广义叙述学．成都：四川大学出版社．

赵毅衡（2016）．符号学：原理与推演．南京：南京大学出版社．

张智庭（2011）．激情符号学．载于赵毅衡（主编）．符号与传媒，2．成都：四川大学出版社．

张智庭（2021）．法国符号学思想，载于王铭玉，等（编）．符号学思想论．北京：商务印书馆．

Deleuze，G. &Guattari，F.（1994）. *What Is Philosophy?*. New York：Columbia University Press.

Huehls，M.（2010）. Structures of Feeling：Or，How to Do Things（or Not）with Books. *Contemporary Literature*，2，419－428.

Mukařovský，J.（1977）. *Structure，Sign，and Function：Selected Essays by Jan Mukařovský*（J. Burbank & P. Steiner，Trans.）. New Haven：Yale University Press.

Williams，R.（2001a）. *Preface to Film*. London：Film Drama Limited.

Williams, R. (2001b). *The Long Revolution*. New York: Broadview Press.

作者简介：

崔久成，中山大学珠海校区中文系博士研究生，主要研究方向为符号学理论、艺术符号学。

Author:

Cui Jiucheng, Ph. D. candidate at Department of Chinese, Sun Yat-sen University(Zhuhai). His main research fields are semiotic theory and artistic semiotics.

Email: cuijiucheng@ 126. com

论符号文本中的虚构情感

杨利亭

摘　要： 虚构情感是接收者对虚构叙述结果的反应，是虚构叙述的附加意义，因而是符号化的产物。虚构叙述的基本语义域为可能世界，因此依赖于它的虚构情感只在指涉此世界时具有真实性。虚构情感并非产生于主客体之间的关系，而是由符号化的主客体之间的关系构筑，它的强弱取决于主客体的符号化程度，后者影响着人对自身、世界以及二者关系的认知和判断。本文通过探讨主体、客体符号化以及二者的辩证关系在“二我差”中的独特呈现，进一步思考跨界通达的虚构情感在现实文化中发挥的作用。

关键词： 虚构情感，符号化程度，主体符号化，客体符号化，二我差

On Fictitious Emotion in Sign-text

Yang Liting

Abstract: Fictitious emotion is the receiver's reaction and attribution of additional meaning to a fictitious narrative. Therefore, it is the product of semiotisation. Because the basic semantic domain of the fictitious narrative is the possible world, the resulting fictitious emotion is true only with reference to this world. Fictitious emotion does not arise from the relationship between subject and object but is constructed by the semiotising relationship between the two. The strength of the fictitious emotion depends on the degree of semiotisation of the subject and the object, which affects people's cognition and judgment of themselves, the world and the relationship between the two. By exploring the semiotisation of subject and object in self-differentiation and the dialectical relationship, this thesis further considers the cross-boundary role played by fictitious emotion in the real world.

Keywords: fictitious emotion, degree of semiotization, subject-semiotization, object-semiotization, self-differentiation

DOI: 10.13760/b.cnki.sam.202202015

虚构叙述并不再现符号之外的世界，而是通过符号化行为创造自己的世界，并在它“指涉的世界内自动为真”（瑞安，2014，p.49），因此依赖于它的虚构情感在此世界内也自动为真。虚构情感并非产生于主客体之间的关系，而是由符号化的主客体之间的关系促成。格雷马斯和封塔尼耶对“激情符号学”的讨论有助于我们理解虚构情感：“激情并不是主体所专有的特性，而是整个话语的特性……激情借助一种‘符号学风格’的作用发端于话语的结构”（怀宇，2019，p.73），而该“符号学风格”可以投射到主体、客体或二者之间的关系上。将上文中的“激情”替换为“虚构情感”，可知情感符号学并不将虚构情感视为心理因素，而是看作进入了符号活动并在其中结合了一定的历史语境、文化结构和审美标准的意义效果。

任何物或符号都能构成“物-符号”二联体（赵毅衡，2011，p.28），此二联体的诠释域在纯物与纯符号之间自由滑动——在实在化与符号化之间滑动，如玉石既能作为换购的商品或伤人的武器，也可作为爱情的信物、友谊的见证、权力的象征或供人观赏的艺术品。谭光辉认为物和符号在动态变化的“物-符号”二联体范围内存在共生关系，由此推导出主客体“符号化程度”（谭光辉，2021，p.354）会对情感产生影响，而笔者则集中讨论主客体符号化程度对虚构情感的影响。虚构情感的叙述对象是一种无法被实在化的纯符号，这是因为虚构叙述是心灵活动的产物，依据的是心理的可能性（情感、梦境、心灵、欲望），而非现实逻辑（赵毅衡，2013，p.182）。臆想中的怨恨、愤怒和复仇虽时常以暴力的形式释放冲动，但由于仍在虚构边框之内，也就不可能被实在化，因此对外界并不构成杀伤性；想象中的爱情对话和爱欲场景虽未必能在现实中兑现，却暂时安抚了激情澎湃的内心；双双殉情的虚构人物之所以一直栩栩如生，是因为其始终存在于符号化的语境之中。

本文讨论的虚构情感主要集中在文本中的主体、客体符号化现象以及二者的互动关系在“二我差”现象中的独特呈现。虽然赵毅衡构建的“二我差”理论已相当完整，但笔者仍觉得该理论还有可以发掘和讨论的空间：除了以历时性的时间差、年龄差、心象叙述和非时间性为讨论依据外，还可以把共时性在场的主客二我之间的认知差作为起点——一种暂时悬置了时间的“二我差”。简言之，主客体符号化理论一方面激发了笔者对大量由虚构情感主导的符号文本的重新关注，另一方面还启迪了笔者对“二我差”理论的重新思考。

一、主体符号化与客体符号化

主体符号化和客体符号化虽在情感的落脚点上常被视为同一问题的两个方面，但因二者各自关注的起点大相径庭（分别是符号主体和符号客体），所以仍有必要对二者进行单独讨论，并在此基础上揭示二者的互动关系——通过人的情感反应来验证符号叙述的结果。主体符号化和客体符号化的程度影响着人对自我意识、外在世界以及二者之间关系的认知、判断与抉择。

（一）幻由心生：主体符号化

主体符号化程度影响着人们的认知倾向，有的人注重观察物或符号的外部特点和实用功能，有的人则偏向于探究其指涉意义。适度的主体符号化（新古典主义戏剧与大部分现实主义文学、艺术作品）有助于协调和平衡人的虚构感和现实感；过度的主体符号化（林黛玉、堂吉诃德和包法利夫人）会令人感到脱离尘寰与不合时宜。与适度的主体符号化相比，过度主体符号化的文本（无论是悲剧还是喜剧）似乎更受读者的青睐。下文将从三种不同程度的主体符号化来讨论文本中的虚构情感。

1. 坠落现实的主体符号化

主体符号化使人获得了一种想象的满足，但这种满足往往是转瞬即逝的，因为人最终要回到现实中并承受虚构情感在现实中的落空，这就使之前为了接收虚构叙述而抽离出来与之相应的虚构人格再度坠落并消融于现实语境中，于是想象的虚幻与现实的残酷之间便形成了鲜明的落差。

强烈的主观意念会使人进入虚幻。臆想中的暴力正因未被实在化，反而释放了狂怒不已的情绪。在电影《无间道》中，当刘建明听到妻子不仅要离婚还要夺走女儿的抚养权时，一怒之下打翻了桌上的咖啡杯，然而，镜头一转，咖啡杯却完好无损，可见打翻咖啡杯的举动仅发生在他的臆想之中。

幻想之爱虽在虚构中为真，但因无法被实在化而映照出生命的虚妄。蒲松龄《聊斋志异·画壁》讲述了一个如梦又似真的爱情奇遇：书生朱孝廉在观看壁画时进入幻境，并与画像中“拈花微笑，樱唇欲动，眼波将流”的散花天女谈了一场如胶似漆的恋爱，被人唤醒后才知方才“画像复活之情状以致千幻并作，并非画之动，而是自己的心在动”（杨利亭，2018，p. 161）。

如果朱孝廉的爱情发生在由壁画引发的奇幻联想中，那么，简·爱、希斯克里夫和阿切尔的爱情则发生在对意中人的过度思念之中。2011 年版电影《简·爱》（*Jane Eyre*）中意识到自己受到欺骗而离开桑菲尔德庄园的简·爱，因强烈思念罗彻斯特先生而产生了幻觉——以为正在敲门的人是罗彻斯特，便迅速打开门，与对方激动地拥吻起来……直到约翰打招呼，她才终止了幻想。艾米莉·勃朗特的《呼啸山庄》（*Wuthering Heights*）中凯瑟琳的幽灵与其说是真实的，倒不如说是由陷入精神分裂的希斯克里夫想象出来的。电影《纯真年代》（*The Age of Innocence*）中爱上奥兰斯卡夫人的纽兰·阿切尔背对着前者站在窗前，忽然感到对方缓缓离开椅子并从背后抱住了他，为确认这一幕的真实性，他转过头，却失望地发现对方仍坐在原处，纹丝不动。

2. 若醒若梦的主体符号化

过度强化的主体符号化会严重扭曲客体并使人陷入亦幻亦真甚至视幻为真的错觉之中，以致最终无法区分自己是现实中人还是虚构中人。初坠爱河的人、精神分裂者、失忆症患者和阿尔茨海默病患者经常会把事物过度主观化和符号化。

电影《禁闭岛》（*Shutter Island*）中受到精神创伤的男主人公自认为是被派到某岛上调查案情的联邦侦探，所以任何出现在他面前的人都会被他视为行为诡异的嫌疑人。电影《记忆碎片》（*Memento*）的剧情与此类似，区别在于后者跳出了第二次世界大战背景。电影《归来》中患了失忆症的冯婉瑜每天都坚持去车站迎接被下放的丈夫陆焉识，即便后者真的出现在她眼前也无济于事，而该影片正是通过她这种看似无效的重复行为呈现出至暗时代里真情的可贵。电影《困在时间中的父亲》（*The Father*）中患了阿尔茨海默病的父亲，总觉得全世界（包括自我记忆）都在跟自己作对。

3. 彻底沦陷的主体符号化

人之所以沉迷于角色而无法返回现实是因为把虚构文本中的拟真（真实的感觉）当作了再现的彻真（真实的现实经验），混淆了现实与虚构之间的边界，甚至已意识不到边界和框架的存在。如果忽视虚构框架的存在，人便会误把现实当虚构，误将演员当角色：痴迷于骑士幻想的堂·吉诃德不仅大战风车，还将羊群当军队，拿脸盆当钢盔，把村姑杜尔西妮亚看作高雅的贵妇；陷入爱情幻想的包法利夫人几乎把任何一个追求她的男子都想象成高贵绅士和浪漫骑士，直到临死前才意识到自己在现实中比瞎子还瞎。

主体密切关注着自己在臆想中过度美化的客体，为了破解后者，甚至不惜回归乃至成为客体。情感或审美主体的彻底符号化会导致人丧失对自身及周围世界的认知力和判断力，进而人通过摧毁自身来捍卫情感符号或艺术符号的完美性。“追求完整才有获得意义的要求，承认不完整才能有接收意义的愿望”（赵毅衡，2017，p. 198），自认已抵达完整的人往往会自行终结对意义的追寻。黄哲伦戏剧《蝴蝶君》（*M. Butterfly*）中的法国外交官高仁尼对京剧演员宋丽伶的迷恋便源于对歌剧里蝴蝶夫人这一角色的代入——蝴蝶夫人是被高仁尼高度符号化的存在（喻指理想的艺术和完美的女性）；李碧华小说《霸王别姬》中戏剧演员程蝶衣的悲剧也源自对虞姬角色的自我植入。

如果说高仁尼和程蝶衣从生到死都未脱离过主观想象的虚构世界——都因自身的彻底主体符号化而最终走向了对爱情和艺术的双重献祭，那么巴尔扎克笔下的萨拉辛则经历了自己臆造的完美理念彻底幻灭的过程。《萨拉辛》讲述了一个反皮格马利翁的爱情故事：男主人公爱上并死于自己想象的造物，他误把男扮女装的赞比内拉视为完美的艺术原型和女性原型，这最终导致了他的死亡。

（二）一切皆幻：客体符号化

客体本身的复杂性和多样性一方面会激发接收者的阐释欲望，另一方面会增加接收者认知自我、他者和外界的难度。过度的客体符号化不仅会让人陷入真假难辨的错觉中，而且还会令人怀疑自身的真实性：如果眼前呈现的现实世界本身就是一座迷宫，那么人又该如何认识和把握自身？此时的人究竟是真实的还是虚构的？下面将从四种客体符号化来讨论文本中的虚构情感。

1. 激发求知欲的客体符号化

客体符号化唤醒了接收者的激情——想要破译客体在有意无意间释放的种种似曾相识又无法完全破译的符号，因为总有“一种符号的强力驱使我们去探寻，它剥夺了我们的安宁。真理并非通过相似性或善良意志而被发现，而是在无意识的符号面前显露”（德勒兹，2008，p. 17）。

符号化的外在形象常被用来暗示人物的性情、内心活动和精神状态。尽管安娜·卡列尼娜并未意识到自己内心和面部表情有任何变化，但初次在火车站见到她的弗伦斯基时，她身上还是出现了一股压抑不住的生命力：“在那短促的一瞥中，弗伦斯基已经注意到有一股压抑着的生气流露在她的脸上，在她亮晶晶的眼睛和把她的朱唇弯曲了的隐隐约约的微笑之间掠过。仿佛有一种过剩的生命力洋溢在她的整个身心，违反她的意志，时而在她的眼睛的闪光里，时而在她的微笑中显现出来。她故意地竭力隐藏她眼睛里的光辉，但它却违反她的意志在隐约可辨的微笑里闪烁着。”（托尔斯泰，1992，p. 83）

就像安娜于不自觉间以一种无名的力量吸引着弗伦斯基情不自禁地向她靠近，读者也迫切想要探寻安娜这一形象在他心中搅起了怎样的波澜。尽管他尚未意识到自己情感的变化，但这并不影响读者将他对安娜的这种反应视作一见钟情，而他的视角也侧面印证了安娜形象的光彩夺目。

2. 制造个体悲剧的客体符号化

将他者彻底符号化而引发的悲剧，在中外艺术文本中俯拾即是。人无法直面绝对的神圣或神圣理念，于是便要寻找一个可以指代神圣的中介物。特别是在诸神和偶像远去的时代，人只能通过他者产生情感或欲望，但是人在逃避孤独感和恐惧感的同时，却将另一个无辜者推上了类似于神的位置，人之所以要为神寻找人间的替身，无非是无法“舍弃对无限的渴望”。（基拉尔，2021，p. 75）

人们无法接受自己亲手编织的完美理念在眼前破碎，尤其是当他们把该理念以人格化的形式投射到某个具体的人身上的时候。为了确证理念的神圣性和权威性，人们甚至不惜牺牲和摧毁被投射了该理念的个人。严歌苓小说《白蛇》中被下放到农村的舞蹈家孙丽坤便遭遇了先被神圣化后被妖魔化的过程。严歌苓的另外一部小说《芳华》中的雷锋式人物刘峰的人生悲剧也是过度客体符号化所致。

彻底客体符号化背后的人性麻木和道德冷酷，是引发人物悲剧的重要原因。福克纳《喧哗与骚动》中凯蒂的悲剧便是彻底符号化所致。虽然凯蒂所在的康普生家族已然没落，但是严苛的家训对她作为“南方淑女”的要求却并未降低。一旦她由于自甘堕落而失去贞洁，整个家族的男性（父亲康普生先生、长兄昆丁、二弟杰生和三弟班吉）都会有意无意地将她视为破坏贵族名望的罪人。该小说呈现的是一系列“天真的失落”（吴晓东，2017，p. 145）的故事：从女性贞洁的丧失、南方贵族的没落、传统文化的衰落到现代人信仰的迷失。类似的被彻底客体符号化的女性人物形象还有莎士比亚

《哈姆雷特》中的奥菲利亚、《奥赛罗》中的苔斯德蒙娜，霍桑《红字》中的白兰，哈代《德伯家的苔丝》中的苔丝和陈忠实《白鹿原》中的田小娥。

3. 导致主体迷失的客体符号化

过度的客体符号化会导致人的主体迷失，使人陷入虚实混淆和物我难辨的认知困境之中。犹如“庄周梦蝶”的故事：究竟是庄周变成了蝴蝶还是蝴蝶变成了庄周，始终是个有待破解的谜题。

卡夫卡的诸多小说都揭示了生成性的符号客体（道路、宫墙、楼梯、地洞）对人物认知和行动构成的巨大挑战。《城堡》里的K始终跋涉在由乡村通往城堡的无尽的道路迷宫之中，他似乎总在不停地返回始发点；《万里长城建造时》中的信使永远也走不完那持续生成的台阶和宫墙；《美国》里随着卡尔的快速攀爬而持续生成的楼梯，令他的奋力前行变成了持续后退，仿佛他的每一步都在踏入虚空；《诉讼》中企图摆脱诬陷罪的约瑟夫·K不停游荡在通往法院的途中。

阅读博尔赫斯小说的强烈感受就是人在虚构现实世界的同时，也被现实虚构。博尔赫斯小说以多种意象（梦、镜子、废墟、锥体、沙漏、罗盘、花园、面具、流沙、指南针、图书馆、环形楼梯、大百科全书）构造了存在的迷宫，人物经常游走并迷失在迷宫之中。《交叉小径的花园》有意混淆了现实与虚构的关系——主人公余琛似乎同时跋涉在其外祖父崔朋撰写的虚构之书《交叉小径的花园》和外在现实空间（阿尔贝家中摆放的象形迷宫和他的迷宫式花园）的交叠之中；《沙之书》更是讲述了一本形体有限、页码无限的魔书给人带来无限苦恼的故事——持续生成又永不再现的动态页码令主人公迷失在无休无止的虚构丛林之中：“我觉得它是一切烦恼的根源，是一件诋毁和败坏现实的下流东西。我想把它付之一炬，但怕一本无限的书烧起来也无休无止，使整个地球乌烟瘴气。”（博尔赫斯，2006，p. 467）

布朗肖小说更是将客体符号化推向了极致——对人内在意识的客体符号化：将人物及其所在的环境呈现为一种充溢着主体感知、经验和思想的抽象存在，这种无处不在又无处可寻的弥散性的符号化存在似乎在有意挑战读者的认知经验，同时又强烈召唤着读者主体意识的全力参与。布朗肖的人物不再具有外在性，而仅具有附着在客体上的主观意识——借助此意识，某种外在于主体的客体得到了淋漓尽致的呈现，与此同时，该客体又像是“与那些构成主体但又不被主体所承认的——属于主体的东西相对立”（埃诺，2019，p. 380）。

此外，导致主体迷失的客体符号化现象在电影文本中也有出现。电影

《盗梦空间》中被造梦师团队操纵和篡改了意识与梦境的人，很难说还拥有多少真正属于自我的主观意识。

4. 被主体反噬的客体符号化

过度的客体符号化有时也会反向激发主体的创造性，使后者摆脱甚至反噬前者。很多经典科幻电影都在讲述为自己的造物所颠覆、控制和奴役的人类是如何以自身的聪明才智打败造物并重返现实的。

电影《源代码》（*Source Code*）中操纵者通过运用电子数据持续刺激男主人公的意识从而在其中生成另一个平行世界，并让这个被人格化的意识在执行任务的过程中多次往返于现实世界和平行世界之中。然而，出乎操纵者的预料，男主人公的主体意识在源代码的刺激下竟生成了多个平行世界，因为意识的每一次往返都会产生一个平行世界，这使得在现实中已死去的男主人公可以在平行世界中继续生活。同样，电影《黑客帝国》中被操纵者选中的第六代救世主尼奥只是操作系统中的一个编码，而他自以为拥有的主体意识不过是该系统的某种操作功能。直到被崔尼蒂的爱唤醒，他才重新获得了真正属于自我的主体意识，这说明对智能系统而言，爱本身只是一个词，但对人类来说，重要的是爱表达的意义。类似的电影文本还有《我，机器人》（*I*, *Robot*）和《全民公敌》（*Enemy of the State*）。

二、在主客体符号化中重返“二我差”

虚构情感表明主体、客体不仅都可能被符号化，而且二者的符号化既可以是历时性的也可以是共时性的，甚至可以是非时间性的，这启发了笔者对“二我差”中可能存在但尚未被学界关注的共时性“二我差”的思考。除了赵毅衡讨论的历时性的、非时间性的和心象叙述现象中的“二我差”（2014, p. 70）之外，笔者发现还存在另一种形式的“二我差”：一种暂时悬置了时间的以认知差为始发点的共时性“二我差”。因此，“二我”不一定是历时性的今昔二我，也可以是非时间性的共同在场的主客二我：这两个“我”既不存在时间差或年龄差，也未发生人格分裂，更未处在心象叙述中，而是存在于镜内镜外、他者注视之下以及角色扮演中的双重自我。

（一）镜内镜外的“二我差”

正在照镜子的符号主体有镜内、镜外两个“我”，在这两个“我”彼此的对照中经常会出现认知差。人的自我意识无法自我满足，因而需要通过客体化为他者的自我意识来观照和省思自我。

被镜中之我传唤到道德责任中的镜外之我，经常会立刻意识到自身的异己性和陌生性。“镜中的映像永远是某种虚幻，因为从外表上我们并不像自己，我们在镜前体验的是某个不确定的可能的他者，借此，我们寻求自我价值的位置，并从他者身上在镜前装扮自己”（巴赫金，2014，p. 82）。电影《坠入情网》中人到中年的男女主人公在火车上一见钟情，无奈双方都已有了家庭，但二人均知真爱难觅，于是决定私下约会。约会前的女主人公对着镜子，衣服换了一件又一件，却忽然狠狠抽了自己一巴掌，并盯着镜中之我严厉问道：“你在做什么？”虽然陶醉于一见钟情的幸福感之中，但她还是意识到了婚外情是对世俗道德的冒犯。电影《源代码》中的操纵者为了获取重要情报，用智能数据把男主人公濒死时的意识投射到他人身上（赋予意识以人格化形式），但后者对此并不知情，于是在照镜子时陷入了认知混乱：“我是我又不是我”——虽然心中知道自己是谁，但镜中的人却并非自己。

（二）他者注视下的“二我差”

他者的注视犹如一面镜子，让主体意识到自己瞬间分裂成了两个“我”。2009年电影版《呼啸山庄》中就有类似场景，正当已婚的凯瑟琳情不自禁地抱着希斯克里夫的脑袋又是亲吻又是表白之际，后者却以充满醋意加讽刺的口气提醒她要恪守妇道，这让她顿时羞愤交加，于是边捶打对方边说：“天呐！我做了什么？我这是在做什么？”虽然她施暴的对象是希斯克里夫，但是她真正要惩戒的却是自己。她介于爱的激情和道德威慑之间，当沉浸于爱情时，她的道德意识是关闭的；当被对方唤醒后，她又会瞬间陷入爱而不能的道德痛苦中。她是爱情至上与道德禁忌的矛盾结合体，而这也是文本接收者既诘难又同情她的原因。

（三）角色扮演中的“二我差”

同一个“我”分化的主我和客我可以共存于暂时消除了时间差的此时此刻，此时的“我”观察和思考此刻的“我”。角色扮演中的主客二我时常争夺对主体的话语权。现实中“表演”的孩童、艺术文本中的卧底和戏中戏里的演员，在角色扮演中经常呈现出多种形式的“二我差”。

孩童现实生活中的“表演”——以装病、装哭的方式获得父母关注，经常会出现共时性的“二我差”。孩童在“表演”的同时，又在观察这一行为并预测其产生的效果。余华自称小时候为了避免父亲对他的惩罚经常假装肚子疼，令他惊讶的是，此行为在后来竟成了条件反射：一看到父亲要惩戒他，他就开始肚子疼。最终他的诡计被识破，代价是被强制切除了阑尾。（余华，2019，pp. 29－30）

警匪动作片中的卧底身上至少存在六种形式的“二我差”：此我亦我亦非我，此我亦彼亦非彼，此我亦彼而非我，此我亦我而非彼，此我亦我亦彼，此我非我亦非彼。电影《无间道》三部曲中在黑帮做卧底的陈永仁以黑帮身份掩饰警察身份，而在警察局做卧底的刘建明则以警察身份掩饰黑帮身份。二人就像在玩惊险刺激的猫鼠游戏，都经历了六种“二我差”：我既是又不是黑帮，我既是又不是警察，我是警察而不是黑帮，我是黑帮而不是警察，我既是黑帮又是警察，我既不是黑帮也不是警察。正是这种二我身份的撕缠揭示了此类型警匪动作片的悬疑内核：主客二我对话语权的争夺越是激烈，情节就越是高潮迭起和险象环生，与此同时，人物性格和文本主题也就越是复杂多变。

戏中戏的角色扮演——陷入爱河的人身上经常会出现共时性“二我差”。恋爱中的“我在扮演一个角色：我是止不住要哭的人；我又是在为自己扮演这个角色，恰恰是这点使我潸然泪下：我就是我自己看的戏”（巴特，2016，p. 153）。因戏生情的男女演员，他们中的任意一方在戏中都扮演着双重角色——既是演员又是角色，既是主体又是客体。电影《法国中尉的女人》（*The French Lieutenant's Woman*）呈现了同一个人物在角色和演员两个身份之间出现的“二我差”。迈克和安娜在饰演男女主人公查尔斯和萨拉的过程中坠入爱河，拍戏结束后各有家庭的两人不得不以分手了之。在最后的告别时刻，安娜朝迈克说出了“温德米尔”（二人在电影拍摄中共处的最后地点）这一地名，而迈克则在安娜离去后跑到她的化妆间的窗口喊了一声“萨拉”。同样，电影《莎翁情史》（*Shakespeare in Love*）通过讲述男女主人公因戏结缘的故事，揭示了莎士比亚情史与《罗密欧与朱丽叶》之间的虚实互生关系。类似文本还有皮兰德娄的戏剧《六个寻找剧作家的剧中人》，该剧讲述了《各司其职》中的六个演员与其所出演的角色之间的虚实二我的情感纠缠。

通过以上对共时性“二我差”的讨论可知，当下之“我”观察和思考的不一定是过去的“我”，也可以是此时此刻的共时性之“我”。只是此时此刻的“我”的反思更像一种本能反应或即时反馈，虽然未能阻止事态在将来的进一步发展，却可以在事后回顾时成为思考的“刺点”：“不管如何突如其来，刺点总或多或少地潜藏着一种扩展的力量。”（巴尔特，2011，p. 59）“二我差”不仅可以是对之前并未意识到或未能理解的事物和言行的省思，而且也很可能是此时之“我”对同一时间的镜中之“我”的审视，并且这个此时此刻的“我”的这种省思和审视会在未来某一天回顾往事时被集中和放大。

三、结语

符号文本为虚构情感构建了一个相对完整的语义场，反之亦然，该语义场规定了任何符号化行为都必将终止在一个有限的文本框架之内。虚构叙述本质上是一种跨界通达，依赖于它的虚构情感亦如是，这也正是讨论虚构情感的前提。文本接收者对符号文本的阐释动力很大程度上来自过度的主体符号化、客体符号化以及由二者互动产生的共时性“二我差”所引发的戏剧张力：主体符号化体现为主体与他者、世界、自我意识的冲突以及多个冲突综合的冲突，主观臆造的完美理念与现实无法兼容的冲突；客体符号化呈现外部世界的复杂多变性，对主体意识的冲击乃至吞噬以及反向促进；在由主体符号化和客体符号化互动产生的共时性“二我差”里，同一主体分裂的二我产生认知冲突。

主体符号化和客体符号化以及由二者互动生成的共时性“二我差”为符号文本提供了三种解读路径：第一，主观符号化的程度是区分正常人和深陷主观想象的人的关键依据，前者因为能意识到现实与虚构的边界，所以才能穿梭于现实世界与可能世界之间，而后者则混淆乃至意识不到现实与虚构的边界，因此只能用同一种视角和思维来认识和解读两个世界；第二，客体符号化的程度则表明他者和世界在人对自我、世界以及二者之间关系的认知与判断中扮演的重要角色；第三，共时性“二我差”说明了认知差也可以作为思考和阐释符号文本的始发点。

引用文献：

埃诺，安娜（编）（2019）．符号学问题（怀宇，译）．北京：中国人民大学出版社．
巴赫金（2014）．陀思妥耶夫斯基诗学问题．南京：南京大学出版社．
巴尔特，罗兰（2011）．明室：摄影札记（赵克非，译）．北京：中国人民大学出版社．
巴特，罗兰（2016）．恋人絮语．上海：上海人民出版社．
博尔赫斯（2006）．博尔赫斯全集：小说卷（王永年，等译）．杭州：浙江文艺出版社．
德勒兹，吉尔（2008）．普鲁斯特与符号（姜宇辉，译）．上海：上海译文出版社．
怀宇（2019）．法国符号学研究论集．北京：北京大学出版社．
基拉尔，勒内（2021）．浪漫的谎言与小说的真实（罗芃，译）．北京：生活·读书·新知三联书店.
瑞安，玛丽－劳尔（2014）. 故事的变身（张新军，译），南京：译林出版社.
谭光辉（2021）. 情感的符号现象学. 北京：人民出版社.
托尔斯泰（1992）. 安娜·卡列尼娜（周扬，译）. 北京：人民文学出版社.
吴晓东（2007）. 从卡夫卡到昆德拉：20世纪的小说和小说家. 北京：生活·读书·新知三联书店.
余华（2013）. 没有一条道路是重复的. 北京：作家出版社.
杨利亭（2018）. 画像自有声：作为隐性情节叙述的艺术符号. 广西师范学院学报（哲学社会科学版），2，160－164.
赵毅衡（2011）. 符号学：原理与推演. 南京：南京大学出版社.
赵毅衡（2013）. 广义叙述学. 成都：四川大学出版社.
赵毅衡（2014）. 论二我差："自我叙述"的共同特征. 江西师范大学学报（哲学社会科学版），4，68－73.
赵毅衡（2017）. 哲学符号学：意义世界的形成. 成都：四川大学出版社.

作者简介：

杨利亭，博士，中国人民大学文学院助教，研究方向为符号学、叙述学与俄罗斯文学。

Author:

Yang Liting, Ph. D., teaching assistant in School of Liberal Arts from Renmin University of China, studying in semiotics, narratology and Russian literature.

Email: 761463121@qq.com

理论与应用

放大镜下观蝴蝶

——纳博科夫《叶甫盖尼·奥涅金》注释本过眼录*

刘亚丁　王亚楠

摘　要： 20世纪60年代弗拉基米尔·纳博科夫完成了对普希金诗歌体小说《叶甫盖尼·奥涅金》的翻译和注释。他在注释中述及对这部小说的选词和置词、章法、诗律、音声的洞见和阐释。纳博科夫在对手稿和文献的比较中考察了“奥涅金诗节”的由来和特色。在他的注释中偶见疏漏。与学者尼古拉·布罗茨基和尤里·洛特曼的《叶甫盖尼·奥涅金》注释本相比，作为诗人、小说家和文学教授的纳博科夫，其注释更注重诗歌的形式因素，也注释得更率性、更主观。

关键词： 弗拉基米尔·纳博科夫，《叶甫盖尼·奥涅金》，注释，形式论

The Observation of Butterflies with a Magnifying Glass: Vladimir Nabokov's Commentary on *Eugene Onegin*

Liu Yading　Wang Yanan

Abstract: In the 1960s, Vladimir Nabokov completed the translation and

* 本文为四川大学中华文化研究院2019年度研究重点课题“《中国精神文化大典》-《神话·宗教卷》、《文学·语言文字卷》翻译与研究”（2019ZHWH-03）及四川省十三五规划2020年课题“中俄传统文化关键词比较研究”（SC20ZDZW006）中期成果。

commentary of Pushkin's novel *Eugene Onegin*. In his commentary, Nabokov expounds on the diction, word order, organisation, rhythm and sound of the novel. By comparing the manuscripts and related documents, Nabokov explores the origin and features of the stanza. As a poet, novelist and professor of literature, Nabokov pays more attention to the poetic forms of Pushkin's novel than do the versions by Nicholas Brodszky and Juri Lotman. Furthermore, Nabokov's version is more straightforward and subjective, despite some careless omissions.

Keywords: Vladimir Nabokov, *Eugene Onegin*, commentary, formalism

DOI: 10. 13760/b. cnki. sam. 202202016

将近两百年前，一位俄罗斯诗人兼作家为身后百余年后其移居异国的同胞准备了一部大作品，用类似于十四行诗的诗节写成长篇小说，让他去翻译成异国文字，任他去作注释。在当时寰球几十亿人中，或许只有他一个人最有资格去完成这一事功，因为他既是诗人，又是优秀的小说家，还是大学教授，要给学子讲授小说连带分析诗歌。20 世纪五六十年代，弗拉基米尔·纳博科夫对《叶甫盖尼·奥涅金》（后简称《奥涅金》）完成了英文翻译和注释。1963 年伯林根丛书（Bollingen Series）122 辑就是纳博科夫翻译注释的英文版《叶甫盖尼·奥涅金》，共 4 册，第 1 册为纳博科夫所完成的《奥涅金》英译本，第 2、3 册为纳博科夫对《奥涅金》逐章逐节所写的注释（*Eugene Onegin. A Commentary by Vladimir Nabokov*），第 4 册为注释中提及的人名和术语的索引以及《奥涅金》1837 年首版的影印。1999 年莫斯科 Интелвак 出版社出版了纳博科夫《奥涅金》注释的俄译本（Набоков, В., Комментарии к роману Александра Пушкина《Евгений Онегин》），由 А. В. 德拉诺夫（А. В. Дранов）等译者翻译。实际上这个俄文本对英文原作有所删节，后面附录了注释中提及的人名索引。

纳博科夫对《奥涅金》的注释大致可以分为对诗歌意义的注释和对诗歌形式的注释两大部分。纳博科夫对《奥涅金》作注释，钩稽出普希金写什么，此系内容论，有学者注意到，“文学批评以反讽和辩论的方式进入了注释之中”（Brown，1965），也有学者把纳氏的注释与其他学者所作的《奥涅金》注释作内容与方法的比较（刘亚丁，2009）。在张铁夫先生选编的《普希金研究文集》中，收录有张冰教授翻译的纳氏对《奥涅金》第十章残稿的注释（张铁夫，2014，pp. 365 - 387）。同时纳博科夫对《奥涅金》作注释，更善于体悟普希金怎么写，此系形式论。诗歌的形式论可以关注若干方面，如择词与置词（word choice & word order）、诗体（form）、音声（sound）（Kirszner & Mandell，2006，pp. 865 - 701，948 - 965）。当然这些并不是诗歌形式的全部面相，纳博科夫是小说方家，他对《奥涅金》的章法的讨论，亦为本文观照的对象。

一

纳博科夫以诗人、作家和学者的身份来注释《奥涅金》，他的眼光比较独特，善于从形式的角度去发现文本中的奥秘。通常在诗歌的文本中，诗人对语词的推敲之功似乎更胜小说家一筹。从选词和置词的角度看，纳氏在注释中对《奥涅金》爬梳甚详。第二章第 29 节开始诗歌的言者对女主人公达吉亚娜的读书范围作了描述。

> Она влюблялася в обманы
> И Ричардсона и Руссо.（Пушкин，1978а，С. 39）
> 她特别爱上里查逊和那
> 卢梭设计的种种欺骗。（普希金，1982，p. 62）①

针对这两句诗，纳博科夫写道："我相信，普希金用'欺骗'这个词，具有'幻想''虚构'的意义。"（Набоков，1999，С. 293）显然，纳博科夫所涉及的问题，与雅各布森所说的通过联纵聚合来选择有关。对第六章描写达吉亚娜和其妹妹奥尔加的关系的一个关键性的形容词，纳博科夫也作了考究。《奥涅金》中的原文是："Увы! подруга стольких лет，/Ее голубка молодая，/Ее наперсница родная…"（Пушкин，1978а，С. 114）"唉，她多年来的伴侣，/她的稚气未脱的小宝贝，/她的亲密无间的知己……"（普希金，1982，p. 199）纳博科夫对"родная"（亲爱的）作了分析："родная（亲爱的），在这里具有双重含义，因为'亲爱的'具有基本的含义——'有血缘关系的'，它可能也意味着'亲密的'，奥尔加对达吉亚娜而言，既是'亲密的'，又是'有血缘关系的'。"（Набоков，1999，С. 649）纳氏作为以俄语为母语的学者，对这个形容词的丰富含义的解读是有说服力的。

---

① 为紧扣纳氏的分析，中文版本的用词与所选译本略有差异。

《奥涅金》第二章31节有对达吉亚娜母亲初婚情景的描写："рвалась и плакал сначала..."（Пушкин1，1978，C. 29）"起初她拼命哭叫吵闹"（普希金，1982，p. 64）。纳博科夫从中拈出一个词"рвалась"（有"冲向""挣脱"之意）作了比较："动词'挣脱'（是由动词不定式 рваться 变位而来的），与英文的同类词相比较，具有非常强的表达力。它并不是一般的'变动'，而是表达一个人在被他人触犯时的激愤，同时还伴有绝望和激烈的身体动作。"（Набоков，1999，C. 297）。在纳博科夫的英文译本中，这一句是这样翻译的："tossed and wept at first."（Nabokov，1963，Ⅰ，p. 144）。在纳氏翻译过程中，其大脑从众多近义的英文词中选择了"wept"一词。纳博科夫在《奥涅金》英译本的前言中写道："忠实的译者应该领悟作者的回忆，他的模仿，然后用其他语言翻译这个文本；这样的领悟可以使他避免嚎叫或对文体细节的夸张渲染之过失，而是引导他在一系列措辞中做出最优选择。"（Nabokov，1963，Ⅰ，p. Ⅹ）从这里，从纳博科夫对翻译方法的解释中，我们自然而然会返回雅各布森的关于纵聚合的原命题，在纳博科夫对译本中的词的选择踌躇中，我们不妨猜度纳博科夫对普希金的俄文的纵聚合轴想象（"领悟作者的回忆，他的模仿"），由此展开他自己在翻译中对若干英文词在纵聚合轴的抉择、在横组合轴的延展（赵毅衡，2011，pp. 159－163）。纳博科夫与普希金两相碰撞，形成了有趣的智性对话。

纳氏既是诗人，更是十分出色的小说家，他对词的布局方式颇为敏感。在注释中，他首先拈出第一章22节的两句：

> Еще не перестали топать，
> Сморкаться，кашлять，шикать，хлопат（Пушкин，1978а，C. 14）
> 仍旧是不停顿地跺脚，
> 擤鼻涕、咳嗽、嘘演员和鼓掌。（普希金，1982，p. 18）

纳氏写道："这里的语调（从技术上看是列举）引出了一系列不祥的回应，它们一个接一个出现于第五章达吉亚娜次第出现的梦中，出现在第六章对名称的排比中，出现在第七章她对莫斯科的印象中。"（Набоков，1999，C. 98）。纳氏所举出的《奥涅金》的这些回应分别是：第五章第17节，"Лай，хохот，пенье，свист и хлоп，/Людская молвь и конской топ!"（Пушкин1，1978，C. 83）［吠叫、唱歌、狂笑和拍手，/马蹄声得得，人言闹嚷嚷（普希金，1982，p. 145）］；第五章第25节，"Лай мосек，чмоканье девиц，/Шум，хохот，давка у порога，/Поклоны，шарканье гостей，/

Кормилиц крик и плач детей”（Пушкин1，1978，С. 86）［哈巴狗吠叫，姑娘们接吻，/大门旁喧闹，欢笑和忙乱，/客人们互相鞠躬致敬，/孩子们哭闹，奶妈们喊叫（普希金，1982，p. 157）］。纳氏还举出了第六章、第七章和第八章类似的诗句。纳氏认为列举法并非只出现在《奥涅金》中，在普希金的叙事长诗《波尔塔瓦》中也有。实际上纳氏已经由词的布局延伸到小说的章法了，他毕竟是小说好手。

作为小说家，纳博科夫对小说的篇章结构、前后照应等也颇为敏感。从章法的角度，纳氏对《奥涅金》第二章第28节击节称赏：

Она любила на балконе
Предупреждать зари восход,
Когда на бледном небосклоне
Звезд исчезает хоровод,
И тихо край земли светлеет,
И, вестник утра, ветер веет,
И всходит постепенно день.
Зимой, когда ночная тень
Полмиром доле обладает,
И доле в праздной тишине,
При отуманенной луне,
Восток ленивый почивает,
В привычный час пробуждена
Вставала при свечах она.（Пушкин，1978а，С. 38）
她喜欢在朝霞升起之前，
便独自来到阳台上面，
这时初露淡白的天边上，
群星的环圈舞已经跳完，
地平线上的曙光静静地出现，
早晨的使者，微风轻轻吹来，
于是白昼姗姗来到人间。
冬天里，当那黑夜的阴影
还久久笼罩着半个大地
慵懒的东方还久久地沉睡
在那闲散安逸的宁静里

和朦朦胧胧月光底下，
她已经在习惯的时刻睡醒
在昏暗的烛光底下起身。（普希金，1982，pp. 61 – 62）

对此节，纳氏写道：“这一节是绝妙的旋律小品，把普希金的风格技巧提升到幸福的高度。这一节，在并不突破18世纪文学无色细节的前提下，赋予整个画面深度和灵动。”（Набоков，1999，С. 291）当然，熟悉18世纪文学的读者，多半会认为纳氏的这一断语未必尽然。杰尔查文作于1788年的《占领奥恰科夫之秋》（Осень во время осады Очакова），茹科夫斯基作于1797年的《五月之晨》（Майское утро）等诗作，都用了丰富的色彩词。此系题外话，无需赘述。纳氏借助对细节的分析告诉读者，这一节何以让风格技巧得到了幸福的提升：第6句是“вестник утра，ветер веет”（早晨的使者，微风轻轻吹来），这里以辅音в和т开头的音节次第出现，成了绝妙的内韵。第7句是“И всходит постепенно день”（于是白昼姗姗来到人间），纳氏认为，这个倒装句由于第二个音节的重音的滑落而传达出了富有表现力的迟滞感。针对第八句“Зимой，когда ночная тень”（冬天里，当那黑夜的阴影），纳氏写道：“我认为自己有义务传达自己的感受，它以奇异的方式结束了前8句，开启了后6句。”作为诗人和小说家，纳博科夫一面翻译《奥涅金》，一面体悟普希金的匠心，并通过注释告知读者。

对《奥涅金》中的人物姓名典故（allusion）（Kirszner & Mandell，2006，pp. 1023 – 1024）的挖掘，似乎是要呈现普希金的深意，这是纳博科夫给予英文读者的福利。但是他遍访书府，翻检图籍，似乎又不仅仅是要证明普希金借人物的姓名来表达寓意，制造有意味的形式。《奥涅金》的第二章第6节，作品的二号男主人公连斯基的姓氏首次出现时，纳氏对其渊源作了详尽的梳理：连斯基这个姓氏与东西伯利亚的一条河同音。M. 赫拉斯科夫（M. Херасков）1779年4月出版的《俄罗斯颂》（Россияда）中首次出现了“连斯基”这个姓氏，他是沙皇伊凡①身边一位品行不佳的近臣。格利鲍耶陀夫（А. С. Грибоедов）和安德烈·让德（Андрей Жандр）把法国作家尼可尔·托姆·巴特（Никол Том Батр）的《伪装的背叛》（Притворная неверность）移植为俄文，该剧1818年2月11日首演。该剧用俄国人的姓名取代法国人的姓名，其中一个快乐的年轻人就姓连斯基。（Набоков，

① 纳氏未说明是伊凡三世，还是伊凡四世。

1999，CC. 250 -251）。纳氏的考索到此为止，若能结合该人物在不同文本中的行为与连斯基的姓氏寓意作分析则更为嘉善。

假如对二号男性主人公的姓氏探幽烛微大费周章是必要的，那么纳氏下面所费之工，就会让人心生狐疑。在第五章，纳氏还对一个非常次要的、只出现了一次的姓名马丁·扎杰加作了非常详尽的考证。纳氏写道，这个姓名早见于20世纪70年代的一份无名氏编的占星术名册上。这个名字可能来自“цадик”，即“拉比”（犹太教内负责执行教规和主持仪式的人）中的智者；也可能来自所罗门王时代的圣徒“Садок”；还有可能出自8世纪的卡巴拉神秘教义的信徒。接下来，纳氏还列举了巴塞尔大学图书馆所藏的1769年的法文的咒语书，这本书的第4页有瑞士人马丁·察杰克（Мартин Цадек）预言。纳氏写道，这本书得到了广泛传播。这个名字还出现在1814年莫斯科出版的一本书的扉页上，1821年，莫斯科还出版了《一百零六岁长老马丁·扎杰加亡故后发现的古今常用占卜书》（Древний и новый всегдашний оракул, наденный после одного стошестилетнего старца Мартына Задека）。（Набоков，1999，CC. 514 -516），对《奥涅金》中这个微不足道的人物的故实的考索，炫耀博学到了掉书袋的地步。纳氏何以要如此耗工费时？这并非解词释意之需。纳氏对一个“无名氏”如此用力，似乎是在驰骋才学，要与普希金一较高下。

纳博科夫通过翻译细读了《奥涅金》，加上他自己的多重智识身份，因而对普希金在语词、章法方面的用心多有领悟，仿佛手执放大镜仔细端详蝴蝶的纹脉，一次次与普希金诗心相通，会心一笑。纳氏既译《奥涅金》，又写《奥涅金》注释，采取了跟“鸳鸯绣出从君看，不把金针度与人”相反的做法，把后面的针脚指给了读者，端赖读者看得出名堂不。

二

作为诗人、翻译家，纳博科夫对《奥涅金》作为格律诗的诗律问题尤其为关注。回顾俄罗斯诗歌史，普希金确为格律诗发展之重镇。米·加斯帕罗夫的《俄罗斯诗歌简史》有“茹科夫斯基和普希金时期”之说，认为普希金创造了“叙事诗节——奥涅金诗节”（онегинская строфа）[1]（Гаспров，

---

[1] 纳博科夫把“奥涅金诗节”译为“*EO* type of stanza”或“*EO* stanza”（Nabokov，1963，I，p. 131，p. 330）。

1984，CC. 153－154)。研究“奥涅金诗节”的学者多数只是把《奥涅金》中的“奥涅金诗节”作为既成结果来描述：“奥涅金诗节”共14行，四步抑扬格，采取三个4行加2行的结构，即头四行为交错韵，第二个4行为偶韵，第三个4行为环抱韵，最后2行为对偶韵。其韵脚为AbAb CCdd EffE gg，大写字母标志重音在倒数第二音节的阴韵韵尾，小写字母标志重音在最后一个音节的阳韵韵尾。(Гроссман，1924；甘雨泽，等，1999)。

纳博科夫在注释中，对普希金所首创的“奥涅金诗节”的由来还进行了文献学的历时考索。他依据普希金创作这部长诗过程中的各种异稿，细致追溯了“奥涅金诗节”的形成过程。纳氏在注释《奥涅金》第一章第33节的时候（顺便提一句，对这一章的注释长达26页）发现了其他普希金研究者所忽视的重要材料。这一节诗中有这样的诗句：“Я помню море пред грозою：/Как я завидовал волнам，/Бегущим бурной чередою /С любовью лечь к ее ногам！/Как я желал тогда с волнами /Коснуться милых ног устами！”（Пушкин，1978a，CC. 18－19）［我想起暴风雨到来前的大海，/我多么羡慕那起伏的波涛，/它汹涌澎湃，滚滚而来，/满怀爱情涌向她的双脚！/我多么想随着滔滔波浪，/去亲吻那双可爱的小脚。（普希金，1982，p. 25）］据纳博科夫的考证，一般学者认为，这段诗的女主人公是玛丽娅·拉耶夫斯卡娅，普希金在1820年夏天与拉耶夫斯基兄妹曾游历亚速海之滨。纳博科夫还认为，她的姐姐叶卡捷琳娜也是“小脚”可能的主人。纳博科夫接着作了更详尽的考据，他为“小脚”找到了“第三觊觎者”——伊丽莎白·沃龙佐娃，普希金在1824年6月中旬写了诗句来描绘伊丽莎白·沃龙佐娃，后来它们被改写成了《奥涅金》第一章第33节的上述诗句。这些片段出现在普希金2366号记事本上。纳氏在该记事本上发现了1824年普希金用法文记录的一段文字：“Strophe 4 croisés, 4 de suite, 1. 2. 1. et deux.”其意为：“诗节：4句是十字韵，4句是对偶韵，1、2、1和单独两句。”对此纳博科夫解释说：“这就是‘奥涅金诗节’的公式。(4行是交叉韵，接着4行都是对偶韵，下面4行是环抱韵，结尾2行是对偶韵)，普希金就是用这种诗节公式来改写原来的片段的”，让它们进入了《奥涅金》中。(Набоков，1999，CC. 125－138）足见，纳博科夫依据普希金创作这部长诗过程中的各种异稿，细致考索了“奥涅金诗节”形成的过程。

纳氏不但追溯“奥涅金诗节”的形成过程，还将它与其他俄罗斯诗人的格律诗作比较。在《奥涅金》第三章第5节有这样的诗句：“‘Скажи：которая Татьяна?’/‘Да та，которая грустна /И молчалива，как

Светлана, /Вошла и села у окна.'"(Пушкин, 1978a, С. 45)["请问:哪位是达吉亚娜?"/"就是她,那位忧郁的姑娘,/如斯薇特兰娜般默默无言,一进来就坐下,/紧靠着门窗。"(普希金,1982,p. 74)]纳氏在注释这几句诗的时候指出,在这里普希金在模仿他的前辈诗人茹科夫斯基的叙事谣曲《斯薇特兰娜》(Светлана)。纳氏首先对《斯薇特兰娜》的诗歌格律作了描述:20 小节,每小节 14 行,其韵脚与十四行诗一致——ababceceddiffi,采用两种扬抑格,即由四步扬抑格(8 行,韵脚为阳韵 bcdf)和三步扬抑格(6 行,韵脚为阴韵 aei)构成。然后纳氏指出:"我不禁冒出这样的念头,普希金的'奥涅金诗节'受到了茹科夫斯基这样的不同寻常的十四诗的影响。当然这里的三步阴韵与四步阳韵交错的扬抑格韵律,与《奥涅金》所采用的格律是完全不同的。"(Набоков, 1999, CC. 326 -327)。茹科夫斯基是普希金的老师辈的人物,他的叙事谣曲《斯薇特兰娜》发表于 1808 年,上文提及,"奥涅金诗节"共 14 行,四步抑扬格。似乎普希金在模仿中又故意反其道而行之,把扬抑格变成了抑扬格,把韵脚 ababceceddiffi 改为 ababccddeffgg。纳博科夫通过纵横考察,对"奥涅金诗节"的由来和特点作了描述,实际上勾勒出普希金对俄罗斯格律诗的贡献。

若需对诗律作考察,自然要注重诗歌的音声(sound)效果,诸如节奏(rhythm)、谐音(assonance)和韵脚(rhyme)等,均不可等闲放过(Kirszner & Mandell, 2006, pp. 948 -965)。在《奥涅金》第一章的末尾,第 53 节,男主人公来到其叔父的庄园,他看到其他人对其叔父的吊唁:

Нашел он полон двор услуги;
К покойнику со всех сторон
Съезжались недруги и други,
Охотники до похорон.
Покойника похоронили.
Попы и гости ели, пили
И после важно разошлись... (Пушкин, 1978a, С. 25)
他发现满院子都是仆人;
仇敌和朋友从四面八方
赶来为这已故的老头吊唁,
大家都乐于送他去埋葬。
死人终于送去入了土。
神父宾客个个饭饱酒足,

俨然办完了一件大事，
都大模大样打道回府。（普希金，1982，p. 37）

对普希金的这些文字，纳氏颇有感悟：“在这一节中，以盛大的喜悦来处理了亡故的主题，这与下一章写连斯基的那种末日抒情情绪形成反衬，读者不由得欣赏1至7行那种滑稽的谐音。”纳氏将这些谐音作了这样的排列：

о́о́л，оо́л
поо́，по，по，по，по，по，поо́
охоо́，охо，охоо́
ли，ли.

更具体地引用普希金的诗句来说明上述谐音出现在下列诗句中：

нашел，полон；
полон，к покойнику，похорон，покойника похоронили，попы，после；
охотник до похорон，прохоронилиж
ели，пили.（Набоков，1999，C. 213）

纳氏对这一节的第4句“Охотники до похорон”和第5句“Покойника похоронили”的韵律作了描述：“第4、5句两个重音脱落，这种节奏(⌣ —́ ⌣ — ⌣ — ⌣ —́)在上下相邻的诗句中是罕见的。”（Набоков，1999，CC. 212）。针对《奥涅金》第一章第53节的这些诗句，纳氏讨论了谐音、节奏，更从中发现了其谐谑的效果。

关于押韵，纳博科夫有自己的看法。他认为，诗歌押韵不存在规律和规则，只要像法国人所说引起快乐和惊奇即好，至少应引起愉悦的安全感。（Набоков，1999，C. 974－975）纳氏对《奥涅金》第四章第44节的韵脚的处理有所发现。这是该节开头的四句：“Прямым Онегин Чильд-Гарольдом/Вдался в задумчивую лень：/Со сна садится в ванну со льдом，/И после，дома целый день...”（Пушкин，1978a，C. 74）［奥涅金就像恰尔德一样，/在默默的懒散之中生活：/醒来上浴室洗个冷水澡，/然后就整天在家里消磨……（普希金，1982，p. 128）］纳氏把这四句诗歌的韵脚看作“《奥涅金》中最具有发明性的韵脚”。他认为，在这几句中韵脚不管其长短，也不参与句子的节奏，却造成了滑稽的效果。

纳博科夫不愧为诗人，他对《奥涅金》的诗律颇有感悟，也乐于表达他对普希金诗歌贡献的敬意。这应该是《奥涅金》的其他注释者，如尼古拉·布洛茨基、尤里·洛特曼等难以企及的。

三

纳氏对《奥涅金》的注释亦有疏漏。比如在有关名字的故实的考证中他就有所失察。《奥涅金》第二章第24节是女主人公达吉亚娜“出场”的一节：“Её сестра называется Татьяна... /Впервыеи именем таким/Странцы нежные романа/Мы своевольно святим”（Пушкин1，1978，C. 37）［她的姐姐叫达吉亚娜……/我们不由自主用这个名字/来装点小说的温柔篇章/使之神圣起来］①。纳氏族在注释这几句的时候，首先从音声的角度来解读了达吉亚娜（Татьяна）的名字：“这个三音节的名字，带有轻辅音 т 音节、中间音节，重音落在 a 上，读若 ax。”（Набоков，1999，C. 285）然后纳氏引用了普希金自己的注释，说“达吉亚娜”是像“阿丰加”“菲拉特”“费多拉”这样动听的希腊名字。嗣后纳氏通过手稿考察，发现普希金先以娜塔莎（Наташа）来命名其主人公，后改成了达吉亚娜。纳氏认为，达吉亚娜是从屠格涅夫到契诃夫等俄罗斯作家所塑造的众多妇女形象的母亲和祖母，她是民族典型，是具有革命倾向的知识分子。农民和工人并不理解像她这样的人物。她的妹妹奥尔加则是苏联文学的正面主人公，她会弄到去工厂上班的证件，揭露磨洋工的现象，会在集会上慷慨陈词，也会谈论健康问题。（Набоков，1999，CC. 285－286）尽管纳氏不惮花费笔墨来发掘“达吉亚娜”名字和这个人物形象的意义，但他对普希金所留下的伏笔居然不着一字。

普希金的伏笔就是第四句——“Мы своевольно святим”［我们不由自主将……神圣化］，假如把四句诗紧缩为一句，其核心意思就是“我们用达吉亚娜这个名字来让《奥涅金》的篇章神圣化”。从纳氏的注释来看，他既没有对“我们使……神圣起来”（Мы святим）作解释，也没有考释“达吉亚娜”名字的世俗之外的含义。据《所有圣徒生平》（Житие всех святых）记载，1月12日是受难圣徒达吉亚娜日，“达吉亚娜是古罗马显贵之女，基督教徒”，她作为公元3世纪20年代的基督教徒立誓终生侍奉上帝，因而到教堂救助贫病交加的人。北方的亚历山大登基后下令迫害基督教徒，达吉亚

① 由于《奥涅金》的各位翻译家未能正确翻译这几句，只好用笔者拙劣的译文。

娜受尽折磨，所以被封为圣徒（Бахарев，2014，СС. 25－26）。纳氏对这4句的英文翻译也可佐证他不知道达吉亚娜是教历上的圣徒："Her sister /was called Tatiana. /For the first time a novel's tender pages/with such a name we willfully shall grace."（Nabokov，1963，I，p. 141）［她的姐姐/名叫达吉亚娜/我们不由得用这样的名字，/来为一部小说温柔的篇章添色。］这就是纳氏注释中的失察。或许青少年时纳氏在俄受新式教育，加之后来去国浪游，对教历上的圣徒少有与闻，故致此失。捡今天的潮语说，普希金用这四句诗和自注挖了个坑，多少翻译家跳了进去，不料博学如纳氏，也跳了进去，假如普希金有知，未免不窃笑于彼。

上文叙及纳氏对《奥涅金》第一章第53节奥涅金叔父的丧事音声的深度品评，何以纳氏未曾见从这里看出普希金对俄罗斯民间故事的戏仿？在19世纪阿法纳西耶夫搜集的俄罗斯民间故事中，有一种英雄救美模式，故事往往结束于英雄与美人（公主）的婚礼，写婚礼通常有这样的套语，如故事162号《水晶山》："Тут их и обвенчали；на той свадьбе и я был，мед-пиво пил，по бороде текло，в рот не попало."（Афанасьев，1984，С. 309）［他们举行了婚礼，我也参加了婚礼，蜂蜜蜜喝了，啤酒喝了，顺胡子流了，嘴里却没有落着。］故事171号《勇士的故事》："А удалец на той царевне Полюше женился и раздиковинную пирушку сделал；я там обедал，мед пил，а уж какая у них капуста—ино теперь в роте пусто！（Афанасьев，1984，С. 353）［勇士跟那公主波柳莎结婚啦，盛大的婚宴办起啦；我也去吃啦，蜂蜜喝啦，白菜可香啦，可嘴里什么都没落下啊！］普希金从小听其奶娘讲述民间童话，他对这一类民间故事中的这一类套语相当熟悉。他在自己的童话叙事诗《苏丹的童话》（Сказка о Султане...）中就用过此类句子："Я там был；мед，пиво пил—И усы лишь обмочил."（Пушкин，1978b，С. 648）"我也在场，蜂蜜喝了，啤酒喝了，胡子还湿了。"普希金惯用反讽手法，以婚礼的热闹来写本该不热闹的吊唁自在情理之中；奥涅金在第一章第53节在场，他目睹了吊唁其叔父的"仇敌"和"朋友"的吃相，与民间故事中讲述者的在场也具有结构上的相似性。普希金在这里也采用了"ели"（吃了）、"пили"（喝了）这样民间故事的套语。笔者趁此机会顺便补充一句，纳氏的注释援引英、法、德文的材料甚多，引俄罗斯的材料似乎不那么丰厚。

《奥涅金》有若干注释本。在笔者读过的注释本中，尼古拉·布罗茨基（Николай Бродкий）的注释本（Бродкий，2005）关注的重点是这部诗歌体长篇小说说什么，以社会历史学的方法，借丰富的同时代材料来突出它的社会性内涵。尤里·洛特曼（Юрий Лотман）的注释本既注重小说写什么，也不忽视怎么写，他挖掘这部小说的文化史内涵，借此进行了俄罗斯贵族文化史的复原和结构美学的建构。洛特曼20世纪70年代在塔尔图大学开设选修课，讲授《奥涅金》，然后出版了《奥涅金》注释本，完成了《普希金诗歌体长篇小说〈叶甫盖尼·奥涅金〉文本研究专题课讲稿》（Роман в стихах "Евгений Онегин". Спецкурс. Вводные лекции в изучение текста）（Лотман，1997，CC. 393 –471）。洛特曼于20世纪90年代在列宁格勒出版的《俄罗斯文化讲座：18世纪至19世纪初俄罗斯贵族风习和传统》（Лотман，1994），依然是他所开设的选修课的副产品（刘亚丁，2009）。与他们相比，纳博科夫的诗人、小说家和文学教授的身份，使他对怎么写的兴趣更为浓厚。他在注释中对普希金这部诗歌作品的形式因素给予更多关注，从中考索择词与置词、章法、诗体、音声等方面，既可揭示普希金的匠心，又能体现自己的才情。

与另外两本注释相比，纳博科夫的注释写得更率性、更主观，也更具才华。说他更随性，为了一个只出现了一次的名字，他来了一次上穷碧落下及黄泉式的考证。说他更主观，比如关于韵脚，他以为只要引起快乐和惊奇即可。说他更具才华，他在注释中时时以诗人的敏感和小说家的眼光，发现上述两位注家视而不见的美学意味丰厚的细节，通过想象激活普希金的匠心。这本注释的末尾，纳氏还附录了自己的《诗律札记》（Заметки о стихосложении）。

纳博科夫在注释《奥涅金》的同一段文字时，往往时而谈内容，时而论形式，两者在他那里是不分彼此的，而今为学科分置截作两端，为避免误解，笔者有必要对此加以说明。作为以俄语为母语的诗人、作家和教授，在将普希金的这部诗歌体小说翻译为英文的过程中，纳博科夫反复推敲，对普希金的匠心和造诣多有领悟，他并不在会心一笑之余录于笔记之中，私藏于故纸筐内，而是以注释的方式回馈《奥涅金》的英文读者，其心甚善，其行尤嘉。

引用文献：

甘雨泽，等（1999）. 俄罗斯诗歌. 哈尔滨：黑龙江人民出版社.

刘亚丁（2009）.《叶甫盖尼·奥涅金》三种阐释路径. 载于刘利民（主编）. 中国俄语教学研究理论与实践. 北京：外语教学与研究出版社.

普希金（1982）. 叶甫盖尼·奥涅金（冯春，译）. 上海：上海译文出版社.

张铁夫（2014）. 普希金研究文集. 南京：译林出版社.

赵毅衡（2011）. 符号学：原理与推演. 南京：南京大学出版社.

Афанасьев, А. Н. (1984). Народные русские сказки. Т. 1. М.: Наука.

Бахарев（2014）. Житие всех святых. М. , Блоговест.

Бродский, Н.（2005）. Комментарий к роману А. С. Пушкина《Евгений Онегин》. М. : Мультиратура.

Гаспаров, М. Л.（1984）. Очерк истории русского ситиха. М. : Наука.

Гроссман, Леонид（1924）. Онегинская строфа. Пушкин. Сборник. Т. 1. М. : Государственное издательство. СС. 115 – 161.

Лотман, Юрий（1997）. Пушкин. СПб. : Исскуство – СПБ.

Лотман, Юрий（1994）. Беседы о русской культуре: Быт и традиции русского дворянства（XVIII – начало XIX века）СПб. : Искусство – СПБ.

Набоков, В.（1999）. Комментарии к роману Александра Пушкина《Евгений Онегин》М. : НПК "Интелвак".

Пушкикн, А. С.（1978）. Избранные сочинения. В 2 – х томах. Т. 2. М. : Художественная литература.

Пушкикн, А. С.（1978）. Избранные сочинения. В 2 – х томах. Т. 1. М. : Художественная литература.

Brown, E. J.（1965）. Nabokov and Pushkin（with comments and translations of *Eugene Onegin. Slavic Review*, 24, 4, 688 – 701.

Kirszner, L. G. & Mandell, M. R.（2006）. *Literature: Reading, Reacting, Writing*（*Poetry*）. Beijing: Peking University Press.

Nabokov, V.（1963）. *Engene Onegin: A Novel in Verse by Aleksandr Pushkin, Translated from the Russian, with a Commentary, in Four Volumes. Bouingen Series LXXII. Pantheon Book.*

作者简介：

刘亚丁，四川大学中华文化研究院、文学与新闻学院教授，研究方向为俄罗斯文学、俄罗斯汉学。

王亚楠，四川大学文学与新闻学院2016级博士研究生，研究方向为比较文学与世界文学。

Author:

Liu Yading, professor, Institute of Chinese Culture, College of Literature and Journalism, Sichuan University. His research fields are Russian literature and Russian Sinology.

Email: liuyading2007@163.com

Wang Yanan, Ph. D. candidate, College of Literature and Journalism, Sichuan University, majoring in comparative literature and world literature.

Email: yananverygood@qq.com

全球化视野中的地方知识书写：艺术符号学在民族艺术学中何为？[*]

安　静

摘　要： 艺术符号学可以分为元艺术符号学和门类艺术符号学两个研究层面，蕴含一般与特殊的辩证张力。民族艺术学是以民族为单位构想、梳理整个世界和整个人类艺术体系最为便捷的中介环节，是艺术学研究从特殊走向一般原理的桥梁。这在学理层面建立了艺术符号学与民族艺术学的逻辑联系。从全球化与地方知识的互动关系来看，全球化进程中的文化问题尤为凸显，地方文化的多样性是保持全球文化持久生机的必然要素，这是艺术符号学可以在民族艺术学中有所建树的当代语境。艺术符号学与民族艺术学的互动只有以社会学作为学科桥梁，以符号学与现象学的重构作为具体的方法论融合，才能在全球视野中更好地书写地方知识，让地方知识在全球化视野中获得更加广泛的认同，进而在文化层面共建人类命运共同体，共享艺术的人文关怀。

关键词： 艺术符号学，民族艺术学，全球化，地方知识，社会学，现象学

---

* 本文为国家社科基金重大项目“美学与艺术学关键词研究”（17ZDA017）阶段性成果，北京高校高精尖学科“民族艺术学”（ART2020Y02）建设阶段性成果，国家民委中青年英才（2020）建设项目阶段性成果。

Local Knowledge Writing from the Perspective of Globalisation: What Can Art Semiotics Do in Ethnographic Art Science?

An Jing

Abstract: The study of art semiotics can be divided into meta-art semiotics and disciplinary art semiotics, reflecting the dialectical tension between the general and the particular. Ethnographic art semiotics is the most convenient intermediary link to conceive and structure the entire world and human art system in terms of nationality, forming a bridge from the particular to the general principles of art study. This establishes a logical connection between art semiotics and national art at the theoretical level. In the interactive relationship between globalisation and local knowledge, cultural problems are particularly prominent. The diversity of local cultures is an essential element to maintain the lasting vitality of global culture, the contemporary context in which art semiotics can make an impact in ethnographic art studies. The interaction between art semiotics and national art science uses sociology as a disciplinary bridge and the reconstruction and integration of semiotics and phenomenology as a specific form of methodological fusion. The aim is to better consider local knowledge from global perspective, make local knowledge more widely recognised in global vision, and then build a community of human destiny at the cultural level and share the humanistic care of art.

Keywords: art semiotics, ethnographic art science, globalisation, local knowledge, sociology, phenomenology

DOI: 10. 13760/b. cnki. sam. 202202017

本土化艺术符号学非常重要的内容是用符号学方法分析和批评本土特有

艺术形式与艺术现象，每年知网收录的相关论文在1500~2000篇[①]；这类研究论文涉及领域非常广泛，既有民族艺术田野调查案例，也有对装置艺术和各种标识的符号学分析，还有各种媒介艺术的符号学观照，等等。当代符号学在独具民族特色的艺术阐释中发挥了重要作用，深刻揭示出艺术作品所蕴含的民族文化密码，体现出符号学在艺术文本分析时的强大阐释力，潜藏着在不同民族文化中寻找艺术通律的可能性。这是思考艺术符号学与民族艺术学关系的学理前提。从学科的角度看，民族艺术学与艺术符号学之间存在密切的关系，民族艺术学作为一个具体的学科在亚洲范围内的主要理论来自日本，我国民族艺术学的首倡者李心峰教授认为，“民族艺术学是以民族为单位构想、梳理整个世界、整个人类的艺术体系，是通往世界艺术学的道路”(1991)。艺术符号学与民族艺术学研究层面之中存在相通的逻辑联系，主要体现为艺术符号学内部存在一般与特殊的辩证张力，民族艺术学是研究具体艺术形态与一般艺术学的中介和桥梁。从学术背景来看，社会学对艺术符号学、民族艺术学的形成与当代研究都有深刻的影响，因此，社会学可以成为艺术符号学与民族艺术学研究的学科中介；在具体的方法层面，艺术符号学与现象学身体维度的融合，是艺术符号学能够在民族艺术学大有作为的重要依据。

一、一般与特殊：艺术符号学在研究层面的辩证张力

艺术符号学是符号学与艺术学交叉形成的一个边缘学科。符号学起源于语言学，以逻辑学为根基，以追求统一、科学为最初理想；符号学是艺术符号学探讨的起点，包括语言艺术——文学在内的所有艺术门类与艺术现象，都是艺术符号学关注的对象。所以，艺术符号学跨越了哲学、文学与艺术学三个一级学科。艺术符号学的基本观点是将艺术作为一种符号，分析艺术符号的构成、句法、语义和语用特征，理论落脚点与艺术的根本问题，如艺术的分类、艺术性、艺术的定义与意义、艺术风格等问题有机联系在一起，最终在人类实践的基础上，让艺术符号学的研究回归人类认知与世界的关系，并对未来的艺术设计、艺术阐释以及艺术伦理形成正确的价值引导。这部分内容也可以称为元艺术符号学。此外，艺术符号学还包括具体门类艺术、艺

---

① 在中国知网以“艺术”和“符号”作主题交集检索，从2014年开始，得到的文献数据分别是1453篇、1488篇、1510篇、1687篇、1733篇与1902篇。

术形态的文本分析，又称门类艺术符号学。元艺术符号学与门类艺术符号学构成了艺术通律与艺术多样性之间的辩证张力。从哲学视角来看，“元”和“门类”的关系其实可以归入一般与特殊的基本原理中。从知识传播的地理空间来看，艺术符号学的主要理论来源是西方哲学，分别是索绪尔及其开创的结构主义符号学、美国逻辑学家皮尔斯建立的三元符号学、卡西尔及其弟子苏珊·朗格的新康德主义符号学和塔尔图－莫斯科的文化符号学。艺术符号学传入我国，毫无疑问借力于学术全球化，也在历史发展过程中积淀、凝练出基本话语体系和研究范式，如能指、所指、无限衍义、标出性等，深刻影响了当代艺术哲学与美学的基本表述方式；同时我国本土艺术符号学也经历了百年的历程（安静，2021），在当代中国学派的建构过程中，中国本土艺术符号学的诸多话语资源都具备了进入当代艺术符号学基本理论的现实性与可能性，如语象问题、空符号的研究给意境、意象等传统美学范畴的启示等。所以说艺术符号学的两部分研究内容在知识构成上存在着一般与特殊的辩证张力，在知识谱系的传播上存在着全球视野与地方知识的沟通桥梁。

从哲学对一般与普遍问题的研究来看，元艺术符号学体系的建立离不开哲学与逻辑学理论的基本框架，但也不能无视具体艺术形式的独特语法，否则艺术符号学就变成了普通符号学。对符号问题的关注伴随着哲学研究一直存在，并随着哲学转向而发生各种变化，对艺术研究产生各种不同的影响。就西方哲学而言，其所关注的主要问题经历了从本体论到认识论再到当代的语言论转向三次转变，每一次转变对符号的关注度都较之前呈现出上升态势。艺术符号曾作为世界构成在本体论哲学时代占据一席之地，然而因符号的模仿性最早被柏拉图认为是“影子的影子”，古希腊时期的艺术难以在当时取得独立地位。关于艺术能否把握世界的真实，柏拉图和亚里士多德的论辩中产生了两派对立的观点，直到今天，艺术真实依然是美学与哲学思辨的重要内容。肇始于中世纪的唯名论与唯实论之争是促成这种哲学关系思考的重要契机。唯名论和唯实论围绕名称和实体进行了持久的争论，其焦点是“名”与“实”哪个更为真实。唯名论融合了拜占庭的逻辑学，认为只有个别的事物是真实存在的，个体先于共相；而唯实论则认为，共相比个体更能体现事物的本质，是先于个别事物而独立存在的精神实体。唯名论的典型代表是罗瑟林，他认为共相不过是人们思想中的抽象“名称”或者语言的“声息”，真正存在的是单个的个体。早期的唯实论代表安瑟尔谟则认为罗瑟林完全沉浸在感性里面，“不能理解理性所理解的、不依赖于表象的东西”（特拉赫坦贝尔，1985，p. 172），他主张一般高于个别，而且越是一般的东西就越有实在性。唯名论和唯实论的论争留给当代学术的一份重要遗产是个体与共相的辩证关系。在认知论转向之后，艺术符号成为人类认识的一个有机组成部分，艺术在现代美学体系中获得独立的地位，卡西尔与苏珊·朗格建立的新康德主义符号学成为西方哲学史上最早专门致力艺术符号学研究的一个学派。只有到了语言论转向之后，艺术符号学才真正成为研究的本体。

从这个意义上说，元艺术符号学研究的其实是艺术符号的共相，属于基础理论，是指导和建构门类艺术符号学的原理；门类艺术符号学的探讨则可以从生动的艺术现象与艺术实践中提炼更加具有在场性的符号表达，对艺术符号学元理论的创新和话语资源的生成具有重要意义。门类艺术符号学其实也包含了一般和特殊的辩证关系。某一具体门类艺术中艺术的形态也是千差万别的，如同问有没有一般意义上的舞蹈或者音乐，答案一定是分为两个层次的：从抽象意义上说，当然可以有作为一个类概念的舞蹈或者音乐；从具体层次来说，抽象意义的舞蹈或者音乐一定要体现为具体的一支舞蹈或者一支曲子。以中国古典舞为例，在这个舞种概念下，还包括戏曲舞蹈、武舞、敦煌舞、汉唐舞等诸多舞种。要研究中国古典舞的符号特征，必然要面对分支舞种和上位舞种概念之间的关系。所以，在艺术符号学的研究中，一般与特殊的辩证关系，是最基本的哲学逻辑前提。

如果说艺术符号学在学理层面蕴含了一般与特殊的哲学辩证法，那么在当代社会的全球化视角与地方知识之间的互动，则是艺术符号学与民族艺术学进行沟通的现实社会基础。

二、全球与地方：艺术符号学与民族艺术学在现实层面的互动

从全球化与地方知识的互动关系来看，全球化进程中的文化问题尤为凸显。地方文化的多样性是对抗文化同质化的主要动力，地方文化最主要的魅力在于其多样性。就艺术符号学而言，缺乏艺术形态多样性，必然造成艺术符号学话语资源的贫乏和阐释动力的不足。全球化是一把双刃剑，一方面加速了人类的交流，另一方面也在这种交流之中使文化的多样性受到威胁。但是，“实际上，当今时代，在一个政治（国家）经济（市场）力量中，‘轴心’机构（axial institution）能够联合起来，在地方、国家、地区乃至国际范围内运作，是以文化为代价的。而在过去，文化恰恰是保持社会凝聚力的主要源泉”（哈姆 & 斯曼戴奇，2015，p. 1）。所以，在经济和贸易全球化高速发展的同时，关注文化策略，为文化同质化和文化认同危机寻找有效的解决

方案，也是与经贸全球化相伴而生的重要问题。

作为全球化视野下的文化反思与文化策略，萨义德的文化帝国主义（cultural imperialism）、葛兰西的文化霸权观（cultural hegemony）、布鲁姆的文化保守主义（the conservative mind）以及我国学者金惠敏的全球对话主义（2013）等，都是20世纪文化领域影响甚广的理论。文化帝国主义的重点是“帝国主义”，特指随着资本运作而生成的文化垄断主义；这个概念大约在20世纪70年代成为国际文化政治的研究热点。文化霸权与文化帝国主义具有相似的内涵，是法兰克福学派的标志性概念，其实是强国主义在文化方面的表现，特指当代西方文化或者美国文化完全征服另外一种文化，进而形成某种单一的具有霸权性质的帝国文化。文化霸权的重点是“霸权”，凸显了西方文化相对原有地方文化的绝对强势地位。而文化保守主义则在文化战争中采取保守立场，体现出对传统价值与传统文化强烈的依赖，带有迫切的民族主义焦虑。全球对话主义是中国学者立足本土对文化霸权和文化帝国主义的反思与批判，意在改变全球化以西方文化为中心的交流不对等局面。进入21世纪以来，随着我国国际地位的迅速提升以及国家文化战略的整合调整，去中心主义，特别是去西方（美国）中心主义成为世界文明对话的重要主张，“一带一路”所提倡的不同文明的互鉴共享成为当代文化交流的重要特征。

文化的全球对话主义可以说更加契合当前的国际形势，也更加符合未来人类命运共同体的建构理想。“文化”本身作为一个抽象概念，必然要物化为或者表征为各种各样的符号。“文化，如果是关于‘任何事物’的，那么必将和‘富于意义’紧密联系在一起”（史蒂文森，2006，p. 100）；符号学是专门探讨意义的学问，关于文化的研究始终离不开符号学的视野。随着现代媒介与现代传播的兴起，文化自身的形态发生了深刻的变化，最终在传播过程中形成了各种各样的具体表征（representations）。从文化的视角来看全球化的问题，斯图尔特·霍尔认为，“我们只有通过共同进入语言才能共享意义”（霍尔，2003，p. 1）。霍尔的这一观点可以说具有非常强的前瞻性，在此前提下，全球化就是地球上相对分离的诸地域在想象空间中相互进行交流的过程。网络时空通过符号所表征的思维过程实现了全球化。一方面，艺术符号学在寻找艺术通律过程中浸润了哲学形而上学的理想与追求；另一方面，某种符号系统（艺术现象）具有怎样的句法特征，符号的意义如何形成、如何传播、如何在区域文化中发生影响，对这些问题需要融合艺术所在社会、民族以及文化语境进行回答。可以说，在全球化的媒介时代，没有能够离开地方和全球视野的符号表征。格尔茨在其名著《地方知识》中曾谈道："倘若我们要有一种'艺术的符号学'或者'关于任何不是在定理上自明而独立（axiomatically self-contained）'的符号体系的符号学，我们就必须投身于某种符号与象征的自然史、某种关于意义之载体的民族志。"（2019，p. 139）这就产生了全球与地方之间的双向互动，交流的语言成为重中之重，也是实现这种双向互动的必然途径。

纵观20世纪在全球产生重要影响的思想，几乎都与符号学产生了各种各样的联系，以至于20世纪哲学变革与美学研究会以"语言论转向"（linguistic turn）来命名。在全球化的语境之中，中国学者需要通过符号学这种共享话语来参与世界的讨论，同时通过将中国特有的艺术与美学理论转换成当代表达，在全球化语境中参与世界对话，进而获得更加广泛的认同。这是当代艺术符号学发展的必然路径，也是艺术符号学可以在民族艺术学研究中拥有广阔前景不可忽视的社会基础。

三、个体与群体：艺术符号学介入民族艺术学的社会学通道

无论是从艺术符号学研究本身所蕴含的一般与特殊在学理层面的辩证法，还是从当代现实语境下全球与地方的双向互动来看，艺术符号学与民族艺术学之间都存在相互沟通的必然途径，这就是社会学研究的视角。从艺术类型的角度来看，民族艺术学是在社会视角之下研究艺术的重要过渡。民族艺术学自身首先就是这样一种中介："在艺术类型学中，我们在艺术世界的诸个别艺术存在与艺术一般本质之间，牢牢地抓住了艺术类型这一个别与一般的中介即'特殊'的环节，在个别与一般中架起了联系的桥梁。"（李心峰，1997，p. 223）相比于地域艺术、地方艺术、种族艺术等艺术研究的分类方式，民族艺术学的研究离不开具体的社会构成和社会语境。其次，社会学同样具有对形式的研究要求，"社会学能够深刻洞察与我们自身生命形式不同的其他生命形式的内在逻辑和意义，从而大大有助于我们重新思考自身与他人之间已被勾勒出来的边界"（鲍曼 & 梅，2020，p. 21）。符号学是形式的科学，社会学对符号学的研究也产生了深刻的影响。

具体来说，社会学所关注的个体与群体的关系，非常类似于符号学对具体符号和符号关系的研究。涂尔干虽然没有专门致力研究语言学的特殊意义，然而他提出了语言是"社会事实"（social fact）的一个重要例证，而且"他的基本社会学理论是相当原始的结构主义的"（米尔纳 & 布劳伊特，2018，p. 86）。涂尔干认为，知识的分类是通过随着社会变迁而变化的思维体系实

现的，人不能单独拥有某种概念，而是和其他人共同拥有这个概念："……是社会在其作用范围之内引导个体，使这些个体产生了把自己提升到经验世界之上的需要，同时又赋予了他们构想另一世界的手段。"（涂尔干，2020，p. 576）涂尔干的论述涉及个体与群体之间的关系，与索绪尔《普通语言学教程》中语言（language）和言语（parole）的关系非常类似。在涂尔干《宗教生活的基本形式》出版仅仅一年之后，索绪尔《普通语言学教程》也问世了。索绪尔在这部传世之作中区分了语言和言语，语言的特征在于其规则性和约定性，而言语则是个体的和随意的。符号学从索绪尔开始，开创了一条寻找文本深层结构的学术理想，它将学者的注意力引向了约定俗成的人类社会生活基础；寻找文本的深层结构，其实就是寻找社会深层根源中井井有条的规则与体系。与索绪尔存在区别的皮尔斯符号学，除了要寻找文本之中和文本之外的结构，还思考符号与人的关系，这就是语用学。如果说索绪尔符号学与社会学之间还是一种类比关系的话，那么皮尔斯符号学则彻底将符号学与社会学联系了起来——没有社会的语境，何谈语用学中人的维度？

社会学是艺术符号学进入民族艺术学的重要通道。建立这个通道之后，怎样在这个通道上行走就是一个现实的问题了。首先，对具体艺术现象和艺术形式进行个案解读是必要的手段。民族艺术是艺术独特性的重要学科分支，是艺术个性与共性之间的过渡。其次，在研究过程中，要非常注意将艺术符号学中对艺术审美特征的关注和社会意识形态联系起来。符号学对艺术形式的共时研究很容易造成仅仅关注形式而走向纯审美的窘境。"艺术是个别的，却又是文化决定的，是社会性的'展示'的结果"（陆正兰，赵毅衡，2021），任何艺术形式与艺术现象终究不能脱离现实社会的基础，这就构成了艺术审美特性与意识形态之间的辩证关系。所以，在艺术符号学形式层面的研究需要与社会学时时保持密切联系，使艺术符号学在民族艺术学的应用中获得进一步发展的源头活水。

四、符号学与现象学：艺术符号学在民族艺术学中的方法论融合

"民族艺术学"的英译有多种说法。最初，"民族艺术学"一般可与"艺术人类学"同义转换，译为"ethnic art"，其中"ethnic"意指"种族的、少数民族的、具有异域风情的"；或者英译为"folk art"，意在强调民族艺术学关注流传于民间的歌谣、舞蹈、戏剧等与生活紧密相连的美术和工艺。（李

修建，2016，p. 4）目前，“民族艺术”的通行译文是“national art”，意在强调在铸牢中华民族共同体意识指导下的、对包括汉族在内的所有民族艺术的研究。民族艺术视野中的艺术与我们通常意义上的艺术最主要的区别在于功能问题。通常意义上的艺术由现代美学体系与现代艺术体系界定，突出审美无功利性和艺术自律，突出艺术的形式特征。民族艺术学视野中的艺术不仅表征民族文化的特性，还发挥非常重要的社会交流功能，对民族文化心理的塑造、民族共同体意识的形成至关重要。

因此，与通常意义上所讲的带“画框”的艺术不同，民族艺术的实际存在与生活紧密联系在一起，在研究方法上必然要求超越“画框”，要求研究者用身体感知具体的艺术形式，这与符号学在诞生之初对符号的设定和学科设置产生了很大的张力。符号学最为关注艺术形式的部分，这就使艺术符号学最主要的两大理论来源在面对民族艺术研究时，不可避免地遇到形式与内容的冲突。我们来细读索绪尔关于符号的定义——“语言符号是任意的，语言符号联结的不是‘事物’和‘名称’，而是‘概念’和‘音响形象’，也即‘所指’和‘能指’。”（1980，pp. 101 – 102）从这个定义中我们发现，索绪尔强调的是所指即概念，而非事物。皮尔斯认为，“逻辑学可以被看作是一门有关符号之普遍规律的科学”（2014，p. 1）。索绪尔符号学应用于艺术阐释，比较容易进入绝对共时研究而产生形式主义倾向；皮尔斯的实用主义符号学强调符号的逻辑基础，在面对空符号时，也存在需要进一步跨越的理论待阐释场域。① 对此，我国学者赵奎英教授提出了“艺术符号学的现象学重建”，特别用海德格尔的现象学符号学补充符号学的两大基础理论（2017），对艺术符号学有更多的启示。符号学与现象学的合流从分析哲学诞生伊始就存在，迈克尔·达米特在《分析哲学的起源》一书中详细梳理了分析哲学从弗雷格（F. G. Frege）开始与现象学创始人胡塞尔（E. Husserl）思想的深层互动，两者对语言转向起到了根本性影响。（达米特，2005，p. 3）民族艺术学的研究更加需要把二者结合起来，扭转符号学在民族艺术

---

① 关于皮尔斯符号学理论对于空符号的待阐释内容，在我国学界已有诸多成果，如赵毅衡教授的名作《符号学：原理与推演》、学者韦世林的《空符号论》，以及胡易容教授的多篇论文都涉及空符号的符号学阐释。本文所指的这种待阐释性，主要是指皮尔斯符号学的立论是从逻辑学开始，而逻辑学的起点是对世界秩序的理论思考。从符号的角度来看，逻辑学是从“1”开始的；空符号表示“空”和待开始的状态，用数字表示则是“0”，最初来源于东方，表示“混沌”（哈斯，2015）。本文正是在这个意义上说皮尔斯符号学对于“空”和“意境”的阐释需要跨越这个障碍。后学对空符号问题的继续研究不应附着于皮尔斯本人的思想，因为皮尔斯将符号学视为与逻辑学同一的学科，这一点是需要注意到的。

研究领域中的理论缺失。这其中有一个非常重要的理论切入点，即非常关键的“意向性”问题。

现象学与符号学最大的不同之处在于哲学前提的预设，现象学主张在关系范畴内认识世界，认为人与事物相互作用产生阐释的结果；符号学则主张主客二分的世界观，通过符号来联结人的观念与世界，二者是一种认知－投射关系。符号学和分析哲学在面对空符号时面临很大的难题，分析哲学创始人弗雷格和罗素就曾经花费了很大的力气来解决这个问题。然而空符号在艺术作品中随处可见，甚至是艺术符号非常重要的特征。在这个领域之中，现象学的阐释方式显然更优于符号学与分析哲学这种单纯的认知－投射式阐释。在艺术作品中，人之所见不仅仅是肉眼之看，更重要的是精神之看，这就是意向性。胡塞尔自己举例说，观看者无论从哪个角度、哪个方向观察同一个盒子，每次都看到不同的东西，现象学不关心盒子这个客体，而是关注每次观看这一意向行为为这个盒子增加的内容。（胡塞尔，2006，p. 445）随后梅洛－庞蒂提出的“身体意向性”则更进一步将扩充“意识意向性”的内涵，将人的身体彻底置于与世界的关系之中：“……他的身体浸没在可见物当中，身体本身也是可见的，并不把他的所见据为己有，他只是通过注视而接近它，并由此而转向世界。”（梅洛－庞蒂，1992，p. 129）

现象学与中国的“意象论”有天然的异曲同工之妙。不一样的地方在于，意象论是一种“象思维”的结果，从观物取象开始，象思维之中符号、物、阐释项就不是直接的认知－投射关系，而是蕴含了主体可以附加涵指的意义增殖过程。现象学是对西方哲学主客二元对立关系的反抗，具有从观念世界走向生活世界的“绕道而行”的意味。现象学从胡塞尔开创以来，经后继者海德格尔、梅洛－庞蒂进一步发展，提出对“灿烂的感性”的高扬、对生活世界的回归、对身体意向性的重视，丰富了当代符号学面对艺术问题时基本理论话语的构成，开拓出更大的阐释空间。

具体到民族艺术学，民族艺术的研究既然要强调艺术研究的民族视角，就必然重视民族文化中的身体意识、文化身份，必然重视艺术在民族文化认同中所起的重要作用，必然落实到民族艺术中的身体感受。艺术符号学想要在民族艺术研究中大有作为，其符号句法、语法分析势必要结合具体的社会语境与文化语境，在这个过程中，离开在场的田野调查，离开参与过程中的身体意识，是行不通的，艺术符号学必须要结合现象学的身体立场与身体视角，实现与民族艺术学方法论的创新与融合。

结　语

最后，需要提这样一个问题：我们为什么要思考艺术符号学与民族艺术学的关系？回答这个问题也是在寻找本文论题的合法性与合理性依据。

结合本文上述内容的分析，笔者认为可以从两个层面来回答这个问题。第一，除了在学科发展历史和研究方法上的相通性之外，更重要的是，我国当代艺术符号学与民族艺术学在学理层面有进行理论建设与提升的需要。艺术符号学在民族艺术领域批评的运用过程中，往往以“方法”的面貌呈现，即用符号学解读各类民族艺术现象，而缺乏对其中民族话语独特表达与独特含义的提炼与总结，这就容易造成符号学批评方法的简单重复，继而陷入西方出观点、中国出材料的境地。符号学在各个门类艺术中的广泛运用是我国学术体系、学科体系与话语体系自觉建设的重要契机，要把握住这个历史契机，实现当代中国哲学社会科学学术研究的创新性建构，需要对各种批评方法、批评案例进行哲学符号学的提升与思考，而不能仅仅满足于将符号学作为一种批评方法。

第二，民族艺术学在学科建制层面对完善民族艺术研究具有重要意义。我国学者对艺术学的民族性问题历来十分重视，从我国现代艺术学建立开始，关于艺术学研究的民族性思考就成为现代艺术学的有机组成部分。1920 年，宗白华在《美学与艺术略谈》一文中认为艺术“处处表现民族性或个性”(2008，p. 189)。进入 21 世纪，中华民族对自身文化的自觉建设提高到了前所未有的高度，民族艺术学不仅是对各个民族文化的研究，更是对中华艺术的整体研究，此时，民族艺术学成为时代呼唤的主题。艺术符号学源自西方，在中国历经百年发展，产生了诸多具有民族特色的话语表达方式和研究方法。艺术符号学在艺术的形态分析、特征解读等研究方向上具有明显优势，本土化艺术符号学在当代具有超越西方艺术符号学语言中心主义、超越纯形式主义的可能性，艺术符号学在未来与民族艺术学深入融合的过程中，更多应结合社会学与现象学，特别是在马克思主义实践观的指导之下，探讨中华民族丰富多样的艺术形态，探讨中华文化整体认知认同。当代文化的全球化更应该体现为不同文化之间的平等对话，才能在全球视野中更好地书写地方知识，让地方知识在全球化的视野中获得更加广泛的认同，进而在文化层面共建人类命运共同体，共享艺术的人文关怀。

引用文献：

安静（2021）. 建构的现代性与超越的当代性：对本土化艺术符号学百年历程的理论审思. 西南民族大学学报（人文社会科学版），8，143－151.

鲍曼，齐格蒙特 & 梅，蒂姆（2020）. 社会学之思（李康，译）. 上海：上海文艺出版社.

达米特，迈克尔（2005）. 分析哲学的起源（王路，译）. 上海：上海译文出版社.

格尔茨，克利福德（2019）. 地方知识：阐释人类学论文集（杨德睿，译）. 北京：商务印书馆.

哈姆，伯尔尼德 & 斯曼戴奇，拉塞尔（编）.（2015）. 论文化帝国主义——文化统治的政治经济学（曹新宇，张樊英，译）. 北京：商务印书馆.

哈斯，安德鲁·W.（2015）. 从1到0：无的冒险，"你毫无意义的形式"（安静，译）. 文艺美学研究，春.

霍尔，斯图尔特（2003）. 表征：文化表象与意指实践. 北京：商务印书馆.

胡塞尔（2006）.《逻辑研究》（第二卷）（倪梁康，译）. 上海：上海译文出版社.

金惠敏（2013）. 全球对话主义. 北京：新星出版社.

李修建（编）.（2016）. 国外艺术人类学读本（李修建，等译）. 北京：中国文联出版社.

李心峰（1991）. 民族艺术学试想. 民族艺术，1，73－93＋110.

李心峰（1997）. 元艺术学. 桂林：广西师范大学出版社.

陆正兰，赵毅衡（2021）. 艺术符号学：必要性与可能性. 当代文坛，1，49－58.

米尔纳，安德鲁 & 布劳伊特，杰夫（2018）. 当代文化理论（刘超，肖雄，译）. 南京：江苏人民出版社.

梅洛－庞蒂（1992）. 眼与心（刘韵涵，译；张智庭，校）. 北京：中国社会科学出版社.

皮尔斯（2014）. 论符号（赵星植，译）. 成都：四川大学出版社.

史蒂文森，尼克（2006）. 媒介的转型：全球化、道德和伦理（顾宜凡，等译）. 北京：北京大学出版社.

索绪尔（1980）. 普通语言学教程（高名凯，译）. 北京：商务印书馆.

特拉赫坦贝尔，奥·符.（1985）. 西欧中世纪哲学史纲（于汤山，译；尹希成，校）. 北京：中国对外翻译出版公司.

涂尔干（2020）. 宗教生活的基本形式（渠敬东，汲喆，译）. 北京：商务印书馆.

赵奎英（2017）. 艺术符号学基础的反思与现象学存在论重建. 南京社会科学，4，118－125.

宗白华（2008）. 美学与艺术略谈. 载于林同华（主编），宗白华全集. 合肥：安徽教育出版社.

作者简介：

安静，中央民族大学文学院副教授。

Author:

An Jing, assistant professor at the School of Liberal Art, Minzu University of China.

Email: anjing@ muc. edu. cn

浸入预留空间：沉浸式戏剧表意机制研究

潘鹏程

摘　要：作为实验戏剧的当代演绎，沉浸式戏剧既延续了对戏剧空间构造的探索，同时也是一次商业化尝试。从戏剧学脉络来看，沉浸式戏剧打开了剧场物理空间，使其变得灵活、可动，将空间转变为与观众积极对话的对象。引入符号叙述学的视野可以发现，通过对空间的重塑，沉浸式戏剧打开了戏剧演出文本叙述框架的边界，从而让观众可以进入二度区隔预留的位置，扮演剧中的角色。进而，在符号现象学意义上，观众得以将具身感知投射到环境中，从而在意识与对象建立起联结的过程里，以自身为中心，与戏剧场景相互敞开，获得沉浸式的戏剧体验。而在这一过程中，观众与他人的共在则蕴含了再塑共同体的可能。

关键词：沉浸式戏剧，表意机制，预留空间，具身感知

Immersed in a Reserved Space: The Signifying Mechanism of Immersive Theatre

Pan Pengcheng

Abstract: As a contemporary interpretation of experimental theatre, immersive theatre not only continues to explore the spatial configurations of theatre, but also makes an attempt at commercialisation. From a dramaturgical perspective, immersive theatre makes the physical space of the theatre flexible and movable, while also transforming the space into an object of active dialogue with the audience. By reshaping the space, immersive theatre opens the boundaries of the narrative framework of theatre performance, allowing the audience to enter the fiction of the second degree of separation, to occupy a reserved place, and to play a role in the theatre. In a semiotic phenomenological sense, the audience can project their embodied perceptions onto the environment, open themselves to the theatrical scene, establish a connection between their consciousness and the object and gain an immersive theatrical experience. In this process, the audience's co-presence with others holds the possibility of reinventing the community.

Keywords: immersive theatre, representational mechanisms, reserved space, embodied perception

DOI: 10. 13760/b. cnki. sam. 202202018

在当代实验戏剧的多元生态中，沉浸式戏剧（immersive theater）的出现与迅速传播是无法忽视的现象。它既延续对戏剧空间构造的实验，也是先锋艺术商业化探索的一次尝试。沉浸式戏剧在全球的流行始于英国，其术语最早是被英国文化委员会用来描述 Punchdrunk 公司所制作的《不眠之夜》(*Sleep No More*)，可以说该剧的成功是沉浸式戏剧引起国际关注的起点。Punchdrunk 的艺术总监菲利克斯·巴雷特（Felix Barrett）指出，“和一般戏剧以表演者为核心不同，我们希望观众能够成为戏剧的核心，Punchdrunk 的作品都是以观众为核心来制作创作的”（浅草，2016，pp. 18－19）。在此，固定视角的观看被取消了，取而代之的是私密感知的生成。应当说，沉浸式戏剧具有理论与实践的双重价值，为戏剧演出的形式变革提供了艺术经验。

20 世纪以来一系列戏剧实验与戏剧家重新思考演出空间，因而如何看待与利用剧场空间成为区分各戏剧流派的关键。当下学界关于“戏剧艺术”与“剧场艺术”两个概念异同的热烈讨论（宫宝荣，2017），与此历史逻辑或许不无关系。克里斯托弗·鲍（Christopher Bau）总结道：“20 世纪没有能力设计出长久成功的剧场建筑，这是一个意味深长的标志，指向剧场功能的不确定，同时也构成对建筑和布景的挑战。”（Bau，2013，p. 10）稳固、冷静、理性的镜框式舞台在阿尔托“我们取消舞台及剧场大厅”（2015，p. 101）的呼喊中已然崩塌，戏剧家们拥有了再次构筑剧场空间的权力。沉浸式戏剧在此意义上继承了实验戏剧的基本策略，通过对视觉艺术与信息技术的引入进一步丰富演出空间的表意能力，从而将观众对戏剧演出的静观转变为对剧场空间的参与。

沉浸式戏剧营造特定剧场氛围，给予观众以不同于日常的空间体验，此种体验符合福柯关于“当前的时代也许首先是空间的时代”（Foucault，1986，pp. 22 - 27）这一论断，即契合当代人基本的经验结构。因而，沉浸式戏剧顺理成章地加入体验经济浪潮，挖掘演出机制的商业化潜力。早在20世纪，经济学家托夫勒（Alvin Toffler）就对为体验付费的未来做出过预测，他认为：“体验业这一全新的产业部门正在兴起，人们对它还感到陌生。但是，产业结构的变化，将成为经济继续发展的重要动力。”（Toffler，1970，p. 227）在沉浸式戏剧中，演员替代服务员出现在观众面前售卖私人化的剧场体验。如果说实验戏剧关于空间的探索是沉浸式戏剧发生的内在逻辑，那么体验经济的兴起则是它发展的外部动因。在此背景下，本文意欲探究沉浸式戏剧的表意机制，从而辨析“沉浸”的生成与价值，并尝试探究形式实验背后的美学潜力与思想冒险。

一、剧场物理空间的重塑

戏剧演出作为演示类叙述的典例，充分展现了演示的即时性与在场性。这意味着无论何种类型的演出，都存在戏剧演出空间与真实存在空间的混杂。沉浸式戏剧正是有意利用两种空间之间的张力，在空间属性的变迁中实现演出表意机制的革新。进入戏剧史脉络可以发现，沉浸式戏剧此种对剧场空间的重塑，实际上是基于环境戏剧演出经验的进一步探索。就此而言，孙惠柱的判断无疑是精准的，他提到沉浸式戏剧“这个概念是谢克纳在1970年代初提出的‘环境戏剧’的翻版”（2018，pp. 43 - 49）。环境戏剧正是沉浸式戏剧发生、发展的前史，要理解沉浸式戏剧重塑剧场物理空间的价值，必须先把握环境戏剧的戏剧学意义，如此，方能对沉浸式戏剧做出戏剧史上的定位。

在环境戏剧中，对剧场空间的关注成为革新表意范式的关键，环境不再是沉默的背景，而是积极的对话者，也就是说，“一个环境是被什么包围着的、支撑着的、卷裹着的、包含着的、互相套着的东西。但它也是参与的和活动着的，一个活的系统的接连体”（谢克纳，2001，p. 1）。因而，对于环境戏剧的创作者而言，他“不试图创造某个地方的幻觉形象，他希望创造一个多功能的空间”（p. 34）。在此基础上，谢克纳（Richard Schechner）给出的环境戏剧定义是“运用媒介技巧排演有剧本的戏剧”（p. 17）。在环境戏剧中，剧本不是创作的命令，而仅仅是演出展开的线索。围绕剧本，环境戏剧积极地寻找着整体空间生成的可能，探索剧场表演独特的艺术价值。

沉浸式戏剧所强调的开放空间，正是对环境戏剧在空间构造上探索的继承。但需要强调的是，沉浸式戏剧之所以是环境戏剧的“翻版”而不是“重复”，是因为二者在重塑物理空间的逻辑上具有根本性的不同。在环境戏剧中，戏剧家所想要实现的是突破“镜框”舞台的限制，让演出空间向外拓展，从而裹挟观众，使其无法置身事外。而沉浸式戏剧则是在特定剧场内打造可互动的空间，邀请观众进入既定戏剧演出空间。概言之，沉浸式戏剧重塑剧场物理空间，给观众提供参与的入口，在一定程度上赋予他们在剧场内自由行动的权利。虽然在戏剧实践中依然需要区隔以确保演出的进行，但舞台的边界已然变得模糊。在演出说明书中，巴雷特对沉浸式戏剧的描述即起于此种对空间的重塑：“改造一个特定的阔大场所成为演出空间，让观众在漫游中体验一种叙事诗和感同身受的故事讲述。”（转引自周泉，2018，pp. 118－127）

检视其表述不难发现，沉浸式戏剧一方面致力于松开演出文本，使其走出锁闭状态，朝未知开放；另一方面则通过种种手段邀请观众走进精心营造的戏剧场景。约瑟芬·马崇（Josephine Machon）提炼了沉浸式戏剧的三大要素：“观众的参与”“对感官的看重”“演出空间和场地的重大意义”（转引自冯伟，2017，pp. 145－154）。他的概括与巴雷特的阐释遥相呼应，都指向空间的敞开与观众的进入。只要舞台冰冷的物理边界消融，就一定存在人与人相遇的可能，如此，剧场就可以恢复为人际关系交织的网络，而这一网络的构建正意味着剧场空间内在生命的重生。

马文·卡尔森（Marvin Carlson）将沉浸式戏剧分为三类，实际上正是指出了观众进入戏剧演出空间的三种方式（卡尔森，2017，pp. 1－11）。第一种类型被他称作“漫步戏剧”，在此类戏剧中，观众以固定的顺序走过已被规划、形塑的空间。它更像是对镜框（舞台）的分裂与延展，让观众以“漫步”的方式观看“演员以传统的模仿和文本进行表演”（pp. 1－11）。例如，《又见平遥》以平遥古城的文化元素为参照对象，在室内打造沉浸式的实景空间，还原了镖局、大院、街市、广场等古代生活场景。在 90 分钟的演出时间里，随着剧情的发展，观众跟着演员依次抵达不同的地点，在漫步于清代末年平遥古城的同时，沉浸在票号东家赵易硕与同兴公镖局 232 名镖师保回王掌柜血脉的故事中。

在第二种戏剧中，观众从固定路线解放出来，可以更加自由地在戏剧场景中行动。赵琬的舞蹈戏剧作品《常态关系》就较为接近此种形态，该演出是“例外状态：中国境况与艺术考察 2017”展览的一部分，23 位演员的肢体表演和展览作品构成微妙的呼应关系，为观众提供了约一小时的沉浸体验。戏剧演出的空间与艺术展览的空间重叠在一起，观众可以在两者交织出的复合场域中自由行动，得到全新的感知、体验。

第三种类型则是《不眠之夜》这种典型结构的沉浸式戏剧，该作品将莎士比亚（William Shakespeare）的悲剧经典《麦克白》重构为碎片化的演出，给观众提供一系列场景空间。对观众而言，演员的表演是随机出现的。在连绵的演出时间里，观众可能刚好遇见表演行为，也可能只看到空的房间。最重要的是，戏剧演出中存在一对一的环节，即演员会邀请某一个观众，与其在静谧空间中展开交流。这就为观众介入戏剧文本提供了绝佳机会，让观众得以完全浸没在与演员的对视中。

沉浸式戏剧对剧场物理空间的重塑让戏剧演出空间变得灵活、可动，此时空间便不再只是情节发生的场所，还为观众具身进入可能世界提供了路径。于是观众不再从“空的空间”前漫不经心地走过，而是参与空间关系的构建，以其运动轨迹形塑文本结构。但是，空间的重塑仅仅为沉浸的发生提供了物理的入口，即不再将观众的身体阻拦在舞台之外。在传统戏剧中，观众若无视观演礼仪，同样可以跃上舞台。只是此种“进入”意味着演出进程的中断，显然不被认可，更不是常规。因此，沉浸式戏剧除了重塑物理空间，同时也需要再构演出的叙述框架。否则，戏剧演出便会失去艺术虚构的身份，还原与凸显剧场物理空间就会变成对戏剧场景的无价值祛魅。这种祛魅意味着空间不再是艺术文本，彻底失去符号价值，脱落为纯粹的物。面对此类纯粹的物，观众无从获得沉浸的戏剧体验，而只是走进了特定的建筑。唯有对底层的形式逻辑予以重新构造，才能为观众提供合适的入口，从而让观众的参与成为戏剧演出的一部分。

二、演出叙述框架的再构

对戏剧舞台而言，明确戏剧演出文本中的特定叙述框架，即是为观众确立解析演出的规则。事实上，在戏剧演出中从来不存在真正的现实，戏剧动作与场景逼真的基础乃是观众对待戏剧虚构时的郑重其事。按照普菲斯特（Manfred Pfister）的说法，戏剧从来不是将幻觉佯称为真实，其虚构性“乃是由作者与观众之间交流的戏剧代码事先确定的：他们达成了一个关于演出的幻觉性质及其特定的本体论地位的符合戏剧规律的协议”（普菲斯特，

2004，pp. 110－116）。戏剧符号学家伊拉姆（Keir Elam）同样指出，“剧场构架是一系列相互作用的惯例的产物，这些惯例支配着参与者对演出当中所涉及到的各种现实的期盼和理解”（伊拉姆，1998，p. 90）。因此，只要演出的框架得到确认，那么，无论演出是何种风格，戏剧作为艺术文本的基本性质都得到了确证；反之，若无框架，那么无论演员的表演多么写实，戏剧的艺术虚构也无法成立。

赵毅衡所提出的“双层区隔”理论可用于进一步分析叙述框架在沉浸式戏剧演出中的作用方式。戏剧演出文本的双层区隔结构是指文本需要通过设立两层区隔框架，才能够在内部构建虚拟的可能世界。其中，一度区隔在符号文本构建的世界与经验世界之间设立框架，从而得到框架内已经媒介化的世界。此处所谓媒介化，是指框架内的文本已经是某种再现，而非直接的经验现实，于是文本与经验之间便拉开了一层距离。例如在沉浸式戏剧中，剧场的边界就是一度区隔的标记。进入剧场不仅是物理性地踏入一个场域，更是跨进了一个媒介化的符号文本。清晰的物理标记给予视觉认知以明确的指示，让观众意识到空间与身份的异质性，此处的进入便是沉浸的开端。

二度区隔中的再现是二度媒介化的结果，是“在符号再现的基础上再设置第二层区隔。也就是说，它是‘再现中的进一步再现’”（赵毅衡，2013，p. 76）。由于二度区隔内的再现经历了两次媒介化过程，因此它“与经验世界就隔开了双层距离。正因为这个原因，接收者不问虚构文本是否指称‘经验事实’，他们不再期待虚构文本具有指称性”（p. 76）。例如，当演员在剧场内扮演特定角色时，他是在二度区隔之中现身的。此时，演员的身体被挪用为角色出场的媒介，人物神情语态、行为动作上的特征就是二度区隔的标记，观众也可以通过这些特征明白此时演员已转变为虚构世界内的角色。所以即使在沉浸式戏剧中，观众可以物理性地与演员相遇，他所遇见的仍然是一个角色。

无论是在传统的还是沉浸式的戏剧演出中，观众都可以自然地走进剧场，即进入一度区隔。区别在于传统形式的戏剧演出将观与演严格分隔；沉浸式戏剧将空间变成可参与的，观众便有能力加入情节的推进，以自身的感知弥合散落的故事线索，从而沉浸在戏剧叙述里。概言之，沉浸式戏剧对传统观演关系的突破，正在于打开二度区隔的边界，为观众进入戏剧虚构提供可能。在与传统形态戏剧的对比中，沉浸式戏剧凸显空间的作用就明显了，即让区隔框架的边界处于开放、重组的状态。

既然观众所进入的是二度区隔，即虚构叙述，那么观众在沉浸式戏剧中的参与实质上是通过扮演一个角色占据了戏剧演出文本为其预留的空间。从一度区隔到二度区隔、从旁观者到剧中角色，扮演让观众进入演出的情节序列。所以，沉浸式戏剧的“沉浸”实为通过反跨破框进入可能世界的过程。因此，观众所获得的沉浸式体验必然基于预设的情节脉络。但是在观看与参与的选择上，观众仍然保持着较大的自由。正是此种谋划与偶发之间的张力和平衡，让沉浸式戏剧的演出呈现为一种可控的自由状态。

为了成为角色，即从一度区隔进入二度区隔，观众作为参与者所经历的实际上是身份的消解与重获。观众戴上《不眠之夜》剧组分发的面具，则意味着身份转变的完成，此一过程可被看作一场简略的“通过仪式”。仪式过后，被面具遮住了脸孔的观众，同时也就被二度区隔框定，成为受邀前来参加舞会的客人。如此一来，观众便获得了融入剧情的路径，从而可以观看演员的表演与自己的行动。与之类似的，则是在戏剧《知音号》的演出里，观众需要手持“船票”登上一艘真实的邮轮。演出团队将作为观剧步骤的“进入剧场”与剧情序列中的“登上邮轮”结合起来，即将“剧场的边界”与“演出的开始”重叠，以符合演出规律的方式赋予观众以游客身份，把一度区隔的再现过程压缩到极短。应当说，《知音号》的设计巧妙地实践了谢克纳对延伸戏剧空间的设想。因此，沉浸式戏剧的叙述框架同样可以作用在空间上，将其转化为一个潜在的角色与观众积极互动。

值得注意的是，无论是与何种对象交互，观众的行动都是以特定角色的身份展开的。这意味着观众在获得参与能力的同时，也必然受到角色身份的限制。例如在《不眠之夜》中，就会有同样扮演为剧中角色的工作人员提醒观众参与的规则，让他们始终佩戴好面具。面具作为二度区隔的物理标记，将观众置于情节网络中，同时也将其固定在了预设的位置。在此意义上，沉浸式戏剧延续了古老的观演关系，以保障演出的有序进程。正如周泉所说，“面具颁布了一种参与的规则：可以观看不可被看，可以被触摸不能触摸，可以接受行动不可反馈行动”（2013，pp. 107 - 116）。确立规则、拉开距离都是为了确保演出作为艺术文本的身份，防止其脱离特定语境而还原为纯粹的物。在面具的背后，所有的触碰都是作为角色的观众在实践，否则“纯然的参与就破坏了表演的语汇，逸出了结构的轨道而无法预设”（pp. 107 - 116）。也就是说，沉浸式戏剧并不是直接将真实日常挪用进表演结构，而是依然逼真再现现实世界。它并不像诸多后戏剧剧场一样有意破坏区隔的双层结构，让戏剧表演导向行为展演。应当说，就叙述框架的结构而言，沉浸式戏剧维护了二度区隔的基本结构，但打开了框架的边界。也正是因为有二度区隔的存在，观众才能够接触到非日常的可能世界。

因此，在剧场物理空间与演出叙述框架上，沉浸式戏剧都为观众的进入预留了位置。所以，沉浸式戏剧的观众在物理地进入剧场空间的同时，也被吸纳为演出序列的一分子。总的来看，完成了空间重塑与框架再构的沉浸式戏剧将自己改造为一个有机的系统，以开放的姿态等待演出的开始。而为了启动该演出系统，首要也必要的是观众的进入与激活。只有当观众进入预留空间，沉浸式戏剧才能够进行意义的生产。而观众的进入显然是具身性的，也就是说，沉浸式戏剧的“沉浸”最终需要在观众直观的看与被看中完成，此种现象学式活动的展开构成了沉浸式戏剧动态演绎的真正起点，即沉浸体验的实际开端。

三、浸入演出：作为具身感知与共在体验的沉浸

相较于传统戏剧中表演与情节的紧密结合，沉浸式戏剧的表演致力于戏剧空间的激活，即以表演“重新规划我们如何认知与经验空间和场所”（Birch & Tompkins，2012，p. 1）。与之相对应，观众体验沉浸式戏剧的前提，是将具身感知投射到环境中，从而在意识与对象物建立起联结的过程里让审美表达与文本意义自然生成。这一表意过程的完成，有赖于观众利用身体的在场完成反跨破框，进入演出序列。应当说，在观众与戏剧环境的嵌合里，身体的在场为观众的行动划定了基本领域。正如梅洛-庞蒂所言，“身体是在世界上存在的媒介物”（2001，p. 116）；亦如萨特所说，“说我进入了世界，‘来到世界’或者说有一个世界或我有一个身体，那都是一回事”（2007，p. 411）。正是通过身体的感知，观众得以将戏剧环境形塑为以自我为核心的周围世界，胡塞尔（Edmund Husserl）指出：“身体是作为他的躯体周遭世界中的核心，特别是作为他的表象的感知器官，唯有借此它才能够经验任何种类的物体以及在其中的其他人和动物。”（胡塞尔，2017，p. 121）

基于现象学的还原，作为沉浸式戏剧核心的空间体验，究其根本是观众身体对戏剧环境的感知与把握。空间经验必然与身体相联系，观众只能通过躯体的行动刺入空间并在其中滑动。在此意义上，空间性与躯体性得到了统一，即“空间性以及在卓越方式底下的空间性也是属于躯体性，而所有的心理之物只有间接透过其躯体性及其空间时间性才同样地参与了客观的扩延”（胡塞尔，2017，p. 125）。观众身体的行为所建构的是与戏剧环境的相互把握，身体与空间的互动构筑了知觉生成、拓展的基础，也就极大地丰富了剧

场的生命力。

在此过程中，观众的观看唤醒对象的审美属性。也就是说，对周围世界的经验在此显然是主体性的体验，人的在场构成表达的起点。观众是参与者，同时更重要的，是沉浸式戏剧中的解释者，而“对于表意过程来说，最基础的也是唯一必需的主体，乃解释者，正是解释者的主体能力让他能够通过含义意向构建起符号对象”（董明来，2021，pp. 152－164）。观众的在场是对解释者缺席的消除，这一现象深刻地契合剧场作为观看场所的本义，沉浸式戏剧在此意义上复活了戏剧最古老的魅力。

沉浸式戏剧将参与的权力赋予观众，同时也就还原了在世的人最基础的中心位置，以观众为新的视角重构起戏剧感知的生成机制。索科拉夫斯基（Robert Sokolowski）指出，“如果世界是最宽广的整体和囊括一切的背景，那么‘我’就是这个最宽广整体以及其中的万物围绕着而得到排列的中心”（索科拉夫斯基，2021，p. 43）。观众丧失于镜框（舞台）的此种位置，在沉浸式戏剧中得到恢复，自我从而再次成为“一种参照和定位的中心，从此中心向外发射出距离、时间”（莫兰，2017，p. 195），进而得以掌握行为的发生，把握情感的流动。因此，当观众在参与沉浸式戏剧时，其主体也就朝环境敞开，这也就是“扮演为角色”的现象学内涵——让自身进入一种交互状态。此种交互状态不仅能够让观众复归演出现场，更重要的是在敞开中揭示观众的自我。

在敞开的身体交互中，他人的目光构筑了我的在世存在，自我与他人的结对关系因而具有构造性的重要意义。正如胡塞尔所言，“因为每一个结对的联想都是相互的，所以，那种本己的心灵生活也可以按照相似性和不同性来加以揭示，并且通过就那些新的联想而言的新的突现而使之成为富有成效的”（2002，p. 164）。当作为这个世界一部分的自我进入现象学还原过程时，必须存在他人来对此悬置活动进行观看与说明，即“我也被放到括号中时，总需要有个表现为他人的我（像上帝一样）观看这样无我的悬置行动”（邱戈，2020，pp. 119－128）。无论是作为观众、参与者还是角色，都需要观看行为来对身份予以确证。在此意义上，沉浸式戏剧的基石是互为前提的意识投射，此种结构正是具象剧场的抽象象征，指向一个共在的空间与关系。因而，引入海德格尔的“共在论”能对沉浸式戏剧的深层意蕴予以有力揭示：

> “他人”并不等于说在我之外的全体余数，而这个我则从这全部余数中兀然特立；他人倒是我们本身多半与之无别、我们也在其中的那些人……由于这种有共同性的在世之故，世界向来已经总是我和他人共同

> 分有的世界。此在的世界是共同世界。“在之中”就是与他人共同存在。他人的在世界之内的自在存在就是共同此在。（海德格尔，2019，p. 169）

观众在沉浸式戏剧中会遭遇各异的角色，能够尝试对自我主体意识进行重建。更重要的是，在作为商业文明中的消费体验之外，沉浸式戏剧显然有潜力演绎共同体的概念。此种共在体验或许依赖虚构的情节，或许短暂、模糊，但依然是在当代社会中重塑共识不可多得的路径。在此意义上，沉浸式戏剧不仅能够作为文化工业产品被出售，更能够作为启迪工具得到运用。

实际上，在戏剧演出的先锋实验中，艺术家们正在开掘沉浸式戏剧的美学潜力。爱尔兰的阿努剧团（Anu Productions）便展示了沉浸式戏剧如何介入社会讨论。在《吉卜赛大篷车》中，戏剧家引入了特定场域表演的观念与技法，将演出置于都柏林犯罪高发的街头，把观众带回日常环境。如此一来，演出的戏剧空间便与实在世界的真实空间混合起来，二度区隔虚构与一度区隔纪实的边界被有意破坏。在此前提下，观众会遇到初中生窃贼、刚出狱女子、俄罗斯妓女等形形色色的底层人物，此时角色在情节序列中的行动便与真实日常中的事件勾连起来，以凸显该地区持续发生却又被习惯性忽略的现状。

在《吉卜赛大篷车》中，现象学意义上的场域向社会文化中的环境转变，戏剧空间此时不仅仅是拥有生命力的对话者，更是具有了社会、文化、历史内涵。观众与戏剧环境交互，也就同时介入了对社会问题的指认。如此，沉浸式戏剧便可以从主流文化工业中脱身出来，以反布莱希特（Bertolt Brecht）的形式继承实验戏剧的批判论述。概言之，阿努剧团的实践探索了沉浸式戏剧重塑人与人、人与社会空间联系的可能，这将有助于新共同体的再生并推动社会议题的讨论。特别需要注意的是，“在这里，空间的意义由其中的居民具身化。关注空间或者场地，归根结底是对人、人的身份、身份背后社会问题的关注”（冯伟，2017，pp. 145－154）。通过沉浸式戏剧，观众可以获得作为消费的娱乐体验，而此种体验可以进一步转化为对社会文化的思考。“沉浸”能够提供人与人相遇的机会，这让他者的生命有了进入自我的感觉机制的可能。在沉浸式戏剧中，所有人都可以披上角色的外衣进入戏剧的语境，而在进入之后，人与人对话的展开与共识的达成就都可以在意义空间中回响。

引用文献：

阿尔托，安托南（2015）. 残酷戏剧：戏剧及其重影（桂裕芳，译）. 北京：商务印书馆.
董明来（2021）. 从胡塞尔现象学出发论表意过程与编码 - 解码之区别. 符号与传媒，23，152 - 164.
冯伟（2017）. 介入社会现实：浸没剧的越界美学. 外国文学研究，5，145 - 154.
宫宝荣（2017）. 正本清源话“theatre”——“剧场艺术”还是“戏剧艺术”. 戏剧艺术，1，18 - 26.
海德格尔（2019）. 存在与时间（陈嘉映，王庆节，译）. 北京：商务印书馆.
胡塞尔（2002）. 笛卡尔式的沉思（张廷国，译）. 北京：中国城市出版社.
胡塞尔（2017）. 现象学的心理学：1925 年夏季学期讲稿. 北京：商务印书馆.
卡尔森，马文（2020）. 后剧作戏剧与后剧作表演（胡开奇，译）. 戏剧艺术，2，1 - 11.
梅洛 - 庞蒂（2001）. 知觉现象学（姜志辉，译）. 北京：商务印书馆.
莫兰，德尔莫（2017）. 现象学：一部历史的和批评的导论（李幼蒸，译）. 北京：中国人民大学出版社.
普菲斯特，曼弗雷德（2004）. 戏剧理论与戏剧分析（周靖波，李安定，译）. 北京：北京广播学院出版社.
浅草（2016）. 今夜，因戏无法入眠——访 Punchdrunk 艺术总监菲利克斯 · 巴雷特. 上海戏剧，8，18 - 19.
邱戈（2020）. 交往如何可能？——基于哈贝马斯、胡塞尔和列维纳斯的思考. 浙江大学学报（人文社会科学版），5，119 - 128.
萨特（2007）. 存在与虚无（陈宣良，等译；杜小真，校）. 北京：生活 · 读书 · 新知三联书店.
孙惠柱（2018）.“戏剧”与“环境”如何结合？——兼论“浸没式戏剧”的问题. 艺术评论，12，43 - 49.
索科拉夫斯基，罗伯特（2021）. 现象学导论（张建华，高秉江，译）. 上海：上海文化出版社.
谢克纳，理查德（2001）. 环境戏剧（曹路生，译）. 北京：中国戏剧出版社.
伊拉姆，基尔（1998）. 符号学与戏剧理论（王坤，译）. 台北：骆驼出版社.
赵毅衡（2013）. 广义叙述学. 成都：四川大学出版社.
周泉（2013）. 浸入式剧场：以《不再入眠》为例. 戏剧（中央戏剧学院学报），6，107 - 116.
周泉（2018）. 东渐与嬗变：中国近几年来浸入式戏剧. 戏剧（中央戏剧学院学报），2，118 - 127.
Bau, C. (2013). *Theatre, Performance and Technology: The Development and Transformation of Scenography*. Hampshire: Palgrave Macmillan.
Birch, A. & Tompkins, J. (Eds.) (2012). *Performing Site-Specific Theatre*. UK: Palgrave

Macmillan.
Foucault, M. (1986). Of Other Spaces (J. Miskowiec, Trans.), *Diacritics*, 16, 22-27.
Toffler, A. (1970). *Future Shock*. New York: Bantam Book.

作者简介：

潘鹏程，四川大学文学与新闻学院博士研究生，四川大学符号学-传媒学研究所成员，研究方向为符号叙述学、戏剧学、中国现当代文学与现代文化。

Author:

Pan Pengcheng, Ph. D. candidate at the College of Literature and Journalism, Sichuan University, member of the ISMS research team. His research interests include semiotic narratology, dramaturgy, modern and contemporary Chinese literature and modern culture.

Email: ppcpan1995@foxmail.com

从社会符号学角度诠释译者的多维角色*

佟　颖

摘　要：“社会人”和“社会结构”使译者产生并扮演多重角色。从社会符号学角度看，翻译史中的译者角色界定与演变分析具有片面性。皮尔斯的“自我”概念与“社会人”异曲同工，“内心对话”模式暗示着符号意义的获得须经过社会人在特定社会结构中的使用。以皮尔斯“三位一体”观为基础，作者与译者、原文与译文、原语文化与译语文化之间也存在类似关系，译者在翻译过程中的不同阶段扮演主要角色和各种次要角色。

关键词：社会符号学，社会结构，社会人，译者角色

A Socio-semiotic Explanation of Translators' Multi-dimensional Roles

Tong Ying

Abstract: The concepts of the "social person" and "social structure" require translators to produce and play multiple roles. From the perspective of socio-semiotics, the definition and evolution of the translator's role in translation history present a one-sided view. Peirce's concept of the "self" is similar to that of the social person, and the mode of "inner dialogue" implies the acquisition of symbolic meaning through the use of social people in a specific social structure. Based on Pierce's "trinity" view, there are similar relationships between translator and

* 本文为国家社科基金一般项目“儒家经典俄译符际文化信息守恒与失恒研究”（19BYY211）中期成果。

author, source text and target text, and source culture and target culture. The translator plays various major and minor roles at different stages during the translation process.

Keywords: socio-semiotics, social structure, social person, translator's roles

DOI: 10. 13760/b. cnki. sam. 202202019

20 世纪 70 年代中后期，韩礼德（M. A. K. Halliday）发表了一系列专著，指明语言是具有社会性的符号系统。1978 年，韩氏出版专著《作为社会符号的语言：从社会角度诠释语言与意义》（*Language as Social Semiotic: The Social Interpretation of Language and Meaning*），该书体系上稍显零散，收录了韩礼德在 1971—1976 年发表的 13 篇论文，但阐述了共同的主题，即语言的社会符号性，由此，社会符号学被正式提出，之后，大批学者不断发展和完善社会符号学，使其成为符号学的分支学科。语篇、情景、语码、语域、语义系统、社会人和社会结构等也逐渐被确定为该学科的核心概念。

社会符号学自提出以来就被应用于很多领域，发挥了方法论作用。在翻译领域，最先引入社会符号学理论的是奈达（Nida，1982，p. 13），他提出了社会符号学翻译法。国内翻译界对社会符号学翻译法的关注度很高，但总体看来，主要是运用社会符号学翻译法分析一些翻译现象，集中探讨了言内意义、指称意义和语用意义的实现等问题，并未对社会符号学翻译法做本体论研究。我们认为，鉴于社会符号学的跨学科性，应该从该学科的主旨出发，探寻核心概念与翻译中基本问题的关联性，如“语篇”之于翻译单位，“语码”和“语域”之于翻译过程，“语义系统”之于翻译等值，“社会结构”之于翻译动机，以及“社会人”和“社会结构”对译者的产生和角色演变的影响，等等，从而构建社会符号学翻译理论。本文尝试探讨“社会人”和“社会结构”与译者角色之间的关联性问题。

一、译者角色的产生

“角色”一词原本用来指称舞台剧、影视作品等表演形式的剧中人物。从符号学角度看，“角色”是一个有形符号，在特定的剧情中与剧中其他人物保持特定的关系，通过外貌、气质和言谈举止具象化并再现作家头脑中的人物。1935 年，米德（G. H. Mead）将“角色”这一概念引入社会学领域，将其视为社会群体的构成因素和社会组织的根本，是人们对具有某种社会地位或特定身份的人的一种行为期望，规范着他们的权利和义务，是与他们的这种地位和身份相一致的行为模式（边英杰，陈皆明，2013，p. 83）。

韩礼德（Halliday，2007，pp. 65－66）认为，早在20世纪70年代“社会人”这一主题就已凸显在意识形态中。这里的“社会人”并不与个体人相对立，而是指处于社会环境中的个体人。一个孩子从自然人成长为社会人的过程中，语言和教育发挥了重要的作用，语言使其融入特定的社群，教育使其成为真正的社会人。社会符号学中的“社会结构”指的是权势和社会功能的秩序，二者在不同的社会阶层、民族和群体中呈现分布不均衡状态，这种不均衡会作用于语言（丁建新，2007，pp. 95－96），进而影响社会人，具体体现为：区分社会人的社会功能，明确其在家庭和社会中的不同角色，并通过规定情景中的意义与意义风格作用于社会人；通过社会等级差异影响语言，使其产生差别；作用于语域，使具体的社会语境产生意义（Halliday，2007，pp. 185－186）。

在社会结构的作用下，每个进入社会的个体人都扮演不同的角色，角色化后，这一社会人就要按其所属社会阶层和所在社会情景来言语、行为。具体说来，就是在特定的活动场合（语场）中，根据不同的人际关系（语旨），运用合适的言语表达方式（语式）与在场的其他社会人交流。译者就是一类生活在某一社会中的掌握多种语言及其相应文化的社会人。在社会结构的影响下，译者在家庭和社会中发挥不同作用，占据不同角色，角色间是相互依存和补充的关系，如父母、子女、同事、朋友、译者、诗人、作家、革命家、教育家、思想家，等等。根据译者与其他社会人的不同关系，某一个角色凸显，其他角色处于暂时隐形状态。翻译活动中，译者这一角色成为这类社会人的主导角色，与更多的甚至不在同一时空的其他社会角色（作者或者其他译者）发生关联，与他们依存互动。翻译过程中译者始终遵守与其地位身份相一致的权利、义务规范，并践行相应的行为模式。翻译是人类最复杂的社会活动之一，在不同的阶段，译者还会因活动内容的不同衍生出一些伴随或者辅助角色，帮助其更好地完成翻译活动，因此，译者本身就是一个角色集，在翻译活动中时时在不同角色间调整、变换和转化。斐洛（J. Philo）评价《旧约》的72名希腊语译者时，就认为他们成功地扮演了“先知和布道者”的角色（曹明伦，2016，p. 113）。

自翻译活动存在以来，译者这一角色便存在。西方的译者可追溯至公元前3世纪的圣经翻译。在我国，西汉戴德在《礼记》中就曾提及古代文献中用“寄”“象”“狄鞮”和“译”来称谓有关外事的官衔（1912—1949，

p. 41）。早期的翻译多以口头形式进行，真正有文字记载的翻译活动始于西汉末年的佛经翻译。译者角色由来已久，但在很长的时期内受翻译文学在译语文化中的从属地位和“忠实性”翻译理念的影响（吴波，2004，pp. 38 - 39），译者处于隐形状态，未引起翻译研究者的关注，遑论对其作理论探究。虽偶有学者强调译者的独特创造力，如西方的西塞罗（M. T. Cicero）、哲罗姆（St. Jerome）、阿雷蒂诺（P. Aretino）、雅克·阿米欧（Jacques Amyot）等（谭载喜，1991，pp. 68 - 89），我国林纾和严复也曾在作品中阐释个人的翻译动机和方法，但无人认为译者可超越作者。直到20世纪七八十年代，翻译研究迎来文化转向，译者从边缘地位慢慢向翻译中心靠拢，直至可主导整个翻译活动，译者的主体性得到前所未有的彰显。随着建构主义思想渗入翻译研究，学界从主体间性的角度研究译者，限制了译者主体性的发挥度，但“谁是翻译主体”的问题仍然存在较大争议。有些学者，如屠国元等（2003）、罗小姝等（2007）认为作者、译者和读者都是翻译主体，译者是中心主体，作者和译者是边缘主体；还有学者如陈大亮（2004），认为翻译中只有译者一个主体，作者是创作主体，读者是接受主体，三者各司其职。上述对译者地位和身份的考察都被涵盖在译学研究之下，是以语文学、语言学、文化学、解构主义、建构主义等学科对翻译的研究为基础，并未对译者做独立的本体研究。

20世纪60年代，Gustavo Pérez Firmat、Sherry Simon、Eva Hung和Edwin Gentzler等探讨了翻译与民族身份、文化身份、文学身份和性别身份之间的关系，开启了译者身份的研究（谭载喜，2011，p. 120）。21世纪以来，Hubscher-Davidso、Johnsen、Cifuentes-Ferez、Shih、Khalaf、Liang、Aktener、Carter、Seracini等人比较关注译者行为，但大多考察译者行为规律、译者决策和思维等（陈静，黄鹂鸣，尚小晴，2021，p. 119），并未对译者角色做专门论述。国内对这一话题的关注始于21世纪初，译者身份和角色研究位于译者行为研究的总体框架下，近十年呈现上升趋势。初期研究属于译者多重身份和角色的发现研究，如田德蓓（2000）、封宗信（2003）、陆钰明（2006）、陈月红（2006）、杨登新等（2007）、蒋林（2008），等等，以文学翻译为考察对象，分析译者作为“原文读者和译文创作者”“合作者和再作者”的双重身份，以及译者作为“读者、作者、创造者和研究者”“模仿者与创造者、原作者的仆人和译作的主人、学者与诗人”“选择翻译策略的交际者和决策者、具体翻译层面的阐释者和创新者”的多重身份，指明译者在翻译各阶段发挥不同作用，唯有认清自身是双重或多重身份的统一体，在遭遇异域文化时保留自己的文化身份，才能保证译本的质量，其翻译研究与实践才能有所突破和发展。也有人认为译者只有一个角色——创造者，译者应享有充分的自由创造空间，可利用各种方式，深入挖掘并呈现原文的深层含义，如李敏等（2009）、吴远庆等（2009）。

近十年，研究者们注重对译者角色本体的理论剖析。谭载喜认为“译者角色”即“译者身份”，且译者可扮演无数角色（2010，p. 202）。次年，谭载喜将“译者比喻”从“翻译比喻”中剥离出来，通过解码“译者比喻”，认为译者身份有主次之分，前者是根本，具有恒常性，失去它，社会行为人就脱离译者范围；后者是变体，是前者在翻译过程中的表现形式（2011）。2014 年，于艳玲在承认译者的基本角色和次要角色的前提下，分析了译者职业的社会性引发的角色冲突，并建议加强翻译伦理研究，以改善译者角色间冲突。同年，周领顺辨析了“身份”与“角色”的差异[①]，认为前者是语码转换者的特征，属翻译的范畴；后者是译者作为社会性表演者的特征，应对社会需求，应用翻译中译者的角色化过程更明显。据笔者查，国内译者行为研究的集大成者为周领顺，他就该领域发文 70 多篇，出版专著 2 部。周领顺将译者身份的研究扩展到应用翻译领域，并提出“求真－务实”连续统，对译者在翻译内和翻译外的译者身份和译者角色进行深入细致的分析。受其影响，学界近期的发文多探讨译者在翻译内和翻译外的角色互动，如曹明伦（2016）分析了语域影响下儿童文学译者扮演的社会角色；王菲（2018）分析了新闻编译中译者所充当的译者和编辑的双重角色，以及二者间的竞争与合作；朱峰（2019）通过分析典籍翻译中副文本的内容和呈现方式，指明译者具有“译者＋学者＋评注者＋文献消费者＋文化协调者＋文化创造者”的融合身份，并且融合身份决定了译者翻译策略。

总的来说，国内对译者角色的研究日趋深入，但规模尚小，角度有限，我们应该借鉴更多学科，如认知学、符号学、阐释学的成果，从更多元的、更广阔的视角对译者角色展开本质研究与参照研究，更客观准确地认识译者的本质，促进翻译伦理和翻译标准等相关范畴的研究，推动翻译理论的发展。

---

① 根据《现代汉语词典》对“身份”和“角色”的定义，周领顺认为二者存在差异。从符号学角度看，“身份”和“角色”都是符号，用来再现社会人的某些方面的特征，由此使个体成为与自身有关联但又不同的“另一个”社会人；从米德对“角色”的界定和韩礼德对“社会结构”和“社会人”的界定来看，“角色”与“身份”基本相同。本文与多数研究者一致，使用“角色”一词。

二、译者角色的演变

纵观中外翻译史，译者的地位和角色可谓跌宕起伏、瞬息万变。在西方，圣经翻译中的译者被比喻为传声筒；文艺复兴时期，由于罗马人对希腊文化的掠夺和侵略态度，译者成了侵略者；17 世纪以来，随着翻译界对异域语言文化地位看法的改变，译者又开始分侍二主；结构主义时期，语言的确定性得到关注，强调语言符号之间的转换规律，译者成为语码转换机器；20 世纪中后期，文化学渗入翻译研究，刺激了后现代翻译理论的发展，译者挣脱了所有束缚，成为解放者和改写者。在中国，译者虽没有如此生动的形象变化，但通过翻译标准同样可以发现译者曾经扮演的角色，如案本、求信、神似、化境等都强调忠实于原作，译者始终扮演着“隐形人”的角色；直到改革开放以后，译者的主体性才得到张扬，地位逐渐彰显。（廖晶，朱献珑，2005，pp. 14－18）乍看上去，这些对译者角色及其演变的界定与分析都有理有据，原文本的特殊性、语言观和文化观的渗透、翻译标准、民族的文化心态和思维哲学等都会作用于翻译实践和理论研究，进而影响对译者角色的判定。但从社会符号学角度来看，上述种种界定都没有从翻译的实质出发，也没能体现译者的本质。下面我们从“社会结构”和“社会人”这两个概念出发，分析上述形象设定的片面性，探讨译者角色演变的根本原因。

韩礼德定义的“社会结构”具有一定的时空局限性，只针对具体社会。我们生活在“地球村”时代，受人类命运共同体意识影响，世界成为社会，各个国家或民族成为社会人。根据经济、科技和文明等的发展状况，国家与民族之间同样存在功能和秩序的不平衡。从广义的社会结构来看，在世界范围内，翻译的使命始终是根据不同时期国家间的强弱态势输入和输出文明，大多是从强势流向弱势，促进文明的发展和进步。翻译发挥着文明调节器的作用，译者自然就成为文明调节者。在特定的历史时期，根据不同的翻译目的，译者发挥了不同的作用。从狭义的社会结构来说，在某一个国家或民族的内部，翻译的实际状况和发展趋势同样受到社会结构的影响，主要体现为宏观层面的意识形态对译者选材的影响。译者可以顺主流意识形态之势而下，为社会发展推波助澜，也可以迎主流意识形态而上，力图改变，引领社会进步。明末清初“西学东渐”之势正盛，辜鸿铭反其道而行之，开始对外翻译中华典籍，旨在改变西方读者对中国文明的偏见和对中华民族的歧视，进而劝西方放弃侵略中华之策；在微观层面上，社会结构通过主流诗学来影响译者的翻译策略和表达方式。如庞德（E. Pound）采用拆字法来翻译儒家典籍，重“象”轻“意”，正是受了意象主义运动诗学风格的影响。

社会人的身份会对译者在特定情境中的言语行为加以规定和限制，但不会抹杀译者作为个体人的鲜活特质，译者在翻译活动中必定体现出主体性，只是受各种主客观因素的影响，在不同类型的翻译中和翻译的不同阶段所体现的强度不等。结构主义范式下的翻译研究关注语言中的同构现象，认为翻译的最终目的就是实现不同语言中同构关系的替换。这种将翻译研究放在“真空”环境下来剥夺译者主体性的理念是毫无道理的。一方面，语言作为一种符号，其产生、发展和发挥作用均受到时代、历史、民族、意识形态等因素影响，绝对的同构关系在不同的语言中不可能存在，语言自身的离散性、模糊性和多功能性也使得译者在符号转换的过程中面临着多种选择，翻译实践中译者的选择恰恰体现了其自身的主体性。另一方面，译者只有原始冲动，仅满足个人需要也是不够的，因为作为社会人，他要扮演好特定的角色，完成特定的行为，达到特定的目的——使异域文明成果在译语国家得到顺利传播，得到预期读者的接受并喜爱。因此，译者的选择不能仅限于符合自身的审美情趣，否则翻译就不成其为翻译。语文学范式下的翻译研究认为译者可以凭借主观直觉凌驾于文本之上，显然是不客观的。

韩礼德所谓的“社会”并非由一个个独立的参与者构成，而是像蛛网一样，由关系联结而成，社会人之间相互依存、相互影响（Halliday, 2001, p. 14）。译者参与翻译活动，与其他社会人发生关系。在翻译的不同阶段，译者扮演着读者、阐释者和译文作者等不同角色，随着角色的转换，译者的主体性也逐步得到提升，但不能据此认为译者是翻译的中心和唯一主体。解构主义宣称“作者死了”，解构了原文本的意义，否定翻译活动中其他社会人的参与和作用，认为译者可以任意操纵和改写原文，这就斩断了译者周围的社会联系，从根本上否定了译者的社会人身份，使译者不再存在，翻译无法进行。

从社会符号学角度来看，翻译这一社会活动产生的动力源自社会结构，译者所采用的翻译策略和翻译方法也都要受到社会结构的影响。译者作为社会人，处于不同的符号关系中，扮演着不同的角色，在整个翻译过程中自身的多个角色协同作战，同时，也要与关系中的其他社会人协商共赢。因此，不能将翻译看作纯语言转换活动，隐藏文明流动趋势，遮蔽译者作为调解人的作用；也不能只凭借译者的翻译策略、翻译方法或者译文的表达方式而武断地界定译者的角色，因为那可能只是“千面人”的一面；更不能否定译者的社会人本质，任意切断他与一些社会人的联系，迫使其依附或迎合另一些社会人。应该从多元和多级的视角客观描述译者的角色，肯定其作为自然人的鲜活性和主体性，更重视译者作为社会人的本质，发掘其与周遭的关联性以及在特定活动中的受制性。

三、译者多维角色的描述

社会符号学是韩礼德以系统功能语言学为基础发展起来的符号学分支学科。系统功能语言学改变了形式主义框架内对语言的封闭、静止的心理学研究路径，而开始从功能主义和社会学视角研究语言。相应的，社会符号学与以结构主义为基础的索绪尔符号学也具有对立性，前者重视话语，关注符号的历时研究，以“三元进路”为主；后者则重视语言，关注符号的共时研究，以“二元进路”为主。可见，二者属于相反的研究模式。

20 世纪 70 年代以后，所有做出成绩的符号学者都或多或少受到皮尔斯（C. S. Peirce）思想的启发（赵毅衡，2014，p. 10），韩礼德也不例外。皮尔斯曾说：“一个人并不是绝对的个体，他的思想是对另一个自我的言说，随着时间的流逝，另一个自我会进入生活”（CP 5. 421），即“自我”隶属于某个社群或社会，与社会符号学中的“社会人”概念无二。皮尔斯将符号界定为“相对于某人在某个方面能代替（代表、表现）他物的某种东西”（霍克斯，1978，p. 130），认为符号是由“再现体”（representamen）、“对象”（object）和“解释项”（interpretant）构成的三位一体（CP 8. 342）。

符号或再现体是可能性存在，是独立自在的存在样式，无关其他事物，是一种感觉质，属第一性；对象往往涉及他者，是相对的存在形式，是一种实际存在或者事实，属第二性；解释项起到连接第一项和第二项的作用，属第三性。（皮尔斯，2014，pp. 14 - 24）“解释项”这一概念的引入使符号具有了动态。皮尔斯认为解释项内容丰富，是符号接收者根据符号产生的思想、反应或对符号进行的解释等（CP 5. 284）。他进一步将解释项分成“意向解释项”（intentional interpretant）、“效力解释项”（effectual interpretant）和“交际解释项”（communicational interpretant）（CP 4. 535），其中的“交际解释项”又称为“最终解释项”，往往体现为法则、习惯和规律等，由“探究社群”足够多的探究形成（CP 8. 814）。可见，皮尔斯符号学中的符号是使用中的符号，符号得以存在正在于人对其意义的不断追求和衍义，这种探索行为发生在社会中，具有社群性，而符号的最终意义趋向于被这一社会群体统一认定的意义。解释者对符号的解释会存在差异，受“我们过去生活经历的认知结果”影响（CP 2.84），也可以说受社会人成长环境，即所处社会结构影响。符号过程就是符号不断被解释的过程；如果说“解释就是翻译”，那么符号过程就是符号不断被翻译的过程。从社会符号学角度来看，翻译活动就是译者这一社会人在社会结构作用下进行的符号解释过程。

作为社会人，译者生存的环境既包括物质世界和精神世界，也包括其他人，是一个多维空间。译者不仅与客观物质世界中的语言和文本等相关联，还与翻译活动中的其他社会人，如作者、原文读者、译文读者、赞助商、出版商等有着直接或间接的联系。以皮尔斯的符号三位一体模型为基础，我们可以得到如下包含译者的翻译三位一体模型图：

（1）作者与译者的社会符号关系：译者通过译文成为作者的符号/再现体，见图1。

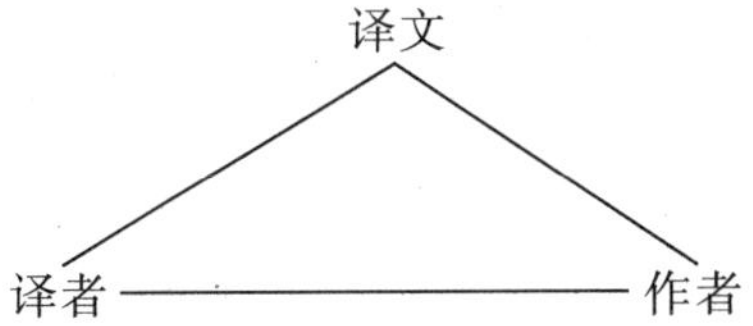

图1　翻译三位一体模型（作者与译者）

（2）译文、原文与原语文化、目的语文化的社会符号关系：译文通过译者成为原文和双语文化的符号/再现体，见图2。

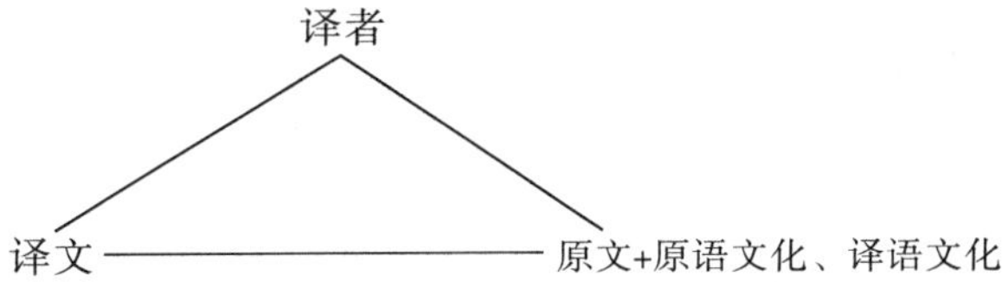

图2　翻译三位一体模型（译文、原文与原语文化、目的语文化）

翻译三位一体模型图中译者和译文作为第一项出现在符号解释过程中，表现为一种可能性。在未能表征作者、原文、原语文化和译语文化的情况下，二者作为一种符号独立存在。译者只是掌握双语、熟知双语文化的某类社会人，处在某种社会结构中，而译文存在于译者的头脑中，呈现为碎片化的话语或知识图谱，等待着译者随时抽取，用来表征某一具体对象。图1中的作者是对象，作为第二项，决定（specialized，指被专门化或限定）（Peirce，1998，p.497）译者，并间接地决定译文。皮尔斯又提出“直接对象”

（immediate object）和“动力对象”（dynamic object）的概念，直接对象指符号自身的本质信息，而动力对象是“符号使用者关于生活世界的一般知识”（丁尔苏，2012，p. 56），是符号使用者所具有的与该符号相关的知识集合体。也就是说，作者使译者由潜在译者成为具体翻译中专门化的、实际存在的翻译主体，但译者只是在某些方面表征作者，并使译文（解释项）在某个特定的点上指向作者的某种风格或形象。如郭沫若通过翻译雪莱（P. B. Shelley）的诗文，表征了雪莱反专制革命战士的形象。再如严复将赫胥黎（A. L. Huxley）关于生物进化原理的《进化论与伦理学》翻译成时政警文《天演论》，通过在译文中将社会变革类比为自然界的“适者生存、物竞天择”，表征改革者的形象，震动了当时中国的思想界。

图2中的原文、原语文化和译语文化是第二项，是对象，由译文表征，解释项是译者，将原文、原语文化、译语文化与译文连接起来。在整个符号过程中，符号必须再现对象的某种品质，即符号与对象间必定共享某种品质，这种品质是符号与解释项之间的连接媒介，限定了解释项对这一品质的衍义路径（CP 2. 49）。进入翻译过程后，由于原文的存在，原本在译者头脑中的碎片化话语和知识图谱开始组合、成形，译文逐渐由感觉质变清晰，与原文在内容或者形式上保持同质。相应的，原文中的原语文化也会以某种形式再现在译文中，同时，为使译文在译语文化中顺利传播，译语文化的品质也会部分再现。译文的语言属于兼具原语和译语特点的间性语言，而译文内所呈现的文化也是一种“交互文化”（Pym，1998，p. 177）。为使译文与原文、原语文化、译语文化共享某种品质，译者就要通过各种手段使直接对象（原文和双语文化中的固有信息）与动力对象（译者具有的与其相关的认知信息）尽量贴合，减少效力解释项（译者的理解）与意向解释项（作者的意思）之间的差异，并使效力解释项不断趋向于最终解释项（得到译文读者和译语文化肯定的意义），直至融合，实现共同解释项的三元传播（赵星植，2017，p. 94）。

皮尔斯除了对符号三项进行划分外，还依据符号三要素间的关系，将符号进一步分为若干类别，常见的有如下三类：第一类，根据符号自身的呈现方式，分为质符（qualisign）、单符（sinsign）和型符（legisign）；第二类，反映符号与对象项之间关系的像似符（icon）、指示符（index）和规约符（symbol）；第三类，反映符号与解释项之间关系的呈符（rheme）、申符（dicent）和论符（argument）（CP 2. 243 -252）。具体见表1：

表 1　皮尔斯对符号的分类

—	再现体/符号	对象	解释项
再现体/符号	质符	像似符	呈符
对象	单符	指示符	申符
解释项	型符	象征符	论符

从翻译三位一体模型图 2 可知，译者既是再现体，又是解释项。根据表 1，每一项又可分出三位。译者作为再现体，就可分出质符、单符和型符三个下位符号；译者作为解释项，又可分出呈符、申符和论符三个下位符号，具体见表 2：

表 2　对应皮尔斯符号分类的翻译三位一体

翻译过程		再现体（译者）		解释项（译者）
译前	再现体（译者）	质符	再现体（译文）	呈符
译中	对象（作者）	单符	对象（原作、原语文化、译语文化）	申符
译后	解释项（译文）	型符	解释项（译者）	论符

译者作为再现体，在整个翻译过程中通过译文代表作者这一对象，是作者在译语文化中的形象化表征者。同时，译者作为解释项，共享译文与原文、原语文化和译语文化之间的共同品质。上述二者是译者最基本的角色，贯穿翻译始终。具体到翻译过程的不同阶段，受其阶段性工作内容的影响，译者又会扮演各种下位角色，即伴随角色或辅助角色。

译前，所有懂原文和原语文化并具备阅读能力和表达能力的读者都有成为译者的可能，他们每个人都是潜在译者，是质符，一种感觉质，但还不是实际存在的、针对作者这一对象的真正符号。译者作为有一定阅历的社会人，头脑中存在大量各种各样的符号系统，这些符号系统可以被随意组合，所以，此阶段的译文在指代原作、原语文化和译语文化上具有模糊性和零散性，无关真假，无关对错，但限定了对符号意义解读的路径和选择的基本范围，是一种感觉质呈符（皮尔斯，2014，p. 50）。

译中，译者进入基本角色，成为类符号，表征具体的作者，传递有关作者特性的信息，成为具体的存在，代表作者与读者展开交流（对于笔译来说是虚拟交流）。每一个译者都通过与自身相关的语域（具体翻译活动中的时间、地点和主客体间关系）成为众多译者中的一个，他们之间不具有像似性，哪怕是同时代、同民族的译者。不同译者并不通过相互模仿来完成翻译任务，而是在把握原文意义和作者意图的基础上，提取原文和原语文化的信息，根据翻译目的，调取个人认知经验中的相关信息，结合译语文化的惯习，选择合适的表达方式再现原作。译文饱含着译者的气息，很多经典名著不断重译的原因可能也在于此。因此，每位译者都是特定时空中的独立个体，表征着作者的某个形象，是单符。每一个译者的译文都是原文的变体，它们都指向原文，具有来自原文稳定不变的意义核。原文的这种不变意义核在不同的译者面前保持着共同的品质，就如同本雅明（W. Benjamin）所说的“种子”逻辑，给译文发出成长的指令，“长成”的译文虽不能与原文完全一致，但必定源自原文，是其结果，不可能完全偏离原文（金敬红，2011，p. 171）。因与具体的原文、原语文化、译语文化相对应，译者头脑中的呈符便会逐渐失去模糊性，所作解释与具体语境相关联，确定性得到提升，由此，作为申符的具体译文出现。此时的译文毕竟是每个译者个人经验认知的结果，属于个别的体验，尚不能全面和准确地表征对象。

译后，所有译者的译文都共享原文和原语文化、译语文化的品质，是原文的一般类型符号，具有型符的特征。这时，译者的辅助角色——校验者或者编辑者开始发挥主导作用。从单个译者的翻译校验活动来看，译者参照原文核对译文，针对预期读者调整表述，逐渐趋向最终解释项，这时译者是论符，由辅助角色转化为主导角色；同一作品的不同译者根据各自的翻译目的，结合个人的理解，对不同的申符（不同译者的译文）进行比较论证，论证的结果就是得出一个更高层次的解释项——最终解释项，使读者能更好地把握作者的思想和原文的意思，进而达到视阈融合，产生共鸣。

四、结语

社会符号学视角下的翻译行为不是单纯的语码转换活动，而是一种文化交流和文明传输的途径，会受到宏观的社会结构中文化强弱态势的影响，同时又受到微观的社会结构中主流意识形态和诗学的影响。社会结构通过语言作用于社会人，使译者成为家庭和社会中的角色集合。译者的主体性在翻译活动内外都会得到体现和延伸，在不同的历史时期和不同的翻译阶段，其角色化呈现出多维性。角色化的译者行为所产生的译文自然也是角色化了的译文（周领顺，2014，p. 22），因为具体社会情境中参与符号活动的社会人及其相互关系被社会结构赋予了独特的意义，作为符号的译文必定体现这种意义，严复所译《天演论》即为明证。基于此，我们认为翻译标准应该是多元的、描述性的，每个译文都是原文在特定时间和空间中的一个动态解释的结果，带有局限性和阶段性。随着译者比较论证工作的推进，我们必定会在未来得到一个更高级的解释项，更趋近完美的符号效果，并为不同阶段的解释提供一个评判的标准。

引用文献：

边英杰，陈皆明（2013）．社会学概论．北京：高等教育出版社．

曹明伦（2016）．语域再现和译者的虚拟社会角色——兼谈儿童文学作品的翻译．中国翻译，1，112－115．

陈大亮（2004）．谁是翻译主体．中国翻译，2，3－7．

陈静，黄鹂鸣，尚小晴（2021）．国内译者行为研究 20 年可视化分析．外国语文，6，113－121．

陈月红（2006）．从语篇翻译过程看译者的角色定位．湘南学院学报，4，48－55．

戴德（1912－1949）．四部丛刊·大戴礼记一．上海：商务印书馆．

丁尔苏（2012）．符号与意义．南京：南京大学出版社．

丁建新（2007）．叙事的批评话语分析：社会符号学模式．重庆：重庆大学出版社．

封宗信（2003）．文学语篇的多重结构与译者的多重角色．中国翻译，3，29－31．

霍克斯，特伦斯．（1978）．结构主义和符号学（瞿铁鹏，译）．上海：上海译文出版社．

蒋林（2008）．后殖民视域：文化翻译与译者的定位．南京社会科学，6，146－151．

金敬红（2011）．本杰明视角下译者地位的重构．东北大学学报（社会科学版），2，168－172．

李敏，陈梅霞（2009）．从海德格尔本体论角度探讨翻译的“还原”——杨必《名利场》译文个案分析．宁夏大学学报（人文社会科学版），6，161－165．

廖晶，朱献珑（2005）．论译者身份——从翻译理念的演变谈起．中国翻译，3，14－19．

陆钰明（2006）．论诗歌译者的多重角色．上海大学学报（社会科学版），6，139－143．

罗小姝，杨红（2007）．论翻译的主体——译者．云南师范大学学报（哲学社会科学版），4，130－134．

皮尔斯（2014）．皮尔斯：论符号（赵星植，译）．成都：四川大学出版社．

谭载喜（1991）．西方翻译简史．北京：商务印书馆．

谭载喜（2010）．比喻话语与翻译认知：一个跨文化的视角．载于任东升（编）．翻译学理论的系统构建．上海：上海外语教育出版社．

谭载喜（2011）．译者比喻与译者身份．暨南学报（哲学社会科学版），3，116－123．

田德蓓（2000）. 论译者的身份. 中国翻译, 6, 20－24.

屠国元, 朱献珑（2003）. 译者主体性: 阐释学的阐释. 中国翻译, 6, 8－14.

王菲（2018）. 传播媒介中译者形象的凸显及其社会化角色. 青年记者, 9, 41－42.

吴波（2004）. 译者地位边缘化成因及其对策初探. 国外外语教学, 1, 38－41.

吴远庆, 张福勇（2009）. 译者的角色: 水下冰山的发掘者——以海明威短篇小说《大双心河》的翻译为例. 外语与外语教学, 7, 52－55.

杨登新, 李小敬, 井爱丽（2007）. 趋同与关联制约下的创造性叛逆——从译者的双重角色发起的革命. 四川外语学院学报, 3, 67－71.

于艳玲（2014）. 社会角色视域下译者的立体性角色解析. 武汉理工大学学报（社会科学版）, 5, 929－932.

赵星植（2017）. 论皮尔斯符号学中的传播学思想. 国际新闻界, 6, 87－104.

赵毅衡（2014）. 回到皮尔斯. 符号与传媒, 2, 1－12.

周领顺（2014）. 应用翻译之译者角色化行为分析. 当代外语研究, 2, 21－24.

朱峰（2019）. 深度翻译中的译者角色于翻译策略. 中国文化研究, 冬卷, 149－159.

Halliday, M. A. K. (2001). *Language as Social Semiotic: The Social Interpretation of Language and Meaning*. Beijing: Foreign Language Teaching and Research Press.

Halliday, M. A. K. (2007). *Language and Society*. Beijing: Beijing University Press.

Nida, E. (1982). *Translating Meaning*. California: San Dimas.

Peirce, C. S. (1931－1958). *Collected Papers of Charles Sanders Peirce*. Cambridge: Harvard University Press.

Peirce, C. S. (1998). *The Essential Peirce: Selected Philosophical Writings*. Bloomington & Indianapolis: Indiana University Press.

Pym, A. (1998). *Method in Translation on History*. Manchester: St. Jerome Publishing Ltd.

作者简介：

佟颖，博士，天津外国语大学欧语学院副教授，研究方向为社会符号学、翻译理论与实践、典籍翻译。

Author:

Tong Ying, Ph. D., associate professor of European Language School, Tianjin Foreign Studies University. Her research fields include socio-semiotics, translation theory and practice, and translation of classics.

Email: 19463808@ qq. com

书评

学术建制与理论拓展：评刘涛《视觉修辞学》

汤 黎

书名：视觉修辞学
作者：刘涛
出版社：北京大学出版社
出版时间：2021 年
ISBN：9787301320648
DOI：10. 13760/b. cnki. sam. 202202020

自 20 世纪 90 年代中期视觉文化转向起，随着新兴媒介的不断增殖，超文本和网络话语等新文本形态在社会语境中呈爆发之态。丹尼尔·贝尔指出，在后现代的语境中，视觉观念占统治地位；在一个大众的社会里，图像不可避免地成为美学的统率力量。（1992，p. 351）在高度视觉化的文化语境下，图像成为文化生产、传播和接受活动的重要场域，视觉因素则成其创造、表征和传递意义的重要手段。在当下“时空凝缩”和“景观社会”之修辞语境中，各种纷繁复杂的文本需要有与之相对应的修辞理论体系；由此，视觉修辞学这一跨学科理论话语的发展显得尤为迫切。视觉文化的发展促使了修辞学知识体系的内涵重构，从线性认知逻辑的语言修辞范式转型为动态和多维的复合型修辞范式。视觉修辞探寻视觉符号如何形成于思维，分析图像如何在消费文化的语境中被生产、运用和阐释。跨学科的视觉修辞学是理解和分析当下语境中种种社会文化现象并解读其交互主体性融会的有效策略。然而，从目前学界的研究状况来看，囿于视觉文化的复杂性和传统修辞理论在当下语境下阐释有效性减弱等因素，视觉修辞的学术建制还未能形成完善的体系。

在此种背景下，刘涛所著《视觉修辞学》一书的出版具有突破性的意义。

一、基于传统修辞学之上的视觉修辞学理论构建

本书开篇即指出，视觉修辞学是以视觉文本为修辞对象的修辞学知识体系（刘涛，2021，p. 1）。视觉修辞学发端于20世纪60年代，在修辞学领域的“图像转向”语境中逐渐壮大，并于21世纪初出现了成为一门显学的趋势。若要对从零散到日益体系化的视觉修辞研究在历时和共时层面进行爬梳，首先需要从理论问题、修辞议题和学术机构三个方面来对视觉修辞进行学术溯源。本书从对新修辞学的出现、视觉传播的兴起、学术团体的认可这三个标志性学术事件的追溯开始，梳理了视觉修辞学术脉络上的各重要节点，阐释了视觉修辞意义机制之两大主要路径：视觉修辞的符号学解释路径和修辞学解释路径。基于对视觉修辞之学术谱系的考察，本书的开创性意义得以展现：力图改变视觉修辞学目前理论单薄的状况，在梳理和拓展视觉修辞学的认识论和方法论之上科学和系统地完善视觉修辞学的理论体系，并结合中国的学术传统、思想体系和社会现实对西方的视觉修辞研究进行本土化改进，由此使其真正在学科建制的意义上成为一门学科甚至是显学。

视觉在对世界进行感官认知、建构和协调意义、人类共存和交流等方面都起到了关键作用（Aczel，2016，p. 69）。米切尔指出，文化的历史部分地是图像符号和语言符号争夺主导话语权的延展式争斗的历史（1986，p. 43）。“学界对视觉研究持续上升的兴趣表明了这样一个文化现实：图像业已成为20世纪信息传播的主导途径；此种情况可能甚至会持续到21世纪。”（Heller，1996）在视觉修辞研究中，文字和图像、语言文本和视觉文本、印刷文化和视觉文化等新旧研究范式的研究侧重对象是互相渗透、互文对话的关系，既互相重叠又相互矛盾。

修辞学具有持续对话性，修辞传统在理解我们周遭的符号影响如何能够在人类不可逃脱的语境中激励人类行为方面是极为有效的资源。在后现代语境中，将所有话语视为劝服手段的修辞学重获生机；语言研究从语法向修辞转向也使得修辞学的重要性重新凸显。视觉修辞学的发端、发展同广义修辞学的蓬勃发展具有密切关系，这种新修辞学认为修辞是认知性的。在这样的理解范式中，“视觉实践及其象征行动被赋予了一种全新的内涵和意义”（刘涛，2021，p. 363）。飞速发展的技术使物质条件和社会条件持续多样化，此种变化激发了新修辞学的蓬勃发展；修辞学的多样性也在此语境中得到了充

分体现。复杂的物质条件和社会条件需要视觉修辞学不断从各种学科中汲取养分，保持其对实践阐释的有效性。

罗兰·巴尔特有关视觉修辞的观点可谓为视觉修辞学的出现起到了先锋性的作用。他聚焦于不可见的劝服形式，这可以在他关于“刺点”和“展面”的观点中得到体现。“刺点”如同伤痕，带有隐喻式的、扩展的力量；而照片中呈现的“它曾是”的时间就如“刺点”，是具有文化意义的伤痕（巴特，2003，p. 149）。“展面”与“刺点”之间是幽灵式的互文和对立关系：“刺点”的增补寄生于“展面”的空间之中（Derrida，2001，p. 42）。照片犹如缝合了“展面”与“刺点”、生与死、在场与缺场、自我与他者等二元对立。他的理论对视觉修辞学的发展有着重要的推进作用。在《影像的修辞》（Rhetoric of the Image）一文中，巴特把视觉修辞学定义为“意识形态的符号层面”。他指出，视觉文本的展示、安排和感知这三者融合而形成一个劝服性的隐含意义（2012，p. 94）。由此，语言/符号的话语可用来定义以视觉修辞为主导的符号文本之固有意识形态体系。《视觉修辞学》的理论构建之语义分析起点正是从“刺点”开始，从其符号结构与构成逻辑切入。

个体或社会以交流为目的来生产视觉符号，而视觉修辞关注其符号再现的交流过程（Foss，2004，p. 303）。基于视觉的话语比基于语言的话语更能激发受众的感知经验，因而对个体经验、主体直觉具有更多的关注。修辞学和符号学都关注视觉空间中符号的生产、传播和阐释。视觉修辞学强调，符号在其内涵和外延上都存在亟待被激活的潜在意图，为受众提供了替代性和多样化的视角。视觉修辞强调文本的偶然性；修辞文本的生产、接受和阐释同文本的生产时间、地点和生产方式等密切相关。视觉修辞学在理论上和实践上从图像、修辞等学科的知识型构、学科传统汲取养料，又脱离不了对文本语境的实践性考量。

Charles A. Hill 和 Marguerite Helmers 在《定义视觉修辞学》（*Defining Visual Rhetorics*）一书中指出，研究视觉修辞学的学者涉及“通过非书面媒介来阐释图像”（Hill & Helmers，2004，p. 18），并将视觉修辞学定义为“观看和阐释的框架性分析”（p. 65）；然而此定义忽视了视觉修辞学在文本生产层面的作用。视觉的人为制造是技术的物质产物，其生产、再生产、流通、消费等，都在个体和集体行为中得到体现（Hope，2006，p. 4）。在此复杂的意义制造过程中，视觉图像在修辞层面的审视，以及修辞、劝服和认同的聚合体，都融入视觉修辞体系中。《视觉修辞学》对于视觉修辞的研究，关注的则是视觉修辞的生产、传播、接受这一系列的动态链条。

本书首先聚焦于视觉修辞研究的学术范式，不仅回应了“修辞范式”这一修辞学命题，还对视觉修辞学的认识论和问题域进行挖掘，探寻了视觉修辞学范式的本质属性。视觉修辞理论体系中的修辞范式及其内涵作为对修辞机制的回应，其意义原理在语图关系、释义规则、隐喻/转喻这三个维度得以展现，体现视觉修辞运用的意义机制及其深层修辞结构。语图关系指视觉文本的语图结构及其互文机制，这是视觉修辞学研究的核心问题；通过对文化语境、情景语境、互文语境这三种语境形态及其互文关系的分析，可以探寻图像意义生成的底层释义系统。

在意义生产上，语言和视觉互相缠绕，可经由修辞来审视社会文化和政治体制。本书探讨了文字和图像的多媒介文本的形式意义结构，指出对视觉修辞学的认知机制可从视觉意象和视觉图式这两大理论命题来展开论述。“象”在中外文论中占有重要的一席之地。本书通过对原型意象、认知意象、符码意象这三种基本视觉意象形态及其修辞内涵的分析，论述了文化意象的生成原理、加工机制等，将西方文论的图像传统和修辞传统同中国文论诸领域的传统进行有机结合。此外，本书通过对认知心理学和认知语言学视域的考察，探寻这两者之间的关联。本书以具体的视觉化的文本形态为修辞对象，聚焦于视觉修辞学的方法论体系，考察如何对视觉文本进行策略性的使用以及如何对视觉话语进行策略性的建构，由此对视觉文本的修辞语言、活动与规律进行学理意义上的研究；从分析方法和批评方式这两大命题来探讨视觉修辞学的议题、话语、实践，并在理论构建的基础上以本土化的案例分析进行阐释；从视觉话语和文化观念两个维度，探寻视觉修辞学的批评范式和实践路径。

视觉修辞学的学术建制的一大障碍是其跨学科性。跨学科性与结构主义范式的学科疆界相悖，因而视觉修辞学不可能再以整体性、连贯性和宏大范式来展开学术建制，而是要通过视觉再现和阐释的多学科途径，进行开放、持续的学科建制。《视觉修辞学》对于视觉修辞学的建制思路正是基于此。概言之，本书从知识社会学理论视角出发，注重对观念史研究范式和路径的探索，在对图像学和修辞学进知识考古式学术史梳理的基础上，通过理论梳理、建构和实践，试图更好地把握时代的话语观念，增强其阐释有效性。

二、视觉修辞学中的权力话语与视觉修辞模型的构建

从个体和社会的层面而言，视觉修辞新形态在生产、传播和劝服等过程

中与受众和技术的关系密切相连。后现代理论认为人的主体性是去中心化、分散的。新技术让当下的交流越来越依赖于视觉再现的模式，无处不在的视觉图像渗透到各种形式的公众和个体话语中。麦克卢汉和昆廷·菲奥里指出，在电子信息时代，媒介由社会中相互依存的信息以及个体生活的方方面面重塑（McLuhan & Fiore，1967，p. 8）。此种变化让我们对各种观念、行为和机制进行重审和重估。自 20 世纪晚期起，媒介形态就综合了听觉和视觉修辞。视觉修辞的发展促进了在图像维度上多元主体之间的积极对话。换言之，图像转向为各主体提供了一个协商性的参与空间，此空间成为各权力话语展开意义争夺的场域。基于皮尔斯修辞学路径，修辞实践呈现公共性、对话性与社群性等特征（赵星植，2018，p. 166）。视觉修辞学对视觉文化语境中权力关系和身份认同、主导意识形态，对特定事件和时期的叙述和审视，对形象、凝视机制、身份或欲望的主体性审视，对公众记忆、集体身份认同和文化认同的构建等，都有着至关重要的意义。视觉修辞学通过分析多样化的视觉修辞来探寻其背后的权力话语，从而将公众的演说可视化，并由此探寻大众对社会文化的视角和观点。视觉修辞在修辞 - 阐释的处置上具有社会建构主义的倾向，以把文本置于技术再现和劝说、控制、压制、意识形态的具象化等为特征，由此揭示文本中有潜力形塑受众的感受、思维和行为的符号或策略。

在当代文化的视觉转向这一语境中，各种复杂的社会文化权力互相制约。在视觉文化时代，视觉再现的生产和分配虽然受主导意识形态的影响，但技术的普及让公众在其中有了更大的参与度。视觉修辞的“交易式经验”（transactional experience）往往处于特定的社会条件下，其劝服机制背后是深层的权力运作机制。在此种研究范式中，社会话语和个体话语之间的权力运作形成主导且被主导、互文而又冲突的张力。个体的知识话语型构同公共话语建构的知识逻辑之间的相符性和相斥性并存，社会语境中体现不同话语观念的各种争议性话题便是其表现。本书在概念生产、释义结构、跨域映射、符号意象、框架再造这几个修辞原理的基础上，沿着话语内涵、话语情景、话语再现、话语框架这几个层面展开，从“意指概念”（ideograph）、“语境”（context）、“隐喻”（metaphor）、“意象”（image）、“接合”（articulation）这五个相互关联的修辞问题切入，开创性地提出了具有视觉话语建构意义的修辞批评模型——CIMIA 模型。

在该书理论实践部分的个案研究中，以公共议题建构与传播实践中的图像事件为代表的事件文本占据了重要位置。皮尔斯认为，符号意义的生产是一种动态的互动协商行为（赵星植，2018，p. 166）。在同一文化共同体中，基于集体文化记忆和身份认同感等因素，个体对符号意义的传播与交流有着本质性特征。当符号学分析扩展为与文化批评相关的广义分析时，传统修辞学中“图像反映现实”往往就转变为了“图像应该反映现实”。相较于宏大修辞叙事而言，此种转变注重个体对图像的回应，强调修辞伦理。本书作者指出，图像政治是再造“现实”的视觉逻辑。“当前，公共议题的建构以及社会争议的形成，越来越多地诉诸图像化的方式和经验，也越来越多地依赖视觉符号的劝服实践”（刘涛，2021，p. 381）。

视觉文化时代的图像在公共舆论动员和公共议题构建中发挥了重要作用，成为个体政治话语和社会政治话语交汇的场所。为提高视觉修辞批评在新语境下的话语实践的有效性，该书建立了可供借鉴的视觉修辞批评模型。在新社会运动中，图像事件的重要性日益彰显。该书作者聚焦于修辞语言、修辞表征、修辞话语、修辞情景和修辞文化这几方面问题，从图像事件的视觉形式、符号内涵、话语原理、生态系统、文化模式这几个维度，从视觉文本语言和视觉话语实践这两个层面，建构了图像事件的修辞批评模型。如前一部分所述，本书强调了“刺点”这一概念在视觉修辞中的重要意义，在视觉景观中分析其扩张性、不稳定性、破坏性，“从而在符号聚合实践的意义上搭建了一个公共话语形成的互文语境”（刘涛，2021，p. 417）。

三、基于劝服机制探讨修辞“五艺”在视觉修辞学中的拓展

虽然目前学界对视觉修辞学的定义未达成一致，甚至在某些层面还存在相悖之处，但这些定义都强调视觉文本的修辞特征以及视觉修辞的劝服功能。传统修辞学以传统的文本形态为研究对象，其劝服机制通过对语言符号的策略性使用来实现。在视觉文化时代，随着文本形态的变化，传统视觉修辞学的劝服机制已经丧失了对新文本形态生产和传播的阐释有效性。新媒体技术的发展让文本的传播途径大大改变；在修辞实践中，劝服位于核心位置。劝服的有效性表明了吸引注意力、影响思维、唤醒情感、改变态度、提高行动效率、变换立场等交流能力。与此同时，在修辞劝服的背后有着非抽象的、感知交流的存在，此种存在中视觉是知识、经验和表达的来源（Aczel，2016，p. 70）。视觉修辞学可视为“通过劝服来挑战未来和激发变化的话语”（刘涛，2021，p. 76）。视觉修辞学的劝服机制则通过研究图像及图文之间的相互作用来实现。图像中的劝服资源，即图像结构、视觉证据、视觉比喻等，在视觉修辞学的实践中得到了充分运用。作为视觉修辞实践在劝服视域最核

心的问题，视觉劝服直接决定了图像符号在传播实践中的功能和意义（p. 347）。由此，通过开展批判性的视觉修辞批评，可以探寻劝服性话语在图像维度上的编码方式以及象征权力的图像化生产机制。如要更有效地发挥视觉修辞学的实践作用，最关键的命题是发挥和利用视觉修辞的劝服功能，实现图像维度上的权力或利益目的（p. 348）。《视觉修辞学》立足当下的修辞情景和传播实践，发掘了传统“修辞五艺”的协同机制和对话结构，并对视觉话语和图像事件进行具体的个案研究，使其在理论创新和本土实践上都焕发生机。

该书作者认为，修辞“五艺”这一传统修辞学的重要思想遗产仍然是视觉修辞学的重要理论资源，对当下的视觉文化现象分析仍然有实践意义。如何从传统理论中发掘资源，让其重新焕发生机，使其适应新的传播环境？该书通过对传统修辞“五艺”之内涵进行借鉴、反思与拓展，为视觉修辞学研究做出了标志性的贡献。作者以《人民日报》发布的庆祝中华人民共和国成立70周年的H5作品《复兴大道70号》为案例，对“修辞五艺”即修辞发明、修辞谋篇、修辞文体、修辞记忆、修辞发表这五个话语视角进行适应新语境的实践更新。《复兴大道70号》选取了重大事件的焦点时刻为叙事对象，在修辞发明层面具有很大的研究意义。该作品采用了时间叙事作为修辞谋篇的主要逻辑，注重个体体验和宏观叙事的有机结合，将对市井画面的呈现融进了国家层面的历史叙述中。由此，该作品在修辞美学上既大气磅礴，又不失细微刻画，呈现了修辞文体的丰富性。在对该作品在修辞记忆维度的分析上，作者创新地重新审视了视觉修辞体系中的修辞记忆这一重要问题。文本生产者及接受者的记忆问题与修辞效果息息相关，能否对记忆问题进行有效的挖掘和分析体现了修辞的劝服技巧高明与否。《复兴大道70号》有别于传统的视觉文本，所采取的H5技术运用数字媒介与受众进行互动，通过增强参与感来增强了文本接受者的记忆，而受众记忆的增强也加深了该作品在宏大维度的媒介记忆与社会记忆。正如作者所言，“修辞者往往扮演着记忆代理者的角色，即通过文本生产来影响并调适一个时代的记忆方式”（刘涛，2021，p. 359）。在修辞发表的创新层面，《复兴大道70号》呈现了渠道融合与跨媒介叙事融合的格局。

从以上的个案分析可见，作者对传统“修辞五艺”在新的理论背景和社会语境下的重审与拓展，不仅在理论构建上具有重要的学术意义，在实践层面上也具有相当的有效性。通过挖掘“修辞五艺”在视觉传播语境下的新特征和新内涵，该书作者构建了由修辞发明、修辞叙事、修辞美学、修辞效果、修辞传播这五个维度构成的视觉修辞批评框架。在此框架中，话语建构、文本结构、形式语言、符号功能、传播策略这五个修辞批评内含的主要问题与上述五个维度一一对应，指向一个完整的修辞过程。

结　语

当下社会语境中，随着修辞再现的多样化，修辞批评不再以传统的文字文本为主要研究对象。它超越了意图论和工具论的阈限，深入扩展到社会文化实践、个体和集体无意识、认同体系和本体论系统层面。在日常生活世界的意义实践中，视觉修辞学从其宽广的社会视野来探索视觉秩序和修辞秩序的社会学和政治的经验性承诺。正如作者在后记中指出，视觉修辞研究应在理论和思辨层面之上注重其在当下社会语境中的实践。视觉修辞学的发展能帮助我们更好地理解视觉符号的话语实践和把握视觉话语生成的修辞原理，有助于图像成为一个建构性的、协商性的、争议性的意义场域。该书建立了视觉修辞学的学科合法性和实践有效性，探寻人类在视觉修辞意义上的生存方式，具有重大的理论和实践意义。该书作者怀揣系统性建构视觉修辞研究理论体系的学术使命感，为解读视觉文化时代纷繁复杂的社会现象提供了革新性的知识话语和实践路径，为视觉修辞学的学科建制历程书写了不可或缺的篇章。

引用文献：

巴特，罗兰（2003）. 明室：摄影纵横谈（赵克非，译）. 北京：文化艺术出版社.

巴特，罗兰（2012）. 影像的修辞（邵一平，肖熹，译）. 电影艺术，2，94－101.

贝尔，丹尼尔（1992）. 资本主义文化矛盾（赵一凡，等译）. 北京：生活·读书·新知三联书店.

刘涛（2021）. 视觉修辞学. 北京：北京大学出版社.

赵星植（2018）. 探究与修辞：论皮尔斯符号学中的修辞问题. 内蒙古社会科学（汉文版）. 1，166－172.

Aczell, P. (2016). Rediscovering the Visual in Rhetorical Tradition: Persuasion as Visionary in Suasory Discourse. In Andras Benedek & Agnes Veszelszki (Eds.), *In the Beginning was the Image: The Omnipresence of Pictures: Time, Truth, Tradition*, 69－85. Peter Lang Gmbh: Internationaler Verlag Der W.

Derrida, J. (Ed.) (2001). *The Work of Mourning* (Pascale-Anne Brault & Michael Naas, Trans.). Chicago and London: The University of Chicago Press.

Foss, S. K. (2004). Framing the Study of Visual Rhetoric: Toward a Transformation of Rhetorical Theory. In Charles A. Hill & Marguerite Helmers (Eds.). *Defining Visual Rhetorics*, 303 - 304. New Jersey: Lawrence Erlbaum.

Heller, S (1996). *Visual Images Replace Text as Focal Point for Many Scholars*. The Chronicle of Higher Education.

Hill, C. A. & Helmer, M. (Eds.) (2004). *Defining Visual Rhetorics*. New Jersey: Lawrence Erlbaum.

Hope, D. S. (2006). *Visual Communication: Perception, Rhetoric, and Technology*. Cresskill, NJ: Hampton Press.

Mitchell, W. J. T. (1986). *Iconology: Image, Text, Ideology*. Chicago: University of Chicago Press.

McLuhan, M. & Fiore, Q. (1967). *The Medium is the Massage*. New York: Random.

作者简介:

汤黎，四川大学外国语学院教授，主要研究方向为西方文论、英美文学。

Author:

Tang Li, professor of College of Foreign Languages and Cultures, Sichuan University. Her research fields include Western literary theories, and English and American literature.

Email: tony111226@163.com

解开情感的“斯芬克斯之谜”：评谭光辉《情感的符号现象学》

陈鹏宇

书名：情感的符号现象学
作者：谭光辉
出版社：人民出版社
出版时间：2021 年
ISBN：9787010237541
DOI：10. 13760/b. cnki. sam. 202202021

“情感”是一个含义丰富的能指，在哲学、文学、社会学、心理学、医学等各领域，古今中外有无数睿智的大师积极寻求解答。当人类试图向“情感”伸出自己的双手时，它又如风如影，飘然而过，一如庄子所云：“喜、怒、哀、乐，虑、叹、变、慹，姚、佚、启、态。乐出虚，蒸成菌。日夜相代乎前，而莫知其所萌。”（钱穆，2021，p. 16）不仅东方，西方学者面对“情感”一词也无法达成一致。“从古代一直到 1860 年左右，定义情感的主要是哲学或神学，其他还有修辞学、医学和文学。”（普兰佩尔，2020，pp. 20）美国心理学家威廉·詹姆斯（William James）于 1884 年发表的论文《情感是什么?》则掀起了现代研究情感的浪潮。当然，现代意义的争论也使“情感”一词更加复杂化，以至于有人认为，情感是先验的，甚至是不可分的，那些绘声绘色的作品似乎也没有把重心转移到情感研究的系统化问题上来。

在此背景下，《情感的符号现象学》的出现，在人文学科方面向读者展示了它的答案，提出了试图解开情感这一“斯芬克斯之谜”的思路。在这本内容渊博、造诣精深的著作中，作者首先为我们勾勒出思想史上的先哲讨论情感的轮廓，从而找到了他认为剖析此问题最合理的工具——现象学、符号学甚至叙事学。现象学，用胡塞尔的话说，试图对事物在我们的意识体验中显现的方式，也就是意识和被体验着的世界的关系给出一种描述（加拉格尔，2021，p. 7）。情感是一种意识现象，现象学讨论的范畴自然也包括情感。符号被赵毅衡定义为“携带意义的感知”（2018，p. 5），该书作者亦认为，“情感必然是可感知的，而且情感不是一种事物，那么情感就有成为符号的条件”，“情感的意义指向的是存在感和幸福感。因此，情感就不是终极的，也不是意义本身，情感就是一种纯粹的符号”（谭光辉，2021，pp. 21－22）。这不但从学理上建立起了情感的符号现象学，还将情感纳入人对存在意义追寻的过程，正如书中所说：“它既不是起点，也不是终点；它既是意义，又是符号；既是目的，又是倾向；既是解释项，又是再体现；既是所指，又是能指。”（谭光辉，2021，p. 23）

如前所述，《情感的符号现象学》旨在解决问题，因此，在建立情感的符号现象学之后，作者便着手对情感进行分析。情感是符号性的，也是有意义的，根据赵毅衡（2018，pp. 5－19）的观点，“意义就是一个符号可以被另外的符号解释的潜力”，基于此，该书提出了一个精彩且带有学科意义和价值的论断：“情感来源于叙述。”为了弄清情感是如何通过叙述而存在的，作者首先对情感主体的意向性、倾向性、期待和判断做了解释：“情感就是在情感意向性的压力下，主体通过‘代入’参与叙述，因倾向性和目的性而产生的判断和由此判断导致的身心反应。”（谭光辉，2021，p. 19）这个解释不仅为情感分析提供了理论依据，也为后续对情感的形式分析拨开了云雾。

当情感主体作为一个具身的体验主体时，情感便作为一个具有属我感的存在，这种属我感有着逻辑的自洽。书中五大情感逻辑的基本规律与情感分层的意义，可以促进人们对情感叙述层次和情感间性的理解，而对它们的理解又可以使情感之可分解的叙述和符号性得到更好的理解。可以看出，书中对情感的形式分析非常缜密又有逻辑性，这种严谨地正视研究对象的态度，应是作者长期以来在学术上深厚积淀、博物通达的结果。

既然情感是在主体意识中具有属我感、在心灵中作为“自我”的存在，那么它的存在方式与结构是怎样的呢？值得一提的是，作者尽管多次强调情感的意义指向是存在感和幸福感，但并没有将情感研究囿于伦理学的范畴。斯宾诺莎将情感从环境意义上分为“积极的”和“消极的”两类，在自然语义学与人类认知领域的对应类型中皆不能完整地找到情感分析的原型。为了解决这一难题，作者在情感分析中使用了“情感模态”这一方法。众所周知，对情感进行模态分析始于20世纪70年代，当时的法国结构主义语言学家格雷马斯发表了一系列文章，建构了符号域和符号过程的模态学理论，此后在1991年出版的《激情符号学》将情感符号学研究推向了新的领域。谭光辉以“存在－幸福感”为基础，借鉴了格雷马斯分析情态动词的方式和“格雷马斯矩阵”，通过对情感思维中主体与客体关系的判断，提出情感连接模态的肯定和否定的判断结论，并尝试建立起新的情感编码规则和情感模态。主体的存在指向“在”，而主体的行动指向“做”，前者是判断对象的主体，后者则是叙述对象的主体，这样不但呼应了前文提到的情感来源于叙述的结论，也将模态简化为情感赖以存在的最为核心的两种动作，具有简洁大方的美感。

对一个情感主体而言，根据主体“在”和“做”的肯定和否定判断，可以得出“喜”“欲”“悲”“惧”四种自指的基础性情感。在有他者存在的情况下产生的情感，也分“在”和“做”状态的肯定和否定，从而得到“爱”“恩”“恶”“怨”四种他指的基础性情感。这8种基础性情感是分析情感形式的开始。当主体和他者的模态交叉时，又产生了“喜爱”“同情”“爱欲”“敬畏”“轻蔑”“悲厌”“傲慢”“恶心”“尊敬”“妒忌”“感恩”“惭愧”“喜怨”“悲怨”“愤怒”“卑贱”16种复合情感。以上24种情感俨然增加了中国历史上对情感的分类方式和数量，例如嵇康的《声无哀乐论》中提到“喜”“怒”“哀”“乐”“爱”“憎”“惭”“惧”8种情感，《荀子·正名》有“喜”“怒”“哀”“乐”“爱”“恶”“欲”7种情感，《庄子·田子方》提出“喜”“怒”“哀”“乐”4种情感。对情感分类的简化，主要是因为中国古代先哲对情感的态度受整个社会、思想文化、意识形态的影响，如在《礼记·乐记第十九》中就有“人化物也者，灭天理而穷人欲者也”的说法，成为此后朱熹理学思想最著名的观点“存天理，灭人欲”的来源。客观地讲，人类的情感远不止谭著归纳的24种，作者对此也做了解释：“看似这些模态已经将情感穷尽，其实并不意味着人类情感只有这24种，上述各种情感均可能再组合，形成更为复杂的情感。”“主体和他者交叉的情感模态，还可能继续组合，形成更复杂的情感。”（2021，p. 23）可见对情感分类的研究还有更广阔的空间。

纵观大部分中国古典文献，不论是哪种分类方式，归纳出的主要情感都集中于“喜”“怒”“忧”“乐”“哀”“恐”“爱”“恶”“欲”9种（史华罗，2021，p. 23）。《情感的符号现象学》除了展示以上几种情感外，还在第二部分对情感主体、他者的“在”与“做”关系模态的8种基础性情感进行了阐述，尤其展现了对“恩感”的研究和重释重构中国传统文化的努力。在“恩感是中国文化的核心情感”一节中，作者比较了中西方文化特征的异同，比如日本的文化是“耻感文化”，美国的文化是“罪感文化”，印度的文化是“苦感文化”等。《情感的符号现象学》一书的观点是，中国古代文化调节人行为的基本情感是“恩感”和“耻感”。“恩感”作为核心在儒家思想中得到了充分体现，儒家经典的“三纲五常”强调人的施恩与报恩。作者列举了古代先哲的言论、当代学人的看法以及中国新文化变革的着手点三个方面，证明了如下事实：“以儒家文化为代表的维系中国社会数千年伦理规范的传统文化之情感基础，正是‘恩感’，中国传统文化用‘恩感文化’来概括更为恰当，也更为符合历史事实和理论事实。”（谭光辉，2021，p. 228）随后，作者又从语义学、社会符号学、儒家文化和佛学等方面论述了“礼义”与“恩感”的深层联系以及对恩情的权力化的再思考，继而引出人类大规模合作与“恩感”的关系、构建人类命运共同体这一全球化的话题。作者富有远见地指出：“中国传统文化正是通过对与‘恩’相关的情感的引导，建立了一整套正确处理人类纯粹利他行为的原则，其结果就是完美地实现了中华民族内部的大规模合作。”（p. 233）笔者亦认为，文化是一个国家和民族的核心，自党的十八大以来，国家从政治上高度重视文化建设，在党的十九届五中全会上更是旗帜鲜明地提出到2035年将我国建成文化强国的远景目标。作者从“恩感”角度入手对中国文化传统重释重构，不但强调了依托于中国传统文化而生成的“恩感文化”新价值理念，还突出了中国文化正以其蓬勃的力量积极参与人类社会发展的历史进程，“恩感”俨然成为构建和推动人类命运共同体的自然法则。

《情感的符号现象学》在明确对情感的分析原则后，做到了形而上与实用性的相对平衡。本书的最后一部分，作者从元情感出发，对情感的交流和模拟进行了实验性探索，证明其理论的可操作性，其对社会关注热词“八卦”和“人工智能”的情感解读既新颖又简洁明了。前者区分了“八卦”和“扯淡”“流言”的区别，指出其内在的非公共性、非虚构性以及情感功能下的他指性，对“八卦”的评价采取肯定的态度。对此有兴趣的读者，亦可对照日本学者松田美佐的《流言效应》和英国学者 Tiffany Watt Smith 的 *Schadenfreude: The Joy of Another's Misfortune* 深究其中的奥妙。在科学技术发展的今天，人工智能自然是绕不开的话题，人工智能是否存在情感也是情感数字化的难题。如果人工智能存在情感，这种情感是否可替代人类的情感，例如在迈克尔·哈特和安东尼奥·奈格里称之为“情感劳动”的职业中，人造的情感是否能代替人类的情感？该书并没有提及这些具体的问题。当然，这些疑问在自然科学领域或许会基于大量的实验和数据对比得到科学的分析，但在决定论和自由意识论领域，科学家和哲学家争论了数千年也没有最终答案。在《情感的符号现象学》中，作者在广义的范畴下提出了自己的看法，认为在“意义的意义”中，人类情感是不能被完全数字化的，即“电脑服从因果律，人脑服从目的律”，“无论人工智能如何发达，它也无法超越自身去设计自己的目的”（p. 448）。或许正如迪伦·埃文斯所指出的：“即使机器人的情感在表面上与人类情感相同，机器人对它们的感觉也可能大相径庭。如果意识和身体构成之间确实有紧密的联系，对于情感的主观感受就可能取决于生理细节。那么我们几乎可以肯定，有着塑料或金属躯体的情感机器人和有着血肉之躯、七情六欲的人类一定有着极为不同的内在感觉。”（埃文斯，2020，p. 140）由此，我们可以想象，生活中当自动驾驶出现后，所谓的“驾驶乐趣”是否还存在？当有声读物用语音朗读软件机械地将文本信息打印机式地传递给听众，是否会激起人们对传统说书人的怀念？不得不说，未来的数字时代对人文学科的挑战越来越明显，情感研究也会面临新的机遇，而人工情感问题将会越来越受到关注。

《情感的符号现象学》一书从学术上对情感进行了明确的分析，也从实践意义上展示了这些分析的应用性。当然，现在学术研究十分丰富，研究者再用心，精力始终有限，很难收集到全部的文献和信息，尽管本书看似已对情感做了深入的考察，但对“情感”与“情绪”的关联并没有涉及太多，国外学者以“affect”和“emotion”表述“情感”概念，在研究上意义是否一致，也需要进一步探讨。所以，从某种意义上说，本书带给我们的思考远远没有停止，但显而易见的是，作者还是向广大读者表明他力图解决情感这个“斯芬克斯之谜”的决心、毅力以及其成果，这个成果便是《情感的符号现象学》这部力作。

引用文献：

埃文斯，迪伦（2020）. 情感（石林，译）. 香港：牛津大学出版社.

戴明扬（校注）（2014）. 嵇康集校注. 北京：中华书局.

方勇，李波（校注）（2011）. 荀子. 北京：中华书局.

胡平生，张萌（译著）（2011）. 礼记. 北京：中华书局.

加拉格尔，肖恩（2019）. 现象学导论（张浩军，译）. 北京：商务印书馆.

普兰佩尔，扬（2020）. 人类的情感：认知与历史（马百亮，夏凡，译）. 北京：中国人民大学出版社.

钱穆（2021）. 庄子纂笺. 北京：生活·读书·新知三联书店.

史华罗（2020）. 中国历史中的情感文化——对明清文献的跨学科文本研究（林舒俐，谢琰，孟琢，译）. 北京：商务印书馆.
谭光辉（2021）. 情感的符号现象学. 北京：人民出版社.
赵毅衡（2018）. 赵毅衡形式理论文选. 北京：北京大学出版社.

作者简介：

陈鹏宇，四川师范大学博士研究生，研究方向为中国现当代文学中的情感、情感史以及当代大众文化、叙述学。

Author:

Chen Pengyu, Ph. D. candidate at Sichuan Normal University. His main research interest is the history of emotion in modern and contemporary Chinese literature and the narratology of contemporary popular culture.

Email: dplnly0824@163.com

传统符号思想进路：评《中国古代符号思想史论》

叶 进

书名：中国古代符号思想史论
作者：祝东，等
出版社：科学出版社
出版时间：2021 年
ISBN：9787030708021
DOI：10. 13760/b. cnki. sam. 202202022

一、中国古代符号思想史论中的伦理思想

就中国传统符号思想与伦理思想的关系而言，在符号表意行为的整个过程中伦理精神贯穿始终（王小英，祝东，2018，p. 11）。从内容和结构上看，该书从两个方面来展示中国传统伦理思想。首先，“整体上以时间脉络为序”（祝东，等，2021，绪论 p. 10）。作者曾明确表示：“我们可以这样说，把握住了先秦诸子伦理学思想，特别是儒、墨、道、法四家的伦理学思想，就基本上把握住了中国传统伦理思想的根，顺流而下，两汉阴阳五行之学、唐宋佛学、宋明理学、阳明心学，则是支流，皆受到先秦伦理思想的影响。”（绪论 p. 4）其次，是各主题之间的内部学理逻辑。作者认为“这本书实际上是以中国符号学思想传统的元伦理为中心，从自然伦理、宗教伦理、社会伦理诸维度进行合围，建构具有中国特色的符号学思想史传统”（绪论 p. 10）。沿着这条思路，将《中国古代符号思想史论》称为“中国古代伦理符号思想史论”亦有合理之处。

对于先秦时期的先哲们而言，道德伦理问题不仅是知识问题，更是信仰问题和道德实践问题，在此基础之上形成的符号学思想本身就是伦理符号学的进路（绪论 p. 5）。在这里，作者已经表明中国古代伦理思想与中国古代符

号思想之间的关系。所谓“伦理”，《礼记·乐记》有言：“乐者，通伦理者也。”（李学勤，1999，p. 1081）按照《说文解字》的解释，“伦，辈也”（段玉裁，2013，p. 376），可引申为辈分、顺序等义；理，即治玉，段注为“凡天下一事一物，必推其情至于无憾而后即安”（p. 15），可引申为道理、规则之义。由此，“伦理”即人与人之间相处的意义规则（祝东，等，2021，绪论 p. 3）。作者之所以将所论十个主题划分为四种伦理观，也与其自身所记述和表征的内容、对象，以及彼此间的相互影响有关。

先秦诸子们将“阴阳”“气”等作为解释世界的形成及其变化的观点，儒家自不例外，像数学本身便是以阴阳五行说来统御卦象、卦变的一套繁复的抽象数理结构（姚彬彬，2020），作为群经之首的《周易》也是如此，以“阴”与“阳”解释“刚柔”“乾坤”“贵贱”“尊卑”等，由此“阴”“阳”成了理解世界、自然起始的元语言。《周易》对自然、世界的解释与表征也受到伦理思想，尤其是儒家伦理思想的影响。在“易学符号思想及其伦理意义”一章中，作者从文化语境、时空语境以及伦理语境三个层面来探讨《周易》及易学中的符号模塑问题及其对传统文化意识形态的影响。具体到伦理语境上，《周易》及易学中的伦理思想表现为儒家道德伦理对自然世界全面深入的解释，以及儒家道德伦理观对吉凶问题的阐释（于化龙，2019，p. 230）。

在“堪舆的符号及其生态伦理意义”一章，作者梳理中国传统堪舆思想，认为传统堪舆思想含有丰富的生态伦理价值，而且对堪舆符号表意的解释还需要符合儒家的伦理标准（p. 200）。作者认为，传统堪舆思想对儒家道德伦理标准的遵守体现在堪舆理论和堪舆实践两个层面，并以堪舆思想中的“龙”为例说明儒家的家庭伦理是如何影响堪舆符号表意解释的。堪舆思想、堪舆活动是一门综合式的学问，其中不仅包括儒家的道德伦理思想，还包括中国古代哲学、美学、心理、地理、生态、景观诸方面的丰富内涵，也包含大量关于人如何顺应自然的论述（王其享，1998，p. 1）。丰富、庞大的堪舆思想内涵，完备的堪舆符号体系、表意机制及意义解读机制，满足了人们通过堪舆思想、堪舆活动“选择对人的身体和精神有益的地理环境”（p. 187）的现实需要，也从多个层面来表述、解释人与自然之间的意义交往活动。

除了上述两个主题外，书中其余八个主题，也与传统伦理思想保持着紧密联系。从思想的承继关系来看，儒家符号思想、道家符号思想受到易学符号思想的启发，墨家思想的形成与创立又受到儒家思想的影响。从符号思想、伦理思想的承继来看，中国传统伦理符号学也在中国传统符号思想体系的建构中悄然进入研究视野。

从中国传统思想的现代转化方面来看，本书一方面按时间先后顺序，以线性结构完成了现代符号学、马克思主义符号学观照下的中国古代符号思想传统梳理与中国传统符号思想体系建构；另一方面在内在学理逻辑上完成了对与符号学关系紧密的传统伦理思想的展示。可以说，本书在建构中国符号思想体系的同时，也对中国传统伦理符号学传统的推进做了有益尝试。

二、伦理符号学与中国传统伦理符号学的推进

祝东教授认为："伦理符号学并非以伦理为研究对象，而是符号学研究的一种视域，认为人类的符号活动与生命活动同步，因此要求符号学回到人类符号活动的价值论维度，人类作为唯一能够对符号活动进行反思的动物，必须担负起对生命的责任。"（祝东，王小英，2017，p. 67）作为一种新的符号学研究方法和研究视角，伦理符号学强调在全球视野下整体把握和关怀所有生命。就我国实际情况而言，先秦时期的哲学家们就已经围绕生命的意义、人际交往的伦理秩序、人与自然的伦理关系等问题展开了探讨，并形成了一大批伦理思想文本。这些文本既为发掘中国传统伦理符号学思想提供了基本条件，也为解决当下新媒体技术、新媒体文化所带来的符号危机提供了另一种进路。

当下中国传统符号思想研究有相当一部分成果可以看作对中国传统伦理符号学的积极探讨：李幼蒸对传统仁学、儒学的解释学研究与中国伦理思想结构研究，陈来对春秋时期宗教、伦理与社会思想的研究，祝东对老子伦理符号的研究等都可归入中国传统伦理符号学研究体系。先哲们对人与人、人与自然、人与社会之关系的思考中包含丰富的生命关怀和道德评判，也包含丰富的伦理符号阐释。该书对中国古代伦理思想的关注"将先秦伦理符号思想的研究置于符号全球化的背景之下，更加注重生命关怀，期望通过对全球性的交流、生产的反思，从符号活动和符号伦理来凸显人作为'使用符号的动物'和'伦理符号的动物'之间的关联"（王小英，祝东，2018，p. 8）。

作为一本较为系统地梳理中国传统符号思想，建构中国传统符号学体系的专著，本书也推进了对中国传统伦理符号思想的研究。就中国传统伦理符号学的体系建构与进路而言，作者在绪论部分推进中国传统符号思想史论建构时，针对各个主题的分类、主题之间的内在学理脉络给予了启发性的提示和指引。这里可就中国传统符号学体系的建构对中国传统伦理符号学总体框

架的启示略加展开以供交流。

在总体框架建构方面，该书建构的中国传统符号学体系以“易学”“河图洛书”为元符号，分为自然世界符号、宗教信仰符号、社会伦理符号诸维度。诚如祝东教授所言，伦理符号学旨在让符号学回归人类符号活动的价值论维度，以符号活动反思承担起对生命的责任，而这种责任体现在传统社会中，便是先哲们在处理人与自然、人与社会、人与人之间的关系时，对符号表意活动所采取的伦理道德精神。具体而言，即古代先哲在处理人与自然之关系的符号表意活动时对“天人合一”、人与自然平等对话、反人类主体意识过度膨胀等伦理价值的尊崇；在处理人与社会、人与人之关系的符号表意活动时所秉持的道德伦理，以及在符号表意过程之中、之后对符号表意行为的道德评判和意义阐释（王小英，祝东，2018，p. 11）。

在中国古代符号学思想体系框架的启发之下，以“修仙”为代表的中国古代修行活动及其文本应当得到中国传统伦理符号思想梳理与研究的重视。首先，以“修仙”为代表的中国古代修行活动的基础是特定的宇宙观、生理学假设的表意活动；其次，中国古代修行活动形成符号、文本、文化、符号圈，既是符号过程，也是社会意识形态过程；最后，中国传统社会中的“仙”是经由群体的社会接受和集体记忆形成的（康儒博，2019，p. 23）。这三个方面，都充满了符号活动与表意行为。道德伦理也始终贯穿其中。在宇宙观、生理学假设方面，修道者或者说“仙”具有不食用主流食物而代之以草药、矿物、丹药、“霞”、“露”等的特殊能力；在居住环境上，主动离开家庭、远离人群、独居山野，归入人迹罕至的自然，以避免与普通人发生过多接触。这实际上对应的是元伦理、自然伦理。在仙传的形成方面，刻在石碑上的故事可以“增强这个地方（立碑之地）的特权，同时提升立碑者的声名”（p. 217）。这样，立碑的过程实际上不仅将某个人物与这个地方关联起来，同时也将关于碑中所刻主人公的记忆与立碑者的记忆联系了起来（pp. 217 – 218）。这实际上对应的是宗教伦理。除了容纳元伦理、自然伦理、宗教伦理，中国古代的修行活动也包括社会伦理，“仙”不仅是经由群体的社会接受和集体记忆形成的，还以各种形式参与普通人的生活，并与之发生关系：修仙前期离开家庭，摆脱血缘关系；修行中避免与普通人发生过多接触，同时接受对是否具备修行资质的考察，接受考验，遵从一定的戒律等；修行有成以后，通过预言、治病、管理神魔等方式给普通人提供服务以获取声名。这是社会伦理的直接表现。不同于西方传道者、牧师，中国古代“仙”的修行活动不仅强调天人合一性，反对人类主体意识的过度膨胀，同时也以伦理思想来维护、规约人的符号表意行为，并以伦理精神来阐释、评判人的符号表意行为。

三、秦汉时期对先秦符号思想的继承及发展特点简述

书中多次明确提及两汉对先秦符号思想的承继。在“礼法嬗变与形名符号思想的发展”一章中，作者提及“先秦学者从政治论与语言逻辑两条线展开对名实问题的思辨……逐渐破除了名的神秘，到了黄老之学这里，出现形名转关，形名之学应用到社会治理之中，形名学成为融合儒家、道家、法家、名家等诸家学派学术思想的具有中国特色的传统符号学模式”（p. 97）。“河图洛书及其符号思想研究”一章比较了先秦和两汉时期河图洛书的继承与发展，“虽然先秦时期流传下来的祥瑞之意尚存，但这已不再是唯一的意义，思维活跃的汉代学者在独特的政治环境和思想环境中解释出让人耳目一新的观念”（p. 113）。秦汉（尤其是两汉）对先秦符号思想的继承与发展主要表现三个方面的特点。

首先，符号解释项的扩展与消解。在符号学视域下，对符号的不同解释之间并无高低好坏之分。秦汉时期对先秦符号思想中的符号解释项的扩展主要表现为自然现象、社会现象的符号解释范围的扩大。在先秦时期，河图洛书作为祥瑞之征兆而存在。如《论语·子罕》有言：“凤鸟不至，河不出图，吾已矣夫!”（李学勤，1999，p. 115）而秦汉时期，由于特殊的政治环境及思想环境，河图洛书不仅是祥瑞的征兆，也发展为一种新的符号表意系统，逐渐系统化、体系化，形成谶纬式的河图洛书。谶纬式的河图洛书一方面假托河图洛书之名创造了一大批神话故事、谶纬故事，另一方面附会出一大批谶纬文本。先秦时期的“五行”指的是“五种材料的并称，并不具备成为符号的条件”（pp. 141 - 142）。《尚书·洪范》有言：“五行：一曰水，二曰火，三曰木，四曰金，五曰土。水曰润下，火曰炎上，木曰曲直，金曰从革，土爰稼穑。润下作咸，炎上作苦，曲直作酸，从革作辛、稼穑作甘。”（p. 301）战国时期，邹衍据此发展了“五德始终说”，此时五行被解释为“五种天然的势力”（冯友兰，2011，p. 96），开始了符号化进程。而在两汉时期，五行不仅与《易》结合，还吸收了阴阳思想、灾异思想、八卦思想等内容，彻底完成了符号化，其符号意义也在规范化后载入字典，固定下来，成为自然现象、社会现象、吉凶、注经等方面的解释规则和依据。

符号解释项的消解表现为某些表征自然现象、社会现象的符号之解释项

的纠正与取代。“五德始终说”为秦汉大一统王朝所继承，秦朝以“水”作为国家象征符号，色尚黑；西汉代秦，则用“土”作为国家象征符号，其色尚黄。按照邹衍的解释，“五德始终”的依据是“五行从所不胜”，也即五行相克。而到了新莽时期，王莽以五行相生代替五行相克来解释“五德始终”的运转规律，改西汉的“土德”为“火德”。以五行相生代替五行相克，既是对“五德始终说”解释项的消解，也是对先秦符号思想中的符号解释项的消解。

其次，秦汉时期对先秦符号思想的继承与发展是逐渐系统化、规范化地发展为较为完整的符号体系与意义世界的过程。不论是对易学思想、礼法形名思想、河图洛书、阴阳五行思想、堪舆思想，还是对儒道墨诸家思想，秦汉时期都在建立大一统王朝的现实需求下加以整理、归纳和发展，使之成为相对稳定的指导社会实践的符号体系。两汉时期对儒家、道家思想的继承与发展自不必说，河图洛书、阴阳五行、堪舆等思想在秦汉时期不论是在配数、配物的体系化、规范化，还是在解释范围、解释的灵活性等方面都得到完善，最终成为指导社会实践的符号体系。两汉时期的相宅术、相墓术及墓葬文化，两汉谶纬文化、祥瑞灾异思想都是如此。堪舆是先民选择宜居环境和墓地环境的经验总结。从时间上看，堪舆思想萌芽于先秦时期，并且形成了比较系统的吉凶判断体系、分类标准以及习俗禁忌等内容。其将陆地划分为山、埠、丘、原、陵、岗等，将水域划分为川、泉、河、涧、沼、泽、江、沱等。《诗经·大雅·公刘》描写周人先祖选择祖地时有言：“……笃公刘逝彼百泉，瞻彼溥原，乃陟南冈，乃觏于京。”《周礼·地官·司徒》云：“以土宜之法，办十有二土之名物，以相命宅而卸其利害，以阜人民，以蕃鸟兽，以毓草木。”战国以后，随着《周易》和阴阳五行学说的盛行，堪舆思想及实践得到进一步发展、丰富，“土宜”之中开始融入“天文”思想。而到了秦汉时期，堪舆理论在融合“天道”与“地道”的同时，又引入阴阳、五行、八卦等学说。到汉代，不仅出现了“堪舆”一词，而且相墓、丧葬观念和丧葬文化迅速发展，形成了《堪舆金匮》《宫宅地形》《移徙法》《图宅术》等堪舆著作。这些著作的出现，标志着汉代堪舆思想在理论和实践层面的理论化、体系化和系统化。

最后，秦汉时期对先秦符号思想的继承与发展带有极强的融合性和神秘主义倾向。先秦时期诸学派思想观念存在相互交流、学习甚至吸收的情况，但是各家之间还是存在明显区别的。而到了秦汉时期，诸家却呈现出明显的融合性。如秦汉时期的堪舆思想在先秦堪舆思想的基础上融合了易学、阴阳、五行、气、天人关系等；五行思想在符号化的基础上融合了灾异、阴阳、《易经》、八卦等思想。多种思想融合以适应大一统王朝的需要，在秦汉时期是一种普遍现象，秦汉时期政治上的大一统必然要求思想、文化上的大一统。秦汉思想对先秦思想的继承发展还带有神秘主义的烙印。在两汉时期的谶纬文化、谶纬思想中，孔子不仅出生方式、容貌异于常人，还带有为汉家作制的特殊使命，以至于被尊为“圣”。对于这样的融合性与神秘主义，顾颉刚先生在《汉代学术史略》有过表述：“是把所有学问，所有的神话都归纳到《六经》的旗帜之下，使得孔子真成个教主，《六经》真成个天书，借此维持皇帝的位子。”（2005，p. 118）

在秦汉与先秦思想的延续性问题上，书中有这样的表述：“汉代是河图洛书嬗变的第一次高峰，也是河图洛书解释项发挥余地较为全面的一次。虽然先秦时期流传下来的祥瑞之意尚存，但这已不再是唯一的意义……”（pp. 141 - 142）。伴随着政治上的大一统，在寻求对自然、社会的认识与解释时，如何认识和解释人与自然的关系，成为摆在秦汉时期的人们面前的重要问题。卫聚贤围绕人对自然界的认识提出了依次发展的四个阶段：第一阶段是原始，是人们对自然界的观察；第二阶段是对自然现象的神话解释，认为自然是由神灵主宰的；第三阶段是对自然现象形成一些推论，包括一些哲学上的解释；第四阶段是人类对自然界的逐渐臣服，是将来式的（马昌仪，2013，pp. 304 - 307）。依此反观，秦汉时期的思想从最初阶段的自然观察到神话解释都有对先秦思想的继承，既包含了最原始的自然感知、神话传说的思维结构，也有处于第三阶段的推论。这些特点主要集中在秦汉时期的人们对社会秩序、人与自然以及人与人之间关系的意义表达上。秦汉时期不仅仅将先秦思想的自然感知、神话思维、推论以相互融合的方式赋予阴阳哲学、五行哲学、天人感应哲学等色彩，也呈现出宗法伦理、宗教伦理、社会伦理、自然伦理等价值。

作为第一本较为系统地梳理中国传统符号思想的专著，《中国古代符号思想史论》或许会因为在章节设置中对伦理的过分强调，以及在序言、正文中不少地方对中国传统符号学、伦理观、伦理思想的融合叙述，而给读者带来“偏题”的错觉。然而，通读全书之后，再沿着作者的章节设置、内在学术逻辑结构思考，便会有豁然开朗之感，才明白中国传统符号思想不仅仅是一套意义表达机制，还在意义表达过程中凝结着浓厚的伦理约束和道德规范意味。《中国古代符号思想史论》不仅完成了对中国古代符号学体系的初步建构，更是基于中国传统符号思想与传统伦理思想之间的紧密联系，为中国传统伦理符号思想的现代学术转化、现代进路提供了有益的启示。

引用文献：

段玉裁（2013）. 说文解字注. 北京：中华书局.
冯友兰（2011）. 中国哲学史（上）. 上海：华东师范大学出版社.
顾颉刚（2005）. 汉代学术史略. 北京：东方出版社.
康儒博（2021）. 修仙：古代中国的修行与社会记忆（顾漩，译）. 南京：江苏人民出版社.
李学勤（主编）（1999）. 十三经注疏·礼记正义（标点本）. 北京：北京大学出版社.
马昌仪（2013）. 中国神话学百年文论选（上册）. 西安：陕西师范大学出版总社.
王其亨（主编）（1998）. 风水理论研究. 天津：天津大学出版社.
王小英，祝东（2018）. 全球化语境下的伦理符号学研究进路. 中国比较文学，3，2－16.
姚彬彬（2020）. 从"以经解经"到"以《易》解经"——清代以来儒学经典诠释中的一条哲学性进路. 福建师范大学学报（哲学社会科学版），6，149－159.
于化龙（2019）. 中国传统符号思想的研究典范：评苏智《〈周易〉的符号学研究》. 载于曹顺庆，赵毅衡（主编）. 符号与传媒，19. 成都：四川大学出版社，229－233.
祝东，王小英（2017）. 中国符号学传统与社会伦理重建——中国古代伦理符号学思想研究的进路. 山东社会科学，8，67－72.
祝东，等（2021）. 中国古代符号思想史论. 北京：科学出版社.

作者简介：

叶进，四川大学文学与新闻学院符号学专业博士研究生，主要研究方向为中国传统符号学遗产。

Author:

Ye Jin, Ph. D. candidate of College of Literature and Journalism, Sichuan University. His main research field is Chinese traditional semiotics.

Email: 2385752006@ qq. com

本书在编辑过程中，得到了四川大学人文社科期刊资助项目、四川大学中国语言文学与中华文化全球传播双一流学科群，以及教育部人文社科重点基地四川大学中国俗文化研究所的支持，特此感谢。